복음에 견고한 자녀 양육

세움북스는 기독교 가치관으로 교회와 성도를 건강하게 세우는 바른 책을 만들어 갑니다.

복음에 견고한 자녀 양육

초판 1쇄 발행   2021년 4월 25일
초판 5쇄 발행   2024년 6월 25일

지은이 | 강성환 · 길미란
펴낸이 | 강인구
펴낸곳 | 세움북스

등   록 | 제2014-000144호
주   소 | 서울시 종로구 대학로 19 한국기독교회관 1010호
전   화 | 02-3144-3500
팩   스 | 02-6008-5712
이메일 | cdgn@daum.net

교   정 | 이윤경
디자인 | 참디자인

ISBN   979-11-87025-87-0 (03230)

복음에
견고한
자녀 양육

자녀 양육, 복음에 길이 있다.

강성환 · 길미란 지음

세움북스

추천사

김형익 목사
벧샬롬교회 담임

많은 그리스도인이 자녀 양육의 영역에서 좌절을 경험합니다. 사무엘이나 다윗도 실패했다는 사실이 위로가 되는 것이 무슨 의미가 있겠습니까? 복음을 체계적으로 잘 가르치는 목사들도, 교인들이 겪고 살아가는 자녀 양육의 현실세계 앞에서는 막막함을 경험하기 일쑤입니다. 부모라서 행복하다거나 부모가 된 게 영광스럽다는 말보다는, 자녀 양육의 짐을 빨리 벗고 싶다는 말들을 많이 듣습니다. 복음은 강단과 예배당에서는 힘이 있지만, 가정과 부부관계 그리고 자녀 양육의 영역으로 들어오면 그리 힘이 있어 보이지 않습니다. 복음으로 자녀를 양육하고 싶어하는 부모들을 돕기 위해 쓰여진 유익한 책들이 없는 게 아니지만, 대부분이 외국인 저자들에 의해 쓰여진 번역서들이라는 점이 늘 아쉬웠습니다. 저는 이 책이 한국 저자인 강성환 목사님과 길미란 사모님(두 분이야말로 이 책을 쓰기에 적합한 분들입니다!)에 의해 쓰여졌다는 사실과 함께, 이 책이 담고 있는 내용이 철저하게 복음 중심적이고 복음을 반영하고 있으며, 또한 저자들의 삶의 경험을 통과한 것이기에 큰 기쁨으로 이 책을 추천합니다. 결혼을 앞둔 청년들, 이제 막 부모가 된 청장년들, 그리고 이미 늦었다고 생각하는 부모들, 심지어 할머니와 할아버지가 된 분들, 아니 모든 그리스도인에게 이 책을 추천합니다. 독자들은 복음에 견고한 자녀 양육은 물론 복음의 실재를 만나게 될 것입니다. 마지막으로, 복음으로 모든 교인의 가정과 자녀 양육을 돕기를 원하는 동료 목회자들에게 이 책을 강력하게 추천합니다. 저자들이 말하는, '복음에 견고한 자녀 양육'이 이 땅의 많은 믿음의 가정들 안에 견고히 뿌리내리는 날이 오기를 바랍니다.

박상진 교수
장로회신학대학교, 기독교교육학

드디어 기다리던 자녀교육 책이 출판되었다. 강성환 목사와 길미란 사모, 이 두 분이 언젠가 자녀교육 관련 책을 출간하리라 기대해 왔다. 두 분은 우리나라 기독교 홈스쿨링의 산 증인들로서, 직접 가정에서 믿음으로 두 아들을 양육하였다. 그 과정에서 온몸으로 성경적 자녀교육을 실천하기 위해 씨름하며 깨달은 보석 같은 원리들을 생생한 간증과 함께 이 책에서 소개하고 있다. "복음에 견고한 자녀 양육", 책 제목 그대로 복음에 기초한 자녀교육, 하나님이 디자인하신 자녀교육의 모습이 무엇인지를 아름답게 그려내고 있다. '맞아,' '그렇지,' '나도 그랬어' 이렇게 속으로 맞장구치며 읽노라면 어느샌가 마지막 책장을 넘기게 된다. 저자와 대화하듯 이 책을 읽으며 때로 회개의 눈물을 흘리기도 하고, 깊은 공감을 하기도 하며, 내면에서부터 용기가 솟구쳐 새롭게 다짐을 하기도 한다. 부부가 함께 집필하여서, 자녀교육에 있어서 부부의 역할이 얼마나 소중한지, 그리고 아버지와 어머니의 역할이 어떻게 다른지를 잘 묘사해준다. 무엇보다 복음적 자녀 양육의 관점에서 성경을 해석하여 독자들에게 펼쳐 보이는 복음적 자녀 양육 파노라마는 부모들의 마음에 영적인 점화를 일으킨다. 이 책은 자녀 양육의 청지기 사명을 맡은 모든 부모, 하나님의 자녀 양육 계획이 무엇인지를 궁금해 하는 모든 아버지, 어머니들이 읽어야 할 필독서이다. 교회나 기독교 학교의 부모교육 교재로써 안성맞춤이며, 부모들이 삼삼오오 모여 함께 읽고 토론하기에도 너무나 좋은 책이다. 이 책을 읽는 모두가 복음에 견고한 자녀 양육의 주인공이 되기를 기대하며, 이 책으로 인해 한국 교회의 다음 세대가 하나님의 사람으로 든든히 세워지기를 소망한다.

마티 마쵸스키(Marty Machowski) 목사
『하나님을 아는 지식』, 『컬러 스토리 바이블』,
『복음 그 길고도 짧은 이야기』, 『복음 늘 새로운 옛이야기』,
『드래곤 씨드』 등 교회와 가정을 위한 복음 중심의 저자

너무나 많은 부모들이 아이들의 행동을 규칙과 명령으로 통제하려 하지만, 그것은 효과가 없음을 보여줄 뿐이다. 하지만 "복음에 견고한 자녀 양육"은 다른 접근법을 말한다. 이 책은 부모들에게 강력한 은혜의 복음으로 사랑과 대화를 통해 자녀를 그리스도께 인도하는 방법을 보여준다. 오직 하나님만이 자녀의 마음을 바꿀 수 있다. 모든 부모는 『복음에 견고한 자녀 양육』을 읽고, 책에 담긴 지혜로 가족이 유익을 누리는 것을 보아야 한다.

래리 말라먼트(Larry Malament) 목사
Grace Church of Clarksburg 담임
www.gracechurchmd.org

"복음에 견고한 자녀 양육"은 단순히 좋은 부모가 되는 방법에 대한 또 다른 책이 아니라, 강성환 목사 부부가 그리스도인 부모로서 자신의 자녀들에게 영광스러운 복음의 진리를 가져다 주는 방법을 배우는 여정을 담고 있다. 이 책은 그리스도인 부모에게 하나님이 그들에게 선물로 준 자녀들이 짧게 집에 머무는 동안 지혜롭게 보살피며 부모의 가장 중요한 책임 중 하나인 그리스도 안에서의 하나님의 은혜를 자녀들에게 보여주는 것에 대해 말해 준다. 이 책은 성령의 신실하신 역사를 통해 자녀와 부모의 삶을 강력하게 변화시키는 하나님의 은혜를 독자에게 일깨워줄 뿐만 아니라 자녀 양육에 있어 성령을 의지하도록 강력하게 격려하는 책이다. 이 책은 부모와 자녀 모두에게 복음의 끝없는 은혜의 진리가 우리의 죄를 드러내고, 죄를 용서하며, 구원자 예수 그리스도의 형상으로 변화시킨다는 가르침이기에 충분히 읽을 가치가 있는 책이다.

목차

※ 각 장 마지막에는 《나눔과 적용을 위한 질문》을 수록하였습니다.

자녀 양육,
복음에 길이 있다

이 책을 쓰게 된 동기

2003년, 저와 아내는 결혼 9년이 되었을 때 새로운 도전을 시작했습니다. 초등학교 2학년 첫째와 7살 둘째를 유치원에서 데리고 나와서 가정에서 양육하기로 했습니다. 그 이유는 청년 사역을 하면서 현장의 아픔을 보았기 때문입니다. 청년이 세상의 희망이라고 생각했는데, 청년들의 현실은 부모에 대한 상처와 가정의 깨어짐, 문화의 공격으로 고통스러웠습니다. 우리 부부는 함께 기도하면서 다음 세대인 자녀들을 세우는 일에 어릴 때부터 가정에서 양육하는 도전을 선택했습니다. 이 결심 이후 18년이 흘러, 이 책을 쓸 수 있어 하나님께 감사드립니다.

가정에서 자녀를 양육하기 시작하면서 불편한 진실을 알게 되었습니다. '왜 부모 역할이 무엇인지 알지 못했을까?' '자녀 양육을 향한 하나님의 마음이 무엇인지 왜 모르고 있었을까?' '왜 교회는 다음 세대를 제자 삼는 원리를 구체적으로 가르쳐 주지 않았을까?' '성경이 말하는 자녀 양육이 무엇인지 알려 주는 건강한 모델을 교회 안에서 찾기가 왜 힘든 것일까?' 많은 질문이 밀려왔지만, 아무것도 속 시원하게 답을 찾을 수 없었습니다. 풀리지 않는 질문들을 고민하며 가정에서 자녀를 양육하면서 서툴지만 계속 배워갔습니다. 이제 우리 자녀들은 27살, 25살 성인입니다. 낙심과 좌절 또는 행복의 자녀 양육의 과정을 지나오면서 저희가 경험하고 배운 것을 아내와 함께 책을 썼습니다. 이 땅에 온전한 부모는 없지만, 부모로서의 삶을 고민하는 누군가에게 도움이 되겠다는 마음 때문에 성경이 말하는 자녀 양육은 무엇인지 용감하게 글로 옮겨보기로 했습니다.

또한 이 책을 쓰게 된 동기는 교회에서의 경험 때문입니다. 우리 교회는 2010년 시작한 이후, 모든 가족이 함께 예배를 드리고 있습니다. 어른과 자녀를 나누지 않았습니다. 물론 별도로 주일학교 오후 활동과 중고등부 및 청년부 모임이 있지만, 예배는 모든 세대가 함께합니다. 어린 자녀는 유아부 모임이 별도로 있지만, 초등학생부터는 부모와 함께 예배드립니다. 교회는 부모를 준비시키고, 자녀를 말씀으로 가르칠 수 있도록 도왔습니다. 매 주일 자녀와 함께 주일예배를 드리기는 쉽지 않은 도전이지만, 행복한 시간입니다. 부모와 자녀가 함께 동일한 하나님의 말씀을 듣고, 그 말씀으로 가정에서 가정예배를 드리고, 그 말씀을 삶에 적용하려고 애를 썼습니다. 교회는 다음 세대에게 어떻게 복음을 전하고 하나님의 말씀을 가르치는지 여러 번의 세미나와 책을 읽으며 성경이 말하는 자녀 양육 원리를 배우고 함께 웃고 울었습니다. 많은 시행착오와 도전이 있었지만, 성도들은 자녀 양육의 복음적인 원리를 배우고 적용하며 함께 자랐습니다. 우리 교회의 작은 열매가 자녀 양육을 고민하는 분들에게 한 가지 사례가 될 수 있겠다고 생각하면서 '자녀 양육'이라는 주제로 책을 썼습니다.

이 책을 쓰는 목적과 내용

이 책을 쓴 목적은 '자녀 양육! 복음에 길이 있다.'라는 사실을 함께 나누는 것입니다. 많은 가정이 자녀 양육으로 인하여 신음하고 있습니다. 세상에서 말하는 자녀 양육 방법과 성경이 말하는 자녀 양육 방법 사이에서 혼란스러워합니다. 많은 부모가 어떻게 양육하는 것이 하나님이 기뻐하시는 것인지 궁금해합니다. 자녀를 양육할 때 무엇이 중요한 것인지 비법을 찾아 세미나와 책을 뒤지고 고민합니다. 그래서 그리스도인 자녀 양육은 복음에 뿌리내릴 때 길이 있음을 함께 나누고 싶었습니다.

이 책의 내용은 1부 '자녀 양육! 복음에 길이 있다.'와 2부 '자녀 양육의 실제'로 나누어집니다. 1부에서는 자녀를 향한 하나님의 마음이 무엇인지 살펴봅니다(1장). 하나님은 자녀 양육의 책임을 부모에게 맡기셨습니다. 우리는 자녀를 향한 하나님의 마음을 명확히 이해하는 부모가 되어야 합니다. 우리는 복음을 경험한 부모로서 세상의 방법론에 휩쓸리지 않고 복음에 기초해서 어떻게 자녀를 양육할 것인지 살펴보고자 합니다(2장). 오늘날 부모로서 부르심과 역할은 너무도 가볍게 여겨지고 있습니다. 부모의 사명은 자녀들을 단지 좋은 대학이나 직장을 얻어 세상의 시민으로 살게 하는 정도의 역할이 아닙니다. 부모의 사명은 하나님을 대신해서 자녀에게 하나님의 말씀과 복음이 무엇인지를 전하는 것입니다(3장).

또한 부모는 이 영광스러운 부르심을 따라 어떻게 자녀를 양육해야 할까요? 자녀 양육과 관련해서 여러 주제가 있습니다. 자녀의 마음을 어떻게 다룰 것인지(4장), 복음으로 양육한다는 의미는 무엇인지(5장), 가정의 권위자인 부모는 자녀를 어떻게 순종하게 할 것인지(6장), 부모는 어떻게 자녀를 훈육할 것인지(7장) 구체적인 내용을 살펴볼 것입니다. 부모라는 영광스러운 부르심은 포기할 수 없는 고귀한 사명이기에, 성경적 원리를 배우고 일상의 삶에 적용하면서 부모는 성장해야 합니다. 때로는 육신을 따라 행하다가 좌절의 날을 보내기도 하지만 그리스도인 부모들은 성령과 동행해야 합니다. 성령을 따라 자녀를 양육할 때 부모는 자신의 죄를 제거하며 거룩해져 갑니다(8장). 때로는 고통의 날을 보내기도 하지만 하나님의 은혜를 경험하며 자녀와 함께 복음을 깨달아가고 주님을 닮아갑니다. 자녀를 양육하는 모든 과정은 부모와 자녀 모두에게 하나님의 동행하심을 경험하는 특별한 여행입니다.

2부는 자녀 양육의 실제를 나눕니다. 자녀 양육의 비전은 '하나님을 사랑하고, 이웃을 사랑하며 세상을 섬길 줄 아는 자녀로 세우는 것'입니다. 이 비전을 따라서 가정에서 어떻게 자녀들을 양육할 것인지 열두 가지 구체적인 전략을 소개합니다. 부모는 자녀를 하나님을 사랑하는 아이로 어떻게 양육할 것인지(9장), 이웃을 섬기며 사랑하는 아이로 어떻게 세울 것인지(10장), 세상을 섬기는 청지기로 무엇을 준비시킬 것인지(11장) 살펴봅니다. 이것은 양육의 한 사례입니다. 각 가정에서 더욱 섬세하게 양육의 실제를 만들어 가기를 소망합니다.

감사의 말

자녀를 양육하는 모든 과정에 하나님께서 은혜로 저와 아내를 양육해 주셨기에 감사드립니다. 하나님께서 은혜로 부모인 우리의 죄와 마음의 우상을 들추어내어 주셔서 감사드립니다. 부모인 우리가 얼마나 망가진 죄인인지 알게 하시고, 복음이 얼마나 찬란한 기쁜 소식인지 알게 하셔서 감사드립니다. 자녀를 양육하며 절망의 날, 고통의 밤을 보내는 동안 철부지 자녀인 우리를 양육해 주신 하늘의 하나님 아버지께 감사드립니다. 부모라는 영광스러운 부르심이 얼마나 소중한지 알게 하셔서 감사드립니다.

고단하고 어려운 자녀 양육의 과정에 한 팀으로 섬겨준 아내에게 고마움을 전합니다. "미란씨! 당신은 아내로서 못난 남편을 진실로 잘 격려해 주었어요. 당신은 엄마로서 두 아들을 지혜롭게 기쁘게 섬겨주어서 고마워요. 자녀와의 폭풍 치는 날들 속에서도 우리는 한 팀이 되어 은혜 안에서 함께 성장했어요." 두 아들 민구와 민유를 꼭 안으며 고마움을 전합니다. "아들들, 아빠의 어리석음과 교만을 잘 용납해 주고 용서해 주어 고맙다. 아빠는 너희와 함께 복음의 은혜를 배웠고, 너희와 함께 한 모든 것이 최고의 행복이었다."

작은 소망이 있습니다. 교회 안에 다음 세대를 향한 열망이 다시 일어나고, 복음에 기초하여 자녀를 양육하는 실제적인 원리들이 교회 현장에 회복되기를 소망합니다. 한국 교회에는 자녀 양육의 관심과 다음 세대에 대한 비전이 뜨겁습니다. 그러나 세상의 방법론이 아니라 성경이 말하는 새로운 방향과 진지한 고민이 일어나기를 소망합니다. 교회가 부모를 세우고, 부모 세대와 자녀 세대가 함께 은혜의 하나님을 찬양하는 부흥이 일어나기를 소망합니다. 부모가 자녀를 제자 삼지 않으면 세상이 자녀를 제자 삼을 것입니다. 한 세대의 부모가 헌신하는 일이 이 땅에 일어나서 새벽이슬 같은 거룩한 다음 세대가 일어나기를 소망합니다.

복음으로 다음 세대를 세우는 부모 세대가 일어나기를 소망하며 … 강 성 환

1부

자녀 양육!
복음에
길이 있다!

01

자녀 양육을 향한
하나님의 디자인

자녀 양육을 향한
하나님의 디자인

세상 문명은 큰 위기를 맞고 있습니다. 위기라고 생각하는 이유는 결혼과 가정이라는 용어를 새롭게 정의해야 하는 상황이기 때문입니다. 지금까지 가정은 '한 아버지와 한 어머니와 자녀로 구성되는 가정'이 정상적이고 기본질서인 사회였습니다. 그러나 이제는 인권과 자아를 존중하는 가치관으로 인하여 '한 아버지와 한 어머니 그리고 자녀'의 가정이 기본질서라고 주장하기 힘든 세상이 되었습니다. 이것은 사회의 위기일 뿐 아니라 교회의 고통이기도 합니다.

미국 최대 장로교단(PCUSA)이 결혼의 정의를 "남자와 여자 사이에서의 결합"에서 "두 사람 사이의 결합"으로 바뀌었습니다.[1] 이로써 미국의 일부 교단은 목회자가 동성 커플의 결혼식 주례를 설 수 있으며, 동성애자도 목

---

1   뉴스앤조이, "미국PCA, 동성 결혼 반대 의사 다시 확인."

사가 될 수 있습니다. 이 혼란은 교회의 심각한 위기입니다. 이 위기는 간단한 것이 아닙니다. 이것은 '창조주 하나님이 결혼과 가정을 제정하셨다.'에 의문을 제기한 것입니다.

창조자 하나님이 결혼과 가정을 만들었습니다. 가정은 인간이 만든 제도가 아니라 하나님이 세우신 제도입니다. 가정을 향한 공격은 결혼을 만드신 하나님을 향한 공격입니다. 결혼은 변덕스러운 인간의 마음에 따라 변화는 풍습이 아닙니다. 하나님이 만드신 가장 고귀하고 영광스러운 제도입니다. 사탄은 하나님의 창조 목적에 반역하며, 하나님이 세우신 결혼과 가정을 흔들고 공격하고 있습니다.

교회는 하나님이 세우신 가정이 무엇인지, 결혼이 얼마나 영광스러운 현장인지 성도에게 가르쳐야 합니다. 우리는 창조자 하나님의 말씀으로 돌아가야 합니다. 교회는 단지 '동성애와 낙태'에 맞서 싸우는 것이 전부는 아닙니다. 물론 이런 운동은 필요합니다. 그러나 궁극적 해답으로는 부족합니다. 그리스도인은 더 적극적인 삶을 보여야 합니다. 세상은 성경이 말하는 원리로 살아가는 모델을 보고 싶어 합니다. 하나님 말씀의 원리를 깨달은 '한 사람'이 '한 가정'을 이루어 한 세대가 말씀의 열매를 맺어야 합니다. 복음으로 사는 가정이 세워지고, 성경이 말하는 원리에 뿌리를 내리는 교회가 세워져야 합니다.

이 확신을 따라 우리가 고민해야 하는 주제는 '복음으로 다음 세대를 어떻게 제자 삼을 것인가?'입니다. 오늘날 사회는 믿지 않는 자나 그리스도인이나 자녀 양육에 관심이 아주 많습니다. 그러나 그리스도인 부모들은 어떻게 자녀를, 다음 세대를 제자 삼아야 하는지 혼란스럽습니다. 우리는 먼저 하나님의 말씀으로 돌아가야 합니다. "자녀 양육과 관련한 하나님의 디자인"은 무엇인지 살펴보고자 합니다. 하나님의 디자인은 부모 세대에게 자녀를 제자 삼는 책임을 맡기셨습니다. 하나님을 경험한 부모 세대는 자녀에게 영광스러운 하나님을 삶으로 보여 줄 책임이 있습니다. 이 장에서 우리는 구약과 신약의 몇 가지 말씀에서 하나님이 부모에게 주신 자녀를 제자 삼는 책임을 살펴볼 것입니다. 또한 우리는 하나님이 주신 영광스러운 부모의 책임에 어떻게 반응해야 하는지 생각할 것입니다.

하나님의 언약과 아브라함의 책임

하나님은 구원의 놀라운 계획을 세우고 아브라함에게 약속하십니다.

"내가 너로 큰 민족을 이루고 네게 복을 주어 네 이름을 창대하게 하리니 너는 복이 될지라 너를 축복하는 자에게는 내가 복을 내리고 너를 저주하는 자에게는 내가 저주하리니 땅의 모든 족속이 너로 말미암아 복을 얻을 것이라"_창 12:2-3

이것은 자식이 없는 75세 할아버지 아브라함에게 어마어마한 약속입니다. 하나님은 아브라함에게 너의 자손이 하늘의 별처럼 많을 것이고, 가나안 땅을 줄 것이라 약속하십니다. 또한 아브라함의 후손, 한 씨를 통하여 열방을 복 주시겠다고 약속하십니다(창 22:18). 하나님의 약속을 받은 아브라함의 책임은 무엇입니까? 하나님께서 아브라함에게 말씀하십니다.

"아브라함은 강대한 나라가 되고 천하 만민은 그로 말미암아 복을 받게 될 것이

아니냐 내가 그로 그 자식과 권속에게 명하여 여호와의 도를 지켜 의와 공도를
행하게 하려고 그를 택하였나니 이는 나 여호와가 아브라함에게 대하여 말한 일
을 이루려 함이니라"_창 18:18-19

아브라함을 향한 하나님의 계획은 무엇입니까? 아브라함이 강대한 나
라를 이루고 그를 통하여 온 세상 천하 만민이 복을 받는 것입니다. 크고
놀라운 계획이지 않습니까? 아브라함은 가나안에 땅이 한 평 없고, 자손
도 없는 떠돌이 나그네 노인인데 하나님은 '강대한 나라'를 만들겠다고 합
니다. 그냥 강한 나라가 아니라 천하 만민이 복을 받는 나라가 될 것이라고
합니다. 하나님이 계획하신 크기가 놀랍습니다. 아브라함은 하나님께서
모든 열방에 복을 주는 통로로 택함을 받았습니다. 이를 위해 아브라함이
어떻게 살아야 하는지 정확히 말씀하십니다.

"아브라함은 자식과 권속에게 명하여 여호와의 도를 지켜 의와 공도를 행하게 하
라"_창 18:19

아브라함이 강대한 나라가 되고 열방에 복이 되기 위해서는 아브라함이
해야 할 일이 있습니다. 그것은 아들과 손자와 함께 있는 사람에게 여호와
의 도를 지키게 하고, 여호와의 말씀을 따라 행하게 하는 일입니다. 아브라
함의 책임은 자신이 경험한 하나님이 누구신지, 그분의 약속이 무엇인지
전하는 것입니다. 이것은 아브라함의 책임입니다. 하나님이 우리에게 가
나안 땅을 주실 것이고, 하늘의 별과 같이 많은 후손을 주실 것이며, 후손
중에 한 사람을 통하여 열방에 복 주신다는 하나님의 약속을 성실하게 전
하는 책임입니다.

출애굽을 경험한 이스라엘 부모 세대의 책임

하나님은 아브라함의 후손 이스라엘을 애굽에서 해방시켜 시내산에서
약속을 주십니다.

"내가 애굽 사람에게 어떻게 행하였음과 내가 어떻게 독수리 날개로 너희를 업어
내게로 인도하였음을 너희가 보았느니라 세계가 다 내게 속하였나니 너희가 내
말을 잘 듣고 내 언약을 지키면 너희는 모든 민족 중에서 내 소유가 되겠고 너희
가 내게 대하여 제사장 나라가 되며 거룩한 백성이 되리라"_ 출 19:4-6

하나님은 애굽에서 노예 생활하던 이스라엘을 구출하시고 약속하신 것
은 무엇입니까? '너희는 내 소유가 되겠고, 거룩한 백성이 되며 열방을 축
복하는 제사장 나라가 되게 하겠다'라는 놀라운 약속입니다.

출애굽을 경험한 이스라엘 부모 세대의 책임은 무엇입니까? 이것을 알
기 위해 우리는 신명기 6장에서 이스라엘 백성을 향한 하나님의 마음이 무
엇인지 살펴야 합니다. 하나님은 자기 백성 이스라엘이 행복하기를 원하
셨습니다. 단지 한 세대만 행복하기를 원하신 것이 아닙니다. 하나님은
"너와 네 아들과 네 손자"(신 6:2)까지 행복하기를 원하십니다. 이 말은 삼
대만의 행복입니까? 아닙니다. 하나님은 "나를 사랑하고 내 계명을 지키
는 자에게는 천대까지 은혜를 베푸느니라"(신 5:10)라고 하십니다. 하나님
의 마음은 이스라엘이 한 세대만의 행복이 아니라, 한 세대를 통하여 오고
오는 모든 세대, 천대까지 약속의 땅에서 행복하기를 원하셨습니다(신 6:2-
3). 하나님은 이 마음을 가지고 "이스라엘아 들으라"(신 6:4) 말씀하시며 자
기 백성이 행복한 나라가 되는 원리를 가르치십니다. 이 말씀은 이스라엘

백성이 가장 중요하게 여기는 말씀(쉐마)입니다. 우리는 이 말씀을 이스라엘 백성이 행복하기 위한 '하나님의 비밀 작전'이라고 합니다.

작전 명령 1 아버지의 마음이 하나님을 사랑하라(신 6:4-5)

하나님의 비밀 작전은 무엇입니까?

"이스라엘아 들으라 우리 하나님 여호와는 오직 유일한 여호와시니 너는 마음을 다하고 뜻을 다하고 힘을 다하여 네 하나님 여호와를 사랑하라"_ 신 6:4-5

하나님의 비밀 작전은 부모의 마음으로부터 시작합니다. 이들은 누구입니까? 부모 세대는 출애굽의 살아계신 하나님을 눈으로 몸으로 생생히 경험한 자들입니다. 그들은 열 가지 재앙으로 강대국 애굽을 꼼짝 못 하게 하신 살아계신 하나님을 경험했습니다. 그들은 홍해 바다에서 애굽 군대를 멸하시는 능력의 하나님을 경험했습니다. 그들은 하루도 살 수 없는 광야에서 200만 명의 양식을 공급하시는 하나님을 경험했습니다. 낮에는 구름기둥으로, 밤에는 불기둥으로 보호하시는 하나님을 경험했습니다. 이스라엘 부모 세대는 출애굽과 광야 생활에서 하나님이 어떻게 구원하시고 통치하시고 보호하시는지를 경험한 세대입니다.

이 하나님을 경험한 부모 세대가 평생 해야 할 한 가지는 "너희는 마음을 다하고 성품을 다하고 힘을 다하여 하나님을 사랑하라"입니다. 우리는 무엇을 경험한 자입니까? 우리는 이스라엘이 경험한 열 가지 재앙이나 홍해 사건이나 만나를 경험하지 못했습니다. 그러나 우리는 그들과 비교할 수 없는 하나님 아들의 성육신을 경험했습니다. 하나님의 아들이 십자가에서 우리 대신 진노를 받아 죽는 것을 경험했습니다. 우리는 복음을 뼛 속 깊이 경험한 하나님의 자녀들입니다. 우리가 할 일은 '마음을 다하고 힘을 다하고 뜻을 다하여 하나님을 사랑하는 것'입니다(마 22:37).

작전 명령 2 아버지의 마음이 자녀에게로 향하게 하라(신 6:6-9)

출애굽의 살아계신 하나님을 경험한 부모 세대의 두 번째 책임은 무엇입니까?

> "오늘 내가 네게 명하는 이 말씀을 너는 마음에 새기고 네 자녀에게 부지런히 가르치며 집에 앉았을 때에든지 길을 갈 때에든지 누워 있을 때에든지 일어날 때에든지 이 말씀을 강론할 것이며"- 신 6:6-7

부모의 책임은 다음 세대인 자녀에게 하나님이 누구신지, 하나님이 행하신 일을 삶으로 부지런히 가르치는 것입니다. 집에 있을 때 열 가지 재앙을 가르치며 자연을 통치하시는 하나님을 가르칩니다. 길을 함께 갈 때 유월절 양의 피로 애굽의 장자를 멸하시고 구원하신 하나님을 가르칩니다. 자녀와 함께 밤에 눕고 아침에 일어날 때 홍해에서 행하신 하나님과 광야에서 공급하시는 하나님을 가르칩니다.

우리에게 적용하면 어떻습니까? 우리는 출애굽이나 홍해를 경험하지 않았습니다. 우리는 복음을 경험한 부모입니다. 복음을 경험한 부모는 자녀와 함께 집에 앉았을 때 하나님의 아들이 인간으로 오셨음을 가르쳐야 합니다. 잠자리에 누울 때 하나님의 아들이 우리의 죄의 형벌을 지고 죽었다는 진리를 가르쳐야 합니다. 자동차를 타고 갈 때 십자가에서 사탄의 권세가 멸하여졌고, 예수님의 부활로 생명을 주셨다는 복음을 가르쳐야 합니다. 자녀와 함께 음식점에서 식사할 때 광야의 만나가 아니라 날마다 공급하시는 하나님의 말씀을 가르쳐야 합니다.

하나님의 작전 명령이 시작되는 지점은 '부모의 마음'입니다. 작전이 펼쳐지는 현장은 '일상의 삶'입니다. 작전이 펼쳐지는 시간은 '항상, 모든 시간'입니다. 작전의 내용은 부모가 경험한 '하나님이 누구신지, 하나님이 행하신 일'은 무엇인지를 다음 세대 자녀의 마음에 전하는 것입니다.

이 하나님의 작전이 펼쳐질 때 구체적인 행동 지침이 있습니다. "너는 그것을(하나님의 말씀) 네 손목에 매어 기호를 삼으며 네 미간에 붙여 표로 삼고"(신 6:8)라고 합니다. 하나님의 말씀을 손목에 매고, 미간(이마)에 붙이라고 합니다. 손목은 행동을 상징합니다. 미간(이마)은 생각과 사고를 상징합니다. 즉 하나님을 경험한 부모는 '하나님의 말씀이 너희의 마음의 사고와 생각 속에 항상 있게 하고, 모든 행동과 삶으로 본이 되어 살아라.'라고 합니다. 또한 "네 집 문설주와 바깥 문에 기록할지니라"(신 6:9)라고 합니다. 이 말은 '너희 가정에 하나님의 말씀을 가장 중요한 원리로 소중하게 여기고 가르치라.'라는 뜻입니다.

하나님의 작전 명령이 무엇입니까? 복음을 경험한 부모 세대가 날마다 마음에 하나님을 사랑하며, 하나님의 말씀을 가정의 가장 중요한 원리로 삼는 것입니다. 또한 부모가 일상의 삶에서 하나님의 말씀에 본이 되어 자녀를 가르치는 것입니다. 이것이 자녀를 향한 하나님의 비밀 작전입니다.

모든 세대를 보시는 하나님

여기서 우리가 반드시 기억할 것은 '하나님이 모든 세대를 보신다.'라는 사실입니다. 우리는 나 자신과 자녀 세대 또는 손주 세대까지 삼대를 보고 인생이 끝납니다. 그러나 하나님은 오고 오는 모든 세대를 보시는 영원하신 분입니다. 모든 세대를 보시는 하나님의 목적은 출애굽을 경험한 한 세대에게만 복을 주시는 것이 아니라, 이 작전을 수행하는 부모 세대를 통해 다음 세대, 천대까지 열방을 복 주시는 것입니다. 이것이 하나님의 비밀 작전입니다. 열방을 축복하는 하나님의 비밀 작전은 무슨 최첨단 발명품이 아닙니다. 거대한 프로그램이 아닙니다. 하나님의 비밀 작전은 복음을 경험한 부모 세대가 평생 온 마음을 다해 하나님을 사랑하는 것입니다. 부모 세대가 복음을 따라 살아가고, 소중한 자녀에게 복음이 무엇인지, 하나님이 누구신지 삶으로 가르치는 것입니다. 다시 말하면, 부모 세대가 경험하는 하늘 아버지의 사랑, 은혜와 자비는 부모만의 것이 아닙니다. 이것은 다음 세대를 위한 은혜입니다. 그 은혜는 다음 세대인 자녀를 통해서 다음 세대, 오고 오는 세대를 위한 하나님의 은혜임을 기억해야 합니다(시 78:4-7).

이스라엘은 어떻게 반응하였습니까?

가나안의 첫 번째 세대

이스라엘 백성이 가나안 땅에 들어가서 하나님의 작전에 어떻게 반응했습니까?

"백성이 여호수아가 사는 날 동안과 여호수아 뒤에 생존한 장로들 곧 여호와께서

이스라엘을 위하여 행하신 모든 큰 일을 본 자들이 사는 날 동안에 여호와를 섬
겼더라 여호와의 종 눈의 아들 여호수아가 백 십 세에 죽으매 … 그 세대의 사람
도 다 그 조상들에게로 돌아갔고 그 후에 일어난 다른 세대는 여호와를 알지 못
하며 여호와께서 이스라엘을 위하여 행하신 일도 알지 못하였더라"_삿 2:7-10

성경에서 가장 슬픈 장면입니다. 여호수아가 죽고 그 시대의 장로들이
다 죽고 난 다음 불과 40년에서 50년 후에 '가나안에서 태어난 첫 번째 세
대'는 하나님을 알지 못했습니다. 그들은 애굽에서 구원하여 주신 조상의
하나님을 버리고 악을 행했습니다. 그들은 하나님 앞에서 악을 행하고 바
알과 아스다롯 우상을 섬기고 가나안 땅의 타락한 문화를 섬겼습니다(삿
2:11-13).

가나안의 첫 번째 세대가 하나님을 속히 떠난 것은 누구의 책임입니까?
하나님을 경험한 부모 세대의 책임입니다. 신명기 6장에서 그들은 하나님
의 작전 명령을 들었지만, 가나안 땅에 정착하면서 하나님을 떠났습니다.
그들은 가나안의 풍요와 쾌락의 신을 섬겼습니다. 그 부모 세대는 자신이
경험한 하나님을 자녀들에게 일상의 삶에서 본이 되어 가르치지 않았습니
다. 자녀들은 하나님이 누구신지, 하나님이 애굽과 광야에서 이스라엘 백
성을 위하여 무엇을 행하셨는지 알지 못했습니다. 이것은 성경에서 반복
되는 슬픈 역사입니다. 하나님을 경험한 부모 세대가 하나님을 사랑하지
않고, 그들의 마음이 하나님을 떠나면서 세상의 신들을 우상 숭배합니다.
그들은 다음 세대에게 영광의 하나님이 누구신지, 하나님이 행하신 일이
무엇인지 전하지 못합니다. 이 슬픈 역사는 사사 시대 350년 동안 반복합
니다.

사사 시대 엘리 제사장

사사 시대에 엘리 제사장이 있었습니다. 엘리는 당시 이스라엘의 최고 지도자였습니다. 그러나 엘리 아들들은 행실이 나빠 여호와를 알지 못했습니다(삼상 2:12). 엘리 아들들의 죄는 여호와의 제사를 멸시하고(삼상 2:17) 성전에서 여인들과 동침하는 음란한 죄를 범하였고, 온 이스라엘이 그들의 사악한 죄를 알고 있었습니다(삼상 2:22). 이것은 비극입니다. 이스라엘의 경건한 제사장 집안이 무너졌습니다. 하나님은 엘리 아들들의 죄에 대해 어떻게 말씀하십니까?

"내가 그의 집을 영원토록 심판하겠다고 그에게 말한 것은 그가 아는 죄악 때문이니 이는 그(엘리)가 자기의 아들들이 저주를 자청하되 금하지 아니하였음이니라"_ 삼상 3:13

하나님이 엘리 집안을 심판하시겠다고 한 이유는 엘리 아들들의 죄악 때문입니다. 그러나 이 죄는 누구의 죄입니까? 아버지 엘리의 죄입니다. 엘리는 자녀들의 죄를 알고도 그 죄를 금하지 아니하였습니다. 엘리는 아들들의 수치스러운 죄를 책망하지 않았고 내버려 두었습니다. 엘리는 하나님이 주신 부모의 책임을 따라 자녀에게 하나님이 누구신지, 그분의 말씀을 삶으로 가르치지 않았기에 심판을 받게 되었습니다. 하나님의 명령을 가볍게 여긴 엘리의 가정뿐 아니라 자기 소견에 옳은대로 행한 사사 시대의 역사는 비극의 역사입니다.

통일왕국 시대 다윗왕

사사 시대 이후 통일왕국 시대의 다윗은 어떻습니까? 다윗은 찬송과 기도의 사람입니다. 그는 만군의 여호와 이름으로 골리앗을 쓰러뜨린 믿음의 영웅이고 하나님 마음에 합한 사람입니다. 다윗은 다음 세대 자녀를 어떻게 양육했습니까? 다윗도 부모로서 책임을 충실히 감당하지 못했습니다. 다윗의 장남 암논은 여동생 다말과 동침했습니다. 그러나 아버지 다윗은 암논을 하나님의 말씀으로 책망하지 않고 내버려 둡니다. 다윗의 아들 압살롬은 분노를 참지 못하고 암논을 죽이고 도망갑니다. 안타깝게도 아버지 다윗은 아들 압살롬을 징계하지 않습니다. 결국 압살롬은 아버지에게 대항하여 반란을 일으키고 다윗은 도망자가 됩니다. 압살롬은 요압 손에 비참하게 죽게 됩니다. 다윗은 하나님이 주신 자녀를 제자 삼아야 하는 책임을 가볍게 여긴 것을 후회하며 통곡했을 겁니다.

한국 교회의 모습은 어떻습니까? 한국 교회는 다윗의 모습과 비슷합니다. 한국 교회는 세계 교회사에 가장 빨리 성장한 교회입니다. 한국 교회는 새벽 기도와 말씀의 부흥을 경험했습니다. 선교를 향한 한국 교회의 열정은 훌륭합니다. 어떤 나라도 한국 교회 성도처럼 기도와 충성으로 교회를 섬기지 않습니다. 그러나 한국 교회는 다음 세대를 잃고 휘청거리고 있습니다. 교회는 세상의 물질주의와 성공을 따라 세속화되고 있습니다. 우리는 신명기 6장에서 열방을 복 주시려는 하나님의 작전 명령을 회복해야 합니다. 복음을 경험한 부모 세대가 하나님을 사랑하는 것과 다음 세대 자녀를 제자 삼는 책임을 인생의 소중한 가치로 붙잡아야 합니다.

복음을 경험한 부모 세대의 책임

신약 시대를 살아가는 우리는 복음을 경험한 세대입니다. 우리의 책임은 무엇입니까? 베드로는 말합니다.

> "너희가 회개하여 각각 예수 그리스도의 이름으로 세례를 받고 죄 사함을 받으라 그리하면 성령의 선물로 받으리니 이 약속은 너희와 너희 자녀와 모든 먼 데 사람 곧 주 우리 하나님이 얼마든지 부르시는 자들에게 하신 것이라"_행 2:38-39

복음을 경험한 베드로는 '너희가 회개하고 죄사함을 받으라. 성령을 선물로 받으라'라고 외칩니다. 그리고 이 복음의 약속은 너희만의 것이 아니라 '너희와 너희 자녀와 모든 먼 곳에 있는 사람들, 하나님이 부르시는 사람들을 위한 약속'이라고 합니다.

십자가와 부활의 복음을 경험한 부모 세대의 책임은 이 복음을 다음 세대 자녀에게 전하는 것입니다. 이 영광스러운 복음의 약속은 성령을 경험한 120명만이 아니라, 자녀와 멀리 있는 열방 사람에게도 전해야 합니다. 우리만이 하나님의 자녀가 되고, 우리만이 죄 용서와 의롭게 됨과 영원한 상속자가 되는 것이 아닙니다. 이 복음은 자녀에게, 또한 오고 오는 모든 사람에게 전해야 합니다.

초대 교회 부모의 책임

바울은 에베소 부모들에게 말합니다.

> "아비들아 너희 자녀를 노엽게 하지 말고 오직 주의 교훈과 훈계로 양육하라"_엡 6:4

이것은 초대 교회 성도들에게 파격적인 명령입니다. 그들은 세상 철학자들의 교훈과 훈계로 자녀를 양육하는 것이 아니라 '주의 교훈과 훈계'로 양육해야 합니다. 부모는 예수 그리스도의 십자가와 부활을 경험한 자입니다. 그들은 십자가에 나타난 하나님의 사랑을 경험한 자입니다. 그들은 십자가의 완전한 용서를 누리고 예수님 안에서 의롭다고 불려진 자입니다. 이 부모는 예수 그리스도를 주인으로 모시고 사는 자이며 영원한 하나님의 나라를 상속받는 자입니다.

이 복음을 경험한 부모의 책임은 다음 세대 자녀에게 영광스러운 복음과 주님의 교훈과 말씀을 가르치고 그 말씀에 순종하도록 훈육하는 것입니다. 부모는 그리스도를 대신하여 하나님의 소유인 자녀에게 하나님이 누구신지, 하나님이 그리스도를 통하여 이루신 복음이 무엇인지를 일상의 삶에서 부지런히 가르쳐야 합니다. 만일 부모가 이 책임을 가볍게 여긴다면 자녀는 하나님을 알 수 없습니다. 부모가 그리스도의 십자가와 부활과 복음의 진리를 무시하고 세상의 풍요와 쾌락을 따른다면 자녀는 하나님을 버리고 세상을 따르게 될 것입니다. 복음을 경험한 부모 세대는 평생 온 마음을 다해 하나님을 사랑하고, 자녀에게 복음의 본을 보여 자녀를 제자 삼아야 합니다.

초대 교회 장로와 집사의 자격

초대 교회의 장로와 집사를 세우는 자격이 무엇입니까?

"집사들은 한 아내의 남편이 되어 자녀와 자기 집을 잘 다스리는 자일지니"_딤전 3:12

"그러므로 감독(장로)은 책망할 것이 없으며 한 아내의 남편이 되며…자기 집을 잘 다스려 자녀들로 모든 공손함으로 복종하게 하는 자라야 할지며 (사람이 자기 집을 다스릴 줄 알지 못하면 어찌 하나님의 교회를 돌보리요)"_ 딤전 3:2-5

2천 년 전 초대 교회는 복음을 전하는 공동체입니다. 이 사명을 가진 교회가 성도를 돌보고 섬기는 장로와 집사를 세우는 것은 중요합니다. 누구를 세워야 교회의 사명을 감당할 수 있습니까? 돈이 많은 사람을 세우는 것이 아닙니다. 세상에서 성공한 부자, 똑똑한 학자나 힘 있는 권력자를 세우는 것이 아닙니다. 교회를 섬기는 사람은 십자가와 부활의 복음을 경험한 자입니다. 그는 책망할 것이 없는 일꾼이며, 한 가정을 섬기는 사람입니다. 그는 자신이 경험한 하나님이 누구신지 가정에서 자녀에게 삶으로 본을 보여 가르치는 사람입니다. 가정을 하나님의 말씀으로 잘 다스리는 자라야 교회를 복음의 진리로 잘 다스릴 수 있습니다. 이것은 단지 교회를 섬기는 장로의 자격으로 제시된 것이 아닙니다. 교회 지도자가 본을 보여서 교회 모든 가정이 다음 세대 자녀들을 삶으로 제자 삼으라는 의미입니다.

우리가 잃어버린 것

홍정길 목사님은 은퇴 후에 "자신은 어떤 면에서 실패한 목회자"라는 충격적인 고백을 했습니다. 그는 말하기를 "나는 예수 믿기만 하면 이 땅에 천국이 올 줄 알았다. 그래서 목숨을 걸고 민족 복음화에 매달렸다. 천만 성도를 달라고 했고, 이 나라 5만 9천 마을에 교회를 세워 달라고 간구했다. 중국을 위해서도 기도했다. 그런데 모든 것이 이루어졌다. 마을마다 교회가 세워졌고, 중국도 열렸다. 그래도 교인들의 삶과 목회자들의 삶은 바뀌지 않았다. 그리고 생각했다. '아 예수 믿는 것만 가지고는 안 되는구나.' 하나님의 말씀을 배워야겠다. 그래서 제자 훈련을 참 열심히도 했다. 하지만 마찬가지였다. 성도들에게 엄청난 지식들이 쌓여 갔지만 삶은 그 대로였다."라고 합니다. 그가 내린 결론은 '자녀 교육'이었습니다. 그리고 말하기를 "삶의 변화를 놓고 치열하게 고민한 끝에 여기에 도달했다. 나는 내 자녀들에게 좋은 아버지가 되어 주지 못한 것이 가슴 아프다. 이 후회는 아마 내가 죽을 때까지 계속될 것이다. 부모밖에 답이 없다. 한국 교회의 문제는 삶이 없다는 것이다. 이것이 은퇴하고도 계속 내 마음에 남은 가장 큰 흔적이다."라고 했습니다.[2]

그의 말은 고통스럽습니다. 한국 교회는 부흥을 경험했지만, 신명기 6장의 하나님의 작전 명령을 잃어버렸습니다. 이 시대에 사탄은 다양한 방법으로 교회를 공격합니다. 사탄은 세상의 타락한 문화와 거짓된 세계관과 성적 타락과 자살 같은 파괴적인 방법으로 성도를 공격합니다. 그러나 사탄의 가장 큰 공격은 부모 세대가 이 하나님의 작전 명령을 이해하지 못하고 가볍게 여기는 것입니다. 아버지의 마음이 세상에 분주해서 하나님을 향하지 않는 것입니다. 부모의 마음이 자녀에게로 향하지 않고, 삶으로 다음 세대를 제자 삼지 않는 것입니다. 우리는 진실로 자신을 돌아보아야 합니다. 우리는 이 놀라운 하나님의 비밀 작전을 잘 이해하고 있습니까? 교회는 이 하나님 말씀의 원리를 따라 성도의 가정과 다음 세대를 세우고 있습니까? 우리 자신을 정직하게 돌아보아야 합니다.

2 CBS 크리스천NOW 45회, "특집대담 교회는 세상의 밀알입니다."

부모가 자녀를 제자 삼는 사명을 잃어버린 이유

오늘날 교회가 하나님의 작전 명령을 펼치지 못하는 이유가 무엇입니까? 많은 교회가 다음 세대를 회복하기 위한 프로그램과 비전을 제시합니다. 대부분의 교회 지도자가 자녀를 제자 삼아야 한다는 하나님의 말씀을 알고 중요하게 여깁니다. 그러나 성도의 가정에서는 혼란과 고통이 반복되고 있습니다. 우리는 먼저 하나님의 작전이 깨어진 세 가지 이유를 살펴보겠습니다.

첫째, 자녀의 신앙 교육 책임이 부모에서 교회로 변했다

1850년 이후 미국의 산업화 영향으로 남성들이 일에 몰두하게 되면서, 아버지는 가정을 돌보고 자녀를 제자 삼는 일에 어려움을 겪게 되었습니다. 이때 유행하기 시작한 것이 주일학교입니다. 주일학교는 18세기 영국의 로버트 레이크스(Robert Raikes, 1735-1811)에 의해 설립되었습니다. 처음에 주일학교의 주된 대상은 성도의 자녀가 아니라, 고아와 가난한 자와 교회에 출석하지 않는 부모의 자녀들이었습니다. 미국에서도 1790년에 최초로 주일학교 연합회가 출범했고, 영국의 주일학교와 마찬가지로 가난한 사람, 고아, 교회에 다니지 않는 부모의 자녀들이 주일학교에 나왔습니다. 부모가 있는 자녀는 대부분 부모가 자녀를 가정에서 신앙 교육을 했습니다.[3] 이때 산업화 영향으로 아버지가 자녀를 제자 삼기 어렵게 되었습니다. 주일학교는 점차 확대되었고, 교회에 나오지 않는 부모의 자녀를 대상으로 하던 주일 학교의 성격도 교리 문답을 가르치는 프로그램으로 점차

---

3   케리 피텍, 『아버지는 가정 목회자』 (서울: 미션월드라이브러리, 2003), 170-172.

변했습니다. 1854년 미국 장로교 회의에서 이렇게 말합니다.

"헐벗은 아이들을 복음 안으로 데려오는 일이 많은 성과를 거두었다. 이것은 주일학교가 감당해야 할 고유한 임무이다. … 또한 유감스러운 것은 교회에서 프로그램을 마련하자 과거처럼 부모에 의한 교리문답 교육은 거의 모두가 중단되었다."[4]

고아와 믿지 않는 아이들을 중심으로 하던 주일학교의 본래 목적이 바뀌어 가는 것에 우려의 목소리를 나타낸 것입니다. 가정의 부모를 중심으로 자녀를 제자 삼는 성경적 원리가 주일학교 중심으로 바뀌는 상황이었습니다. 40년에서 50년이 지나 주일학교는 교회 성도의 자녀들로 채워지게 되었습니다. 이 시기의 교회 지도자들은 부모에 의해 가정교육이 이루어지지 않는 것을 염려했습니다.

안타까운 것은 1900년대를 지나오며, 하나님이 부모에게 주신 자녀를 제자 삼는 성경적 원리를 부모가 가볍게 여기고, 세상의 풍요를 추구하다가 자녀를 제자 삼아야 하는 책임을 교회 교육 전문가에게 맡기는 현상이 나타난 것입니다. 오늘날 주일학교 교회 교육은 중요합니다. 그러나 부모가 가정에서 하나님의 말씀과 복음을 가르치는 성경적 책임을 무시하고, 교회가 성경을 가르치는 교회 교육으로 옮겨간 것은 슬픈 일입니다. 이제 대부분의 그리스도인 부모는 자녀를 제자 삼는 책임을 교회 교육에 맡기고 있습니다. 이제 교회 교육은 자녀 신앙 교육기관으로 확고하게 자리를

---

4 앞의 책, 173.

잡았습니다. 문제의 심각성은 부모가 일상에서 자녀에게 하나님이 누구신지, 말씀을 가르치라는 하나님의 명령을 무시하고 일주일에 한 시간 예배당에서의 신앙 교육으로 바뀐 것입니다.

둘째, 남편의 리더십이 무너졌다

리처드 백스터(Richard Baxter, 1615-1691)는 〈가정예배 지침서〉 제5조에서 이렇게 말합니다.

> "남편은 하나님 말씀으로 아내를 가르쳐야 하고, 아내가 스스로의 의무에 충실할 수 있도록 지도해야 합니다. … 하나님의 말씀을 경멸하고 또 의도적으로 하나님 말씀을 무시하고 살아가는 남편들은 자기 자신의 심령만 경멸하는 것이 아니라 자기 가족들의 심령까지도 경멸하는 것이 되고 맙니다. 이런 자는 자신의 임무를 수행해 나갈 능력이 없습니다."

남편은 아내를 가르치는 임무를 다해야 한다고 말합니다. 제6조에서는 다음과 같이 말합니다.

> "남편은 가족들의 훌륭한 교사가 되어야 합니다. 남편은 자기 가정의 종교의식뿐만 아니라 하나님의 일에 대해서도 가족들을 가르치고, 그들을 보살피고, 다스려야 합니다. … 만약 남편이 그러한 임무를 행하지 않거나 소홀히 여긴다면 그것은 그의 죄요. 또한 그의 수치가 될 것입니다."[5]

이처럼 남편은 가정에서 아내와 자녀를 하나님의 말씀으로 양육하는 임

---

5 앞의 책, 137-138.

무를 수행해야 합니다.

그러나 산업화 이후 도시가 발전하면서 남편은 일에 바빠서 가정을 책임지지 않는 현상이 생겼습니다. 하나님은 남편을 가정의 인도자로 세우셨지만, 하나님의 말씀을 무시함으로 가족의 교사로서 임무를 소홀히 했습니다. 남편이 이 책임을 회피하고 세상의 물질과 성공을 따랐기에 가정에서 아내와 자녀들이 고통 속에 신음하게 되었습니다. 남편이 가정에서 하나님의 행하신 일을 자녀들에게 가르치지 않고, 말씀으로 다스리지 않는 남성 리더십의 붕괴 현상이 일어났습니다. 오늘날 우리 교회 현장의 모습은 어떻습니까? 남편은 주말까지 일로 분주합니다. 가정에서 피곤한 몸으로 쉴 시간도 부족합니다. 남편은 아내를 양육하고 돌볼 임무를 가볍게 여겼고, 자녀를 말씀으로 가르치기 어렵게 되었습니다. 남편들의 영적 리더십이 무너져 성도의 가정에 위기와 고통이 있습니다.

셋째, 자녀를 제자 삼는 건강한 모델을 찾기 어렵다

우리의 고통은 교회 안에서 자녀를 말씀으로 제자 삼는 건강한 모델을 찾기 어렵다는 현실입니다. 분주한 아버지로 인해 다음 세대 자녀들이 하나님의 말씀으로 양육되지 않고 있습니다. 이 글을 쓰는 저도 과거에 일 중독자처럼 교회를 섬기며 살았습니다. 새벽부터 밤까지 교회를 돌보았습니다. 결혼 10년이 될 때까지 남편으로서 어떻게 아내를 사랑하고 돌보며 가정을 하나님의 사랑으로 섬기는지 알지 못했습니다. 아버지로서 어떻게 자녀를 인도하며, 말씀으로 제자 삼아야 하는지 전혀 알지 못했습니다. 좌우를 둘러보아도 건강한 모델을 찾기가 어려웠습니다. 이 현실은 충격이었습니다. 저는 신명기 6장의 온 땅을 복 주시기 원하시는 하나님의 비밀 작전을 무시하고 살았습니다. 복음을 경험한 부모 세대를 통해서 자녀를 제자 삼는다는 하나님의 마음을 알아가는 데 많은 시간이 필요했습니다. 우리는 다시 하나님의 말씀으로 돌아가야 합니다. 부모는 자녀를 제자 삼으라는 명령을 왜 잃어버렸는지 자신을 돌아보아야 합니다. 그리고 부모의 마음이 하나님을 사랑해야 하고, 부모의 마음이 자녀를 향하여 삶으로 본을 보이며 가르쳐야 합니다.

구약성경의 마지막 경고

구약성경 마지막이 어떻게 끝납니까?

"너희는 내가 호렙에서 온 이스라엘을 위하여 내 종 모세에게 명령한 법 곧 율례와 법도를 기억하라 보라 여호와의 크고 두려운 날이 이르기 전에 내가 선지자 엘리야를 너희에게 보내리니 그가 아버지의 마음을 자녀에게로 돌이키게 하고 자녀들의 마음을 그들의 아버지에게로 돌이키게 하리라 돌이키지 아니하면 두렵건대 내가 와서 저주로 그 땅을 칠까 하노라 하시니라"_ 말 4:4-6

하나님께서 구약의 마침표를 찍기 전에 하신 말씀은 무엇입니까? '하나님이 호렙에서 이스라엘과 언약을 맺을 때 백성에게 주신 말씀을 기억하라'입니다. 이스라엘 백성은 하나님의 언약 백성으로서 하나님을 온 힘을 다해 사랑하고, 그 말씀을 다음 세대 자녀에게 흘려보낼 책임이 있었습니다. 이를 위하여 하나님을 경험한 세대인 아버지의 마음이 자녀를 향하게 하고, 자녀의 마음을 아버지에게 향하게 하라고 합니다. 그 아버지의 마음이 하나님과 그 말씀을 사랑한 것처럼 자녀 세대의 마음도 하나님을 사랑하게 하라는 말씀입니다. 이 말씀은 한 세대만 하나님 안에서 행복한 것이 아니라 오고 오는 모든 세대, 모든 열방이 하나님 안에서 행복을 경험하는 원리입니다. 말라기 선지자는 "두렵건대 내가 와서 저주로 그 땅을 칠까 하노라"라고 하며 구약 성경에 마침표를 찍습니다.

이 말씀은 우리를 위한 하나님의 명령입니다. 여러분은 복음을 경험한 부모 세대입니까? 만일 여러분의 마음이 하나님을 사랑하고, 여러분의 마음이 자녀에게로 향하여, 일상에서 말씀의 본을 보여 자녀를 제자 삼지 않는다면, 다음 세대와 세상에는 저주가 임할 수 있습니다. 말라기 선지자의 엄중한 경고를 부모는 마음에 새겨야 합니다. 우리가 하나님의 은혜의 복음을 경험하였다면, 이 영광의 복음이 우리를 통하여 다음 세대인 자녀와 온 땅에 흘러가야 합니다. 우리는 부모로서 자녀를 향한 하나님의 작전 명령을 마음에 새기고 살고 있는지 자신을 돌아보아야 합니다.

1. 하나님은 아브라함 가정을 복의 통로로 부르셨습니다(창 12:2-3). 아브라함의 책임은 무엇인지 창세기 18장 18절과 19절 말씀을 함께 나누어 보십시오.

2. 하나님은 이스라엘을 열방을 복 주는 제사장 나라로 부르셨습니다(출 19:4-6). 하나님은 출애굽을 경험한 부모 세대에게 자녀들이 행복할 수 있는 작전 명령을 주셨습니다. 신명기 6장 4절부터 9절 말씀에 나타난 하나님의 작전 명령은 무엇인지 나누어 보십시오.

3. 복음을 경험한 신약 시대 부모의 책임은 무엇입니까?(엡 6:4) 초대 교회 장로와 집사를 세우는 자격 중에서 '사람이 자기 집을 다스릴 줄 알아야 하나님의 교회를 돌본다.'(딤전 3:5)라는 의미는 무엇입니까?

4. 오늘날 부모 세대가 자녀를 제자 삼는 사명을 잃어버린 이유는 무엇입니까? 세 가지 이유를 말해 보십시오.

5. "자녀 양육을 향한 하나님의 디자인"을 통해서 새롭게 알게 된 것과 도전은 무엇입니까? 부모로 살아갈 때 내가 꼭 붙잡아야 하는 것과 적용해야 할 것은 무엇입니까?

02

복음에 기초한
자녀 양육

복음에 기초한
자녀양육

현대 사회에서 자녀 양육은 뜨거운 주제입니다. 그리스도인이든 비그리스도인이든 자녀를 어떻게 하면 성공적으로 양육할 수 있는지 고민하며 여러 방법을 찾습니다. 그러나 자녀 양육은 어려운 주제입니다. 엘리즈 M. 피츠패트릭(Elyse M. Fitzpatrick)은 말합니다.

"아마존 웹 사이트에서 1970년에서 2010년 사이 그리스도인을 위한 자녀 교육서를 검색해 보았다. 총 2,150권이 출간되었으며 2009년 한 해에만 142권이 출간되었다. 여기에는 비그리스도인 교육서는 포함되지 않았다. 이 베스트 자녀 교육서의 밑바탕의 메시지는 자녀의 성공은 전적으로 자녀와 올바른 방식으로 소통할 수 있는 부모의 능력에 달려 있다고 한다. 이것은 복음에 나타난 하나님의 은혜에 뿌리를 두지 않은 부모의 능력을 신뢰하는 성경적인 방법이 아니다."[6]

---

6 엘리즈 M. 피츠팩트릭 & 제시카 톰슨, 『자녀교육, 은혜를 만나다』 (서울: 생명의말씀사, 2013), 219.

그녀가 자녀 양육에 관한 책들을 조사한 바에 따르면, 우리는 '부모의 능력으로 성공적인 자녀 양육이 가능하다.'라는 시대에 살고 있습니다. 이것은 성경이 말하는 원리가 아닙니다. 여러분도 자녀 양육의 성공은 부모가 자녀와 올바른 방식으로 소통할 수 있는 부모의 능력에 달려 있다고 생각합니까? 이것에 동의한다면 이 자녀 양육 방법은 복음과 하나님의 은혜에 기초한 것이 아닙니다. 여러분이 그리스도인이지만, 복음에 바탕을 둔 성경적 자녀 양육을 이해하지 못한 것입니다. 복음을 경험한 우리는 성경적 자녀 양육의 원리로 돌아가야 합니다.

먼저 우리는 많은 사람이 붙잡고 있는 일반적인 자녀 양육 방법 세 가지를 살펴보겠습니다. 이것은 그리스도인으로서 조심해야 할 방법입니다. 우리는 이것을 어떻게 분별할 것인지 살펴본 후 복음에 기조한 자녀 양육의 원리를 살펴보겠습니다.

일반적 자녀 양육 방법

첫째, 행동만을 바꾸려는 양육

부모들은 자녀의 행동을 고치기 위해 엄격한 규칙과 징계를 사용합니다. 어떤 부모는 자녀 양육의 성공을 위해 성품 교육을 중요하게 여깁니다. 물론 성공적인 자녀 양육을 위해서는 적절한 규칙과 무엇이 옳은 행동인지 성품을 가르쳐야 합니다. 규칙과 성품이 잘못되었다고 말하는 것은 아닙니다. 그러나 자녀는 연약한 죄인이기에 엄격한 규칙을 가르치고, 성품 교육을 정규적으로 한다고 할지라도 넘어지고 불순종하는 죄인인 것을 알아야 합니다. 존 맥아더(John F. MacArthur)는 말합니다.

"부모의 지시를 따라 예의 바르게 행동하고, 어른들이 물을 때는 공손하게 대답을 하도록 아이들에게 가르치면서 자녀 양육을 성공적으로 하고 있다고 스스로 생각하는 그리스도인 부모들을 알고 있다. 그러나 그런 부모의 아이들이 부모가 없는 곳에서는 가장 무례하고, 교회에서나 권위적인 사람이 없는 곳에서 가장 제멋대로 행동하는 경우가 많다. … 이런 일은 부모들이 아이들의 밖으로 드러나는 행동과 예절, 어른들을 대하는 공손한 예의 같은 문제들에만 초점을 맞추고 아이의 진정한 마음속 상태에 대해서는 전혀 이해하지 못하고 있기때문에 일어난다."[7]

이것은 자녀의 마음을 양육하지 않고 단지 행동만을 바꾸려고 할 때 일어나는 현상입니다. 자녀에게 바른 성품과 적절한 규칙은 필요합니다. 그러나 규칙과 성품 교육의 유익은 자녀가 얼마나 규칙을 잘 지키고, 반듯한 성품의 열매를 맺느냐에 있지 않습니다. 자녀는 좋은 성품을 반복해서 들었고 바른 규칙을 교육받았지만, 자신이 얼마나 규칙을 어기는 죄인이며 성품의 열매를 맺지 못하는 연약한 죄인인지를 깨닫는 것이 유익입니다. 그러므로 부모는 자녀의 외적인 행동만을 강조하고 자녀의 마음을 무시하며 행동만을 바꾸려고 하는 자녀 양육 태도는 조심해야 합니다.

둘째, 세상 문화에서 자녀를 보호하려는 양육

부모들은 세상의 문화로부터 보호하기 위해 자녀를 고립시키거나 격리

---

7 존 맥아더, 『하나님의 방식으로 자녀 키우기』 (서울: 디모데, 2007), 51.

합니다. 이들은 자녀를 외부 환경으로부터 보호하기만 하면 자녀 양육에 성공할 수 있다고 생각합니다. 예를 들면, 대중음악 듣기 금지, 컴퓨터 게임 및 인터넷 사용 금지를 중요하게 여깁니다. 어떤 부모는 진화론을 가르치는 책을 버리기도 합니다. 물론 자녀 마음대로 스마트폰이나 인터넷을 사용하여 무분별하게 세상 문화에 영향을 받는 것은 위험합니다.

그러나 자녀를 세상 문화로부터 보호하거나 격리하는 것은 한계가 있습니다. 그 어떤 부모도 자녀를 세상의 죄와 문화로부터 완벽하게 보호하거나 격리할 수 없다는 사실을 알아야 합니다. 자녀가 10대가 되면 자녀 주변에 문화가 밀려 들어옵니다. 자녀들은 친구를 만나면서 수많은 정보를 얻습니다. 자녀들은 자기 손에 붙잡고 있는 스마트폰과 책상 앞에 컴퓨터에서 쏟아지는 세상 문화를 보게 됩니다. 부모가 자녀를 보호하기 위해 자녀를 항상 고립시킬 수는 없습니다. 세상 문화의 영향으로부터 자녀를 보호하기만 하면 자녀들이 악의 유혹을 받지 않으리라는 생각은 잘못입니다. 오히려 부모는 자녀에게 세상 문화를 분별할 수 있는 지혜를 가르쳐야 합니다.

저희 가정의 경험을 나눕니다. 저는 두 아들을 세상 문화로부터 보호하려고 최대한 노력했습니다. 컴퓨터 게임 하지 않기, 인터넷 사용 제한, 영화는 부모와 함께 보기 등의 방법을 사용했습니다. 초등학교 때까지는 어느 정도 효과가 있었습니다. 그러나 중학생이 되자 혼란해지기 시작했습니다. 두 아들은 〈무한 도전〉이라는 예능 프로그램을 좋아했습니다. 두 아들은 음악을 들으며 깔깔거리며 웃고 있었습니다. 저는 "아빠도 듣자."라고 했고, 가사의 내용이 재미있어서 함께 웃었습니다. 아들들에게 질문했습니다. "이 가사 내용은 어떠니? 한번 적어보자." 그 노래는 유재석의 〈압구정 날라리〉라는 노래였습니다. 그 가사는 이랬습니다. "셔츠가 다 젖을 때까지 압구정! 돈이 없어도 오늘만은 날라리. 오늘만은 날라리." 다른 한 곡은 하하의 〈죽을래, 사귈래〉라는 노래였습니다. 가사를 함께 적었습니다. "난 네가 좋아, 넌 나를 몰라. 난 너만 원해. 넌 나를 피해. 하지만 너는, 너 정말 죽을래? 사귈래? 아니면 나랑 살래? 어떡할래?" 아빠와 두 아들은 가사를 함께 적고 웃었습니다. 이 가사를 적으며 저는 마음속으로 "이런 내용도 없는 노래는 절대 금지다."라고 말하고 싶었습니다. 그러나 하나님이 지혜를 주셔서 "아들들, 너희가 가요를 들을 수 있지만, 지혜와 분별력이 필요해. 무슨 가사인지 한번 적어보고 아빠와 함께 대화하고 듣자."라고 했습니다.

부모에게는 지혜가 필요합니다. 자녀의 성장 시즌에 맞게 자녀에게 밀려오는 세상 문화를 어떻게 분별할 수 있을지 가르쳐야 합니다. 무조건 차단하기는 쉽지 않습니다. 만일 자녀들이 진화론에 관한 책을 읽는다면 진화론과 하나님의 창조에 관해 대화할 좋은 기회입니다. 만일 자녀들이 예능 프로그램이나 대중가요를 좋아한다면, 외모 지상주의와 물질주의가 무엇인지 대화하며 성경적 세계관을 나눌 기회입니다.

셋째, 자녀의 자존감을 높이는 양육

오늘날 자녀 양육 방법으로 가장 유행하는 것은 자녀의 자존감을 높이는 것입니다. 많은 부모는 자녀가 자신을 멋진 사람으로, 긍정적 자신감을 갖게 되면 더 나은 행동을 한다고 생각합니다. 자존감을 중요하게 여기는 부모는 자녀의 잘못된 행동을 수정하는 것보다 자녀의 자아상을 높여주기 위해 부모로서 할 수 있는 최선을 다해야 한다고 말합니다.

페이스북에서 보았던 동영상을 소개합니다. 6살 쌍둥이를 둔 엄마가 매일 아침 거울을 보며 두 아들에게 말합니다. "I am strong. I am smart. I am beautiful. I am respectful. I am great."[8] 영상의 마지막은 "아이들에게 집에서 가르치는 가장 중요한 것은 자존감입니다."라는 자막이었습니다. 이 엄마는 훌륭해 보입니다. 매일 자녀들에게 잔소리와 비난이 아니라 긍정의 힘을 불어넣고 있습니다. "나는 강하다. 나는 똑똑하다. 나는 아름답다. 나는 스스로 존중받는 사람이다. 나는 위대하다." 그러나 이 자존감을 세우는 것은 성경이 말하는 방법이 아닙니다. 이것은 세상의 교육학자와 상담 전문가들의 주장입니다.

성경이 말하는 원리로 자녀를 양육하기를 원한다면 생각해 보아야 합니다. 매일 아침 자녀에게 긍정적 힘을 불어넣어 주는 것이 자존감을 높이고 자녀를 행복하게 하는 방법일까요? 이미 자기 욕구로 가득한 이기적인 죄성을 가진 아이들에게 "너는 최고다. 기죽지 말아라. 네가 하고 싶은 대로 해라. 너는 강하다."라고 외치는 것은 자녀의 이기심을 더 부추깁니다. 이것은 자녀를 자기밖에 모르고, 다른 사람을 존중하지 않는 버릇없는 아이로 자라게 할 가능성이 있습니다. 자기가 원하는 대로 되지 않으면 소리 지르고, 고집부리고, 제멋대로 행동하는 아이로 키울 수도 있다는 사실을 명심해야 합니다.

---

8   중앙일보, "매일 아침 쌍둥이에게 '긍정의 힘' 불어넣는 엄마".

성경이 말하는 진리는 무엇입니까? 자녀는 죄인이지만, 하나님의 형상이기에 존귀하고 소중합니다. 자녀가 존귀하고 소중하지만, 죄인이기에 자기가 하고 싶은 욕구대로 내버려 둘 수 없습니다. 부모는 자녀가 고집부리고 이기심대로 행동한다면 "나는 너를 사랑한다. 그래서 너는 하고 싶은 대로 네 마음대로 해서는 안 된다."라고 말해야 합니다. 복음을 아는 부모는 자녀가 하나님 없이 "나는 내 힘으로 강하다. 내 힘으로 똑똑하다. 나는 아름답고 위대하다."라고 스스로 자신을 높이는 것이 얼마나 어리석은지 아는 자입니다. 그리스도인 부모는 하나님의 말씀이라는 진리로 자녀에게 말해야 합니다. "너는 하나님의 형상대로 창조되었기에 가장 소중하고 가치 있다."라고 선포하지만, "너는 죄인이다. 너 하고 싶은 대로 하면 안 된다. 너는 하나님 안에서 아름답고 소중하다. 너는 하나님 떠나서 스스로의 힘으로 강하거나 소중하지 않다."라고 분명히 가르쳐야 합니다. 복음을 아는 부모는 자녀에게 "너는 무엇을 해서 위대하고, 좋은 성적을 받아서 똑똑하고, 훌륭한 성품을 보였기에 강하고 위대하고 아름다운 것이 아니다. 너는 그리스도께서 이루신 일로 이미 아름답고, 소중한 자녀이다."라고 말해야 합니다.

성경의 가르침을 따라 자녀 양육을 하는 부모는 매일 아침 자녀에게 하나님이 주신 정체성을 외쳐야 합니다. "네가 매일 실패하고 쓰러지는 죄인이지만, 하나님이 너를 최고로 사랑하신다. 십자가에 아들을 죽이기까지 사랑하셨다. 너의 있는 모습 그대로 하나님은 용납하시고 최고로 기뻐하신다." "너는 존귀한 하나님의 형상을 입은 자이다. 네가 넘어지고 고난에 던져져도 하나님이 너와 항상 함께하시기에 너는 강하다. 하나님 때문에 너는 충분히 아름답고 보배로운 존재이다." 부모는 이 하나님이 주신 정체성을 반복적으로 선포해야 합니다. 복음을 경험한 부모는 세상이 말하는 자존감의 원리가 아니라, 복음 안에서 주신 정체성으로 자녀를 세우는 자입니다.

복음에 기초한 자녀 양육 이해하기

2018년 어린이날 정치권에서 "아이를 키우는 것은 국가적 책임이라는 원칙에 따라 일과 가정이 양립할 수 있는 사회를 만들기 위해 노력하겠다."라고 발표했습니다.[9] 정치인들이 대한민국의 미래인 어린이들이 행복한 나라를 만들겠다는 선언이었습니다. 그러나 다음 세대를 키우는 것이 국가의 책임입니까? 물론 국가가 자녀를 양육하는 보조적 역할을 할 수 있지만, 다음 세대를 세우는 책임은 국가에 있지 않습니다. 하나님은 자녀를 양육하는 책임을 부모에게 맡기셨습니다. 하나님 나라의 미래인 자녀를 양육하는 원리는 성경의 가르침에 기초해야 합니다. 우리는 그리스도인으로서 복음에 기초한 자녀 양육이 무엇인지 이해해야 합니다. 이것은 세상과 완전히 다른 자녀 양육 원리입니다.

첫째, 부모는 자녀의 주인이 아닙니다

복음에 기초해서 자녀를 양육할 때 가장 기초 질문은 '자녀의 주인은 누구냐?'입니다. 자녀의 주인은 부모입니까? 하나님입니까? 시편은 "자식은 여호와의 주신 기업이요 태의 열매는 그의 상급이라"(시 127:3)라고 말합니

9 연합뉴스, "여야 '어린이가 행복한 나라 만들겠다' 한목소리".

다. 자녀의 주인은 하나님이시고 부모에게 자녀를 기업으로 주셨습니다. 자녀는 짐이 아니라 하나님이 부모에게 주신 선물이고 복입니다.

자녀의 주인이 하나님이시면 부모는 무엇입니까? 부모는 하나님을 대신하여 자녀를 양육하는 청지기입니다. 바울은 고린도 교회 성도에게 말합니다.

"그러므로 우리가 그리스도를 대신하여 사신이 되어 하나님이 우리를 통하여 너희를 권면하시는 것 같이 그리스도를 대신하여 간청하노니 너희는 하나님과 화목하라"_고후 5:20

그리스도인은 '그리스도를 대신하는 사신'입니다. 우리는 그리스도를 대신하는 사신이 되어 세상 사람들을 하나님과 화목하게 하는 역할을 부여받았습니다. 이것을 부모인 자신에게 적용해 보십시오. 부모인 우리는 '그리스도를 대신하는 사신'이 되어 자녀를 하나님과 화목하게 하는 영광스러운 역할을 합니다.

달리 말하면, 부모는 자녀를 단지 좋은 대학이나 좋은 직장에 보내는 일이 전부가 아닙니다. 부모는 하나님이 주인이신 자녀를 하나님과 화목하게 하는 자이며, 하나님이 특별히 임명하신 '그리스도를 대신하는 사신'입니다. 복음을 경험한 부모는 자녀 양육의 모든 과정에서 이 영광스러운 부르심을 기억해야 합니다. 이 정체성을 기억하는 것이 세상이 말하는 자녀 양육과 완전히 다른, 복음에 기초한 자녀 양육의 출발입니다.

세상의 부모들은 '이 자녀의 주인은 하나님이다.'라고 절대로 말하지 않습니다. 그들은 '자녀는 내 소유이다.'라고 합니다. 그러나 그리스도인 부모는 '자녀는 하나님의 소유이며 그분이 주인입니다. 우리는 그리스도를 대신하는 사신입니다.'라고 말합니다. '그리스도의 사신'은 자기 생각대로 말하고 행동하는 자가 아닙니다. 사신은 자신을 임명하신 하나님의 뜻대로, 그분의 메시지를 정확하게 전하고 말하는 자입니다. 부모는 자신이 누구인지 알 때, 세상 부모들처럼 '나는 자녀의 주인이다.'라는 '주인 양육'을 버릴 수 있습니다. '나는 자녀의 주인이 아닙니다. 하나님이 주인입니다. 나는 왕을 대신하는 사신입니다.'라는 정체성을 깨달을 때, 세상과 다른 양육을 시작할 수 있습니다.

우리는 '내가 주인 된 양육'과 '그리스도를 대신하는 사신 양육'을 어떻게 구별할 수 있습니까? 폴 트립(Paul D. Tripp)이 『완벽한 부모는 없다』에서 말한 내용을 따라 이것을 구별할 수 있는 두 가지 질문을 소개합니다.[10]

부모의 정체성을 결정하는 것은 무엇입니까?

'나는 자녀의 주인이다.'라고 하는 부모는 자기 삶의 기쁨과 행복을 자녀에게서 찾으려고 합니다. 자녀가 어떤지가 부모에게 중요합니다. 자녀가 반듯하게 순종하고 공부 잘하고 예의 바르면 부모의 자존감은 올라갑니다. 반대로 자녀가 성적이 떨어지고, 불순종하고 망가지면 부모도 울상입니다. 부모의 자존감은 땅에 떨어지고 화가 나고 마음의 상처를 받습니다. 이것은 부모의 정체성을 자녀의 상태에 두는 모습입니다. 자녀도 태어나

---

10 폴 트립, 『완벽한 부모는 없다』 (서울: 생명의말씀사, 2017), 20-25.

면서부터 죄인입니다. 자녀는 아침부터 저녁까지 부모의 말을 귀담아듣지 않고 자기가 하고 싶은 대로 행동하는 연약한 죄인입니다. 만일 자녀의 모습에서 부모가 자기 정체성을 찾는다면 부모는 날마다 고통을 당합니다.

'나는 그리스도를 대신하는 사신이다.'라고 하는 부모는 어떻습니까? 자녀가 고집을 부리고 실패하면 부모의 마음은 아프지만, 하나님의 자녀라는 부모의 정체성은 흔들리지 않습니다. 어린 자녀가 온 집안을 엉망으로 만들고 지치게 할 수 있지만, '나는 그리스도를 대신하는 사신이다.'라는 정체성을 붙잡습니다. 자녀를 양육하다가 쓰러질 때 마음에 '나는 부모로서 자격이 없어. 도망가고 싶어.'라고 감정이 밀려오는 날에도 '나는 그리스도를 섬기는 사신이다.'라는 정체성을 기억하고 견딥니다.

자녀 양육의 성공 기준, 평가의 기준은 무엇입니까?

'내가 주인이다.'라는 부모는 자신이 생각하는 성공적인 자녀 양육의 몇 가지 기준이 있습니다. 이런 부모는 자신이 설정한 기준에 자녀가 도달해야 한다고 생각합니다. 내가 온 힘을 다해 자녀를 위해 희생하고 있으니 성품은 이 정도는 되어야 하고, 예절은 이 정도는 되어야 한다고 생각합니다. 만일 자신이 설정해 놓은 기준에 자녀가 미치지 못하면 부모는 자녀에게 화를 내고 다른 사람과 비교하며 주인 행세를 합니다. '내가 주인이다.'라는 생각을 가진 부모는 다른 사람이 자녀를 평가하는 것에 민감합니다. 그 이유는 자녀 성공이라는 트로피가 자신이 이룬 것이기 때문입니다. 만일 자녀가 부모의 기준에 도달하면 자녀를 자랑하지만, 부모의 기준에 미달하면 실망하고 낙심합니다.

그러나 '나는 그리스도의 사신이다.'라는 정체성을 가진 부모는 어떻습니까? 자녀가 평가 기준에 도달했는지에 따라 마음이 크게 요동하지 않습니다. 오히려 부모로서 하나님의 도구로 성실히 섬겼는지, 자녀가 맡겨진 일에 최선을 다했는지를 더욱 중요하게 여깁니다. 부모가 그리스도의 사신이라는 임무를 수행하는 동안 이웃에게서 자녀에 대해 칭찬을 들을 때는 어떻습니까? 부모는 그 칭찬을 자기 자랑이나 우월감으로 삼지 않습니다. 그 칭찬은 부모의 면류관이 아니라 하나님의 도구로 사용되었기에 하나님께 감사드립니다. 자녀도 죄인이기에 친구들과 싸울 수도 있고 엉뚱한 일을 할 수 있습니다. 자녀의 어리석은 행동으로 창피를 당할 수도 있습니다. 이때도 부모는 '자녀가 어떻게 행동한 것'이 자기 정체성이 아니기에 분노하거나 당황하지 않습니다. 오히려 그리스도의 사신으로 자녀가 죄를 깨닫도록 도와주고 온유와 친절로 섬깁니다.

우리는 '나는 자녀의 주인이다.'라는 양육과 '나는 그리스도를 대신하는 사신이다.'라는 두 가지 양육법 사이에서 매일 치열한 싸움을 벌이고 있습니다. 부모는 자녀를 양육하는 동안 끊임없는 갈등 속에서 자신이 누구인지 부모의 진정한 정체성을 배웁니다. 복음에 기초한 자녀 양육은 '내가 주인이다.'라는 양육을 버리고 '그리스도를 대신하는 사신'으로서 자녀 양육의 기쁨을 알아갑니다.

둘째, 부모는 자녀를 변화시킬 능력이 없습니다
폴 트립은 말하기를 "부모로서 당신이 할 수 없다는 것을 깨닫는 것이 좋은 양육의 핵심입니다."[11]라고 합니다. 부모로서 자녀를 변화시킬 능력이 없다는 말에 동의합니까? 물론 부모의 능력과 힘으로 자녀를 좋은 대학이나 직장에 보낼 수 있습니다. 부모가 쌓은 성취와 물질을 자녀에게 물려줄 수도 있습니다. 그러나 그리스도를 대신하는 사신으로 불러주신 부모의 임무가 단지 땅에서 성공시키는 것일까요? 자녀의 주인이신 하나님께서 부모에게 자녀를 맡기신 임무는 자녀에게 하나님이 누구신지 알게 하며, 자녀를 그리스도에게 인도하는 것입니다. 바울은 디모데에게 말합니다.

> "또 어려서부터 성경을 알았나니 성경은 능히 너로 하여금 그리스도 예수 안에 있는 믿음으로 말미암아 구원에 이르는 지혜가 있게 하느니라 모든 성경은 하나님의 감동으로 된 것으로 교훈과 책망과 바르게 함과 의로 교육하기에 유익하니 이는 하나님의 사람으로 온전하게 하며 모든 선한 일을 행할 능력을 갖추게 하려 함이라"_ 딤후 3:15-17

디모데가 어렸을 때 외할머니 로이스와 어머니 유니게에게서 배운 성경은 구원에 이르는 지혜가 있습니다. 디모데는 부모로부터 배운 성경의 말씀으로 하나님의 사람으로 온전하게 되어 모든 선한 일을 행할 능력을 배웠습니다.

부모의 역할은 자녀에게 단지 세상을 살아갈 지적인 능력과 기술만을 전수하는 것이 아닙니다. 부모는 자녀에게 그리스도를 알게 하여 구원으로 인도하며, 성경의 말씀을 가르침으로 하나님의 사람으로 온전하게 세

---

11 앞의 책, 78.

우는 것입니다. 이것을 부모의 힘과 지혜로 할 수 있습니까? 부모는 자녀를 변화시킬 능력이 없습니다.

부모가 되었을 때 자신에게 다짐했습니다. '부모로서 내가 충분히 노력해서 최선을 다하면 자녀들은 반듯하고 순종하며 성공적으로 자랄 것이다.'라고 생각했습니다. 그러나 '내가 아무것도 할 수 없다'라는 것을 어렴풋이 알게 된 것은 첫째가 6살 때였습니다. 어느 날 6살 아들이 혼자서 유치원에 가겠다고 고집을 부렸습니다. 집에서 유치원까지 골목길은 300에서 400미터였는데 혼자서 가겠다고 했습니다. 아들이 눈치채지 않는 거리를 유지하며 뒤를 따라갔습니다. '아들이 넘어지면 어떡하지? 사고 나지 않을까? 길을 잘못 들면 큰일인데.' 수많은 생각을 하며 따라갔습니다. 이때 깨달았습니다. "하나님! 저는 아이를 항상 따라다닐 수 없습니다. 저는 아이의 주인이 아닙니다. 하나님이 주인이십니다. 저는 아이를 보호할 수 없습니다. 하나님이 보호자이십니다."

자녀가 십 대가 되었습니다. 부모로서 자녀의 생활을 알 수도 없었고, 통제할 수도 없었습니다. 청소년이 된 자녀는 부모 없이 혼자 영화를 보러 갔습니다. 집을 떠나 친구들과 함께 캠핑을 갔습니다. 어떤 날은 십 대 자녀와 갈등으로 한바탕 소동이 일어날 때, 제 안에 있는 분노와 짜증 그리고 더러운 죄가 들통나기도 했습니다. 제 인생에 숨겨두었던 천박한 이기심들, 우상들이 자녀 앞에 쏟아질 때는 고통스러웠습니다. 이때 고백한 것은 "하나님! 저에게 자녀를 변화시킬 힘이 없습니다. 저도 동일한 죄인입니다. 저를 긍휼히 여기시고 도와주세요." 였습니다. 폴 트립은 예수 그리스도의 복음에 근거해서 생각해 보라고 말합니다.

"예수님의 복음은 가장 믿을만한 양육의 지침이자 성경의 핵심 주제입니다. 어느 누구도 다른 사람 안에 영속적인 변화를 창조해 낼 수 없습니다. 그럴 수 있다면 그분이 오실 이유가 없었을 것입니다. 예수님의 성육신, 삶과 죽음, 부활이 증명하는 것은 인간에게 누군가를 변화시킬 능력이 없다는 것입니다. … 양육은 자녀를 변화시키기 위해 당신의 능력을 사용하는 것이 아닙니다. 진정한 양육은 하나님께서 자녀에게 행하실 변화의 사역을 겸손히 받아들이고 믿음으로 동참하는 것입니다."[12]

어떤 부모도 자녀를 변화시킬 힘이 없다는 것이 이해되십니까? 부모는 자녀를 사랑하지만, 부모 안에 이기적 본성은 사랑할 능력과 힘이 없습니다. 그래서 예수님이 성육신하셨고, 우리를 위해 죽으시고 부활하셨습니다.

하나님은 자녀를 변화시키는 복음 사역에 부모를 동참하게 하셨습니다

하나님은 자녀를 변화시키는 사역에 부모를 동참하게 하셨습니다. 그러나 부모는 자녀의 변화를 일으킬 능력이 없습니다. 이 말은 '부모가 자녀의 권위자가 아니다.'라는 뜻이 아닙니다. 부모는 하나님이 세우신 자녀들의 권위자입니다. 그러나 변화를 일으키는 능력을 가진 권위자가 아닙니다. 부모는 '내가 자녀의 권위자다.'라고 하면서 내 힘으로 자녀를 변화시킨다고 생각하는 것은 어리석습니다. 만일 부모가 자신에게 없는 능력인 자녀를 변화시킬 능력을 가지고 있다고 생각한다면, 부모는 '권위'라는 힘을 사용해서 자녀를 더 공격하고, 더 위협하고, 더 심한 규칙과 처벌로 자녀를 변화시키려고 합니다. 이것은 위험한 일입니다. 이것은 자녀의 마음에 상

---

12 앞의 책, 81.

처를 줄 뿐, 아무런 변화도 일어나지 않습니다. 그리스도인 부모가 알아야 하는 것은 '자녀를 변화시킬 능력은 하나님만이 있으시다. 우리는 도구다. 자녀를 변화시키는 사역에 무능하다.'라고 고백해야 합니다.

복음에 기초한 자녀 양육을 하고 싶습니까? 먼저 자녀를 변화시키려는 무거운 짐을 내려놓으십시오. 하나님은 결코 단 한 번도 부모인 당신에게 자녀를 변화시키라는 책임을 주시지 않으셨습니다. 단지 하나님이 쓰시는 도구가 되라고 하십니다. 부모로서 할 일은 간단합니다. 우리는 자녀의 변화를 만드는 자가 아니라, 변화의 유일한 주체이신 예수님의 도구로 사용되는 것입니다.

이것을 아는 부모는 자신의 힘으로 자녀를 바꾸려고 했던 행동을 멈추어야 합니다. 자녀를 변화시키기 위해서 자신이 사용한 방법들—가혹하게 처벌하고, 비교하고, 정죄하고 큰 소리로 화를 내고—을 버려야 합니다. 이런 방법은 하나님의 도구로 사용되는 것이 아니라 강제로 변화시키는 폭군 행세를 하는 것입니다. 부모의 권위를 포기하라는 말이 아닙니다. 부모는 여전히 자녀를 변화시키는 하나님의 사역에 도구로, 그리스도를 대신하는 사신으로 권위를 행사합니다. 이 권위는 그리스도를 대신하는 권위이기에 온유와 사랑과 친절로 해야 합니다. 부모는 자녀를 하나님의 사람으로 변화시킬 능력이 없는 권위자이지만, 그리스도를 대신하여 말과 행동으로 사랑과 온유의 권위를 행사할 때, 하나님은 자녀에게 하나님의 은혜를 알게 하시고 변화시키십니다.

셋째, 부모는 하나님의 은혜로 양육합니다

많은 그리스도인 부모는 하나님의 은혜를 이해하지 못해 자녀 양육에서 낙담과 혼란을 경험합니다. 부모는 하나님이 일상의 삶에 동행하신다는 진리를 믿는다고 말하면서도 자녀가 불순종하고 반항할 때 그 순간 '하나님의 은혜'가 함께하신다는 생각을 잊습니다. 부모가 자녀를 양육할 때, 어떤 상황에서도 하나님의 은혜가 함께합니다. 바울은 디도에게 말합니다.

"모든 사람에게 구원을 주시는 하나님의 은혜가 나타나 우리를 양육하시되 경건하지 않은 것과 이 세상 정욕을 다 버리고 신중함과 의로움과 경건함으로 이 세상에 살고"_딛 2:11

하나님의 은혜는 예수님의 십자가의 죽음과 부활로 우리를 자녀 삼으셨습니다. 그 동일한 하나님의 은혜가 나타나 성도를 양육하십니다. 하나님의 은혜는 성도의 삶에 경건하지 않은 것과 세상의 정욕을 버리게 하고 하나님을 닮아 의로움과 경건함으로 살게 합니다.

부모가 자녀를 양육하는 모든 과정에 이 동일한 하나님의 은혜가 나타나 양육하십니다. 자녀 양육으로 가장 처참한 순간, 부모로서 아무것도 할 수 없다고 느끼는 순간에도 하나님의 은혜가 나타나 양육하십니다. 그 하나님의 은혜는 부모 안에 있는 경건하지 않은 분노와 이기심과 정욕을 버리게 합니다. 자녀가 반항하고 뒹굴며 고집부리는 고통스러운 순간에도 하나님의 은혜는 부모에게 신중함과 온유함과 경건함으로 살게 하십니다. 십 대 자녀가 독한 말로 쏟아내는 처참한 밤을 지날 때도 있습니다. 부모로서 하지 말아야 하는 말로 자녀를 공격하고 밀려오는 죄책감으로 괴로워하는 순간에도 하나님의 은혜가 나타나 부모와 함께합니다. 복음에 기초한 자녀 양육을 하려면 일상에서 하나님의 은혜의 양육을 이해해야 합니다.

부모의 임무는 하나님의 은혜를 의지하는 것입니다

하나님께서 당신을 부모로 부르신 까닭은 당신에게 감당할 만한 능력이 있어서 부르신 것이 아닙니다. 성경을 살펴보면 하나님은 중요한 임무를 맡기실 때 능력자를 부르시지 않습니다. 모세를 부르실 때 모세가 이스라엘을 약속의 땅으로 이끌 힘과 능력이 있어서 부르셨습니까? 모세에게는 아무런 능력이 없습니다. 모세에게는 강대국 애굽을 꼼짝 못 하게 할 능력이 전혀 없습니다. 이스라엘 백성에게 먹을 것을 제공하고 광야의 추위와 더위에서 보호할 능력이 모세에게 없습니다. 어린 다윗이 블레셋의 골리앗 장군을 이길 힘이 있어서 부르셨습니까? 제자들이 선 세계를 복음화할 능력이 있어서 부르셨습니까? 아닙니다. 성경을 보면 소명을 감당할 능력이 있어서 부름을 받은 사람은 없습니다. 하나님이 그들에게 충분한 능력과 은혜를 주셨기에 그 사명을 감당했습니다.

우리는 부모로 부름을 받았습니다. 그러나 부모의 역할을 감당할 지혜와 사랑 그리고 능력을 가진 사람은 없습니다. 부모로 살아가는 동안 자주하는 질문이 있습니다. 왜 나처럼 엉망이고 부족한 사람에게 이 소중한 자녀를 맡기셨는가입니다. 부족한 당신에게 부모라는 영광스러운 임무를 맡기신 이유는 오직 하나님의 은혜를 의지하고 하나님을 더욱 알아가게 하기 위함입니다. 하나님은 당신이 얼마나 연약한 죄인인지 아십니다. 우리가 부모로서 얼마나 능력이 없는지 아십니다. 하나님은 우리가 얼마나 인내가 부족하고 성품이 형편없는지 아십니다. 그런데도 우리에게 자녀를 맡기신 것은 하나님이 실수하신 것이 아닙니다. 그 이유는 그리스도의 사신으로서 하나님의 자녀를 양육할 때 '오직 하나님의 은혜를 의지'하도록 하기 위함입니다. 폴 트립은 말합니다.

"우리가 부모로서 느끼는 부족함은 하나님께서 자녀를 돌볼 자격이 없는 사람에게 그 일을 실수로 맡겼기 때문이 아닙니다. 오히려 당신의 부족함은 하나님의 계획입니다. 하나님은 자신의 부족함을 인정하고 하나님께 무릎 꿇는 사람을 최고의 부모로 여기십니다. 하나님은 당신이 부모의 모든 능력을 완벽히 갖추기를 원하시는 것이 아닙니다. 당신의 부족함에도 불구하고 기꺼이 소명을 받아들이기를 원하십니다. 그러면 하나님은 당신의 연약함을 들어 쓰실 것이고 당신을 변화시키실 것입니다. 그리고 당신 자녀의 삶과 마음속에 아름다운 일들을 이루어 가실 것입니다."[13]

하나님은 우리를 부모로 부르셨습니다. 우리에게 영광스러운 소명을 주시고, 너 혼자 이 무거운 짐을 감당하라고 맡겨놓고 도망가는 분이 아닙니다. 하나님은 우리와 함께하십니다. 자녀 양육의 모든 순간에 '하나님의 강력한 은혜'로 우리를 돌보시고 동행하십니다.

하나님의 은혜로 양육할 때 부모가 기억해야 하는 것

복음에 기초한 자녀 양육은 무엇이었습니까? 첫째, 부모는 자녀의 주인

---

[13] 앞의 책, 48-49.

이 아닙니다. 그리스도를 대신하는 사신으로 섬깁니다. 둘째, 부모는 자녀를 변화시킬 능력이 없습니다. 부모는 권위자로 세워졌지만, 자녀를 구원으로 인도할 수도 없고 하나님의 사람으로 변화시킬 능력이 없습니다. 부모는 그리스도를 대신하는 자로서 온유와 친절로 섬길 때 하나님의 변화시키는 사역에 동참하는 도구입니다. 셋째, 부모는 하나님의 은혜로 자녀를 양육합니다. 자녀를 제자 삼는 영광스러운 사명을 부모가 감당할 때 하나님의 은혜가 항상 함께합니다.

자녀를 양육할 때 꼭 기억해야 하는 예수님의 말씀이 있습니다.

"예수께서 나아와 말씀하여 이르시되 하늘과 땅의 모든 권세를 내게 주셨으니 그러므로 너희는 가서 모든 민족을 제자로 삼아 아버지와 아들과 성령의 이름으로 세례를 베풀고 내가 너희에게 분부한 모든 것을 가르쳐 지키게 하라 볼지어다 내가 세상 끝날까지 너희와 항상 함께 있으리라 하시니라"_ 마 28:18-20

이 말씀은 그리스도인들이 중요하게 여기는 선교 명령입니다. 우리가 복음을 전할 때 그리스도께서 하늘과 땅의 모든 권세를 주시며 세상 끝날까지 함께하신다는 약속입니다. 여기서 한 가지 질문은 우리가 집 밖의 모든 사람에게 복음을 전하고 제자 삼을 때, 집안의 자녀는 누가 제자 삼아야 하느냐 입니다. 학교입니까? 다른 사람입니까? 아닙니다. 자녀를 제자 삼는 책임은 부모에게 있습니다. 부모가 자녀에게 복음을 전하고 삶에서 가르칠 때 하늘과 땅의 권세를 가진 그리스도께서 부모와 동행하신다고 약속하십니다.

자녀를 양육하는 모든 과정에서 부모는 하늘과 땅의 권세를 가진 주님이 동행하신다는 진리를 항상 기억해야 합니다. 구원자 그리스도는 부모가 자녀 양육의 사명을 감당할 때 모든 것을 아시고 동행하시고 통치하신다는 약속입니다. 자녀 양육의 모든 시간, 모든 장소, 어떤 상황일지라도 왕의 통치 밖에서 일어나는 일은 없습니다. 그리스도를 대신하는 사신으로서 부모 역할을 할 때 하늘과 땅의 권세를 가지신 왕이 항상 함께하신다는 것을 부모는 반드시 기억해야 합니다. 자녀 양육을 하다가 절망적 상황, 낙심된 상황에 있을지라도 절대 혼자가 아니라는 것을 기억해야 합니다. 부모로서 절망적인 날일지라도, 지혜가 바닥나고 힘이 다 빠져서 포기하고 싶을 때도 '나와 함께하신다'는 주님의 약속을 붙잡아야 합니다. 부모로서 아무것도 할 수 없다는 사실을 발견할지라도, 하늘과 땅의 무한한 능력을 가지신 왕이 통치하시고 동행하신다는 약속을 신뢰하면서 신실하게 섬겨야 합니다.

부모인 당신이 매일 기억해야 하는 것이 있습니다. '우리가 자녀를 양육하는 동안 하나님은 우리를 양육하십니다.' 우리가 부모로서 고집 센 자녀를 양육하는 동안 하나님 아버지도 고집 센 부모인 우리를 양육하신다는 사실입니다. 자녀 양육의 과정에서 알게 되는 불편한 진실이 있습니다. 부모로서 우리 자신이 얼마나 부족하고 연약한지, 우리 안에 끔찍한 마음의 우상을 보게 됩니다. 이와 같은 불편한 진실로 고통스러운 밤을 보낼 때, 놀라운 사실은 '하늘 아버지가 우리를 은혜로 양육하신다'는 것입니다. 그러므로 부모는 자녀 양육을 하다가 실패하고 넘어져도 괜찮습니다. 하늘 아버지가 자녀인 우리를 온유와 사랑으로 양육하십니다. 우리는 하나님의 은혜에 의지해서 자녀를 양육하는 원리를 배우며 부모에게 주신 영광스러운 사명을 따라 섬깁니다.

1. 일반적인 자녀 양육의 세 가지 방법은 첫째, 행동만 바꾸려는 양육, 둘째, 세상 문화에서 자녀를 보호하려는 양육, 셋째, 자녀의 자존감을 높이는 양육입니다. 이런 양육 방법을 조심해야 하는 이유는 무엇입니까?

2. 복음에 기초한 양육의 출발은 '부모는 자녀의 주인이 아니다.'입니다. '내가 주인 된 양육'과 '그리스도를 대신하는 사신 양육'을 어떻게 구별할 수 있습니까?

3. 복음에 기초한 양육은 '부모는 자녀를 변화시킬 능력이 없다는 것을 아는 것'입니다. 당신은 이 말에 동의합니까? 당신이 할 수 있는 일은 무엇입니까?

4. 하나님의 은혜로 양육할 때, 부모가 기억해야 하는 말씀은 마태복음 28장 18절에서 20절입니다. 자녀 양육의 모든 과정에서 이 말씀이 우리에게 약속하는 것은 무엇인지 나누어 보십시오.

5. '복음에 기초한 자녀 양육'을 공부하면서 새롭게 알게 된 것은 무엇입니까? 이것을 부모로서 나의 삶에 적용할 때 기억해야 하는 점을 말해 보십시오.

03

부모라는
영광스러운
부른심

부모라는
영광스러운
부르심

세 명의 자녀를 둔 40세 주부의 글을 소개합니다. "스물일곱에 첫 아이를 낳았다. 첫째는 중학교 2학년, 둘째는 초등학교 4학년, 막내는 다섯 살이다. 엄마라는 이름에 얼마나 많은 제약이 뒤따르는지 알게 되는 과정은 내게 힘겹고 외로웠다. 서른 후반에 셋째를 키울 때 여전히 육아가 힘들었다. 격리와 단절이 형벌처럼 느껴졌다. 베란다 방범창이 형무소의 철창처럼 느껴졌다. … 첫 아이를 낳고 세 아이를 양육하는 14년, 나의 처지가 도시에 유배당한 죄인처럼 느껴졌다. 그리고 마음속으로 더 갈망했다. 아이가 자라기만 하면 집에서 벗어나 훨훨 날아보리라. 저 하늘 끝까지 날아가 보리라."[14] 한 어머니의 진솔한 고백입니다. 이것은 자녀를 키우며 인생이

---

14 오마이뉴스, "아들 셋 낳은 '죄인'… 내 인생은 멈췄다".

멈추었다고 생각하는 자녀 양육의 고통을 말하는 것일 수 있습니다. 현대
사회는 집에서 아이를 돌보고, 엄마로서 사는 인생을 감옥에 갇힌 죄인처
럼 비참한 일로 여기는 현상이 있습니다.

세상은 부모라는 영광스러운 부르심을 가볍게 여깁니다. 부모가 된다는
것이 얼마나 고귀한 부르심인지 알지 못합니다. 하나님은 우리를 부모라
는 영광으로 초대하셨습니다. 우리는 하나님이 주신 부모라는 영광스러운
부르심이 무엇인지 알아야 합니다. 부모로서 책임은 무엇인지, 이 부르심
에 어떻게 반응하며 살 것인지 살펴 보겠습니다.

부모, 영광스러운 부르심

웨스트민스터 소요리 문답에 인간의 주된 목적은 하나님을 영화롭게 하
고 그분을 영원히 즐거워하는 것이라고 합니다. 그리스도인 부모의 주된
목적은 무엇입니까? 부모는 하나님을 영화롭게 하는 자녀로, 하나님의 영
광을 위해 자녀를 양육합니다. 테드 트립(Tedd Tripp)은 말합니다.

> "부모는 하나님 대신 권위를 행사하는 사람이다. 부모 자신의 방법이나 편의를
> 위해 아이들을 지도하는 것이 아니라 아이들의 유익을 위해 하나님을 대신해 아
> 이들을 지도해야 한다."[15]

---

15 테드 트립, 『마음을 다루면 자녀의 미래가 달라진다』 (서울: 디모데, 2002), 13.

부모는 하나님을 대신해서 자녀의 주인이신 하나님 앞에서 자녀를 양육하는 책임을 맡은 청지기입니다. 부모는 하나님을 대신하는 부르심이기에 세상의 그 무엇과도 비교할 수 없는 최고의 부르심입니다. 부모로 부르심은 취소할 수 없는 부르심이며, 그 무엇과도 바꿀 수 없는 영광스러운 부르심입니다.

부모는 하나님을 대신하는 자로서 세 가지 임무가 있습니다. 이 임무는 그리스도가 땅에서 행하신 임무와 비슷합니다. 우리는 2장에서 '부모는 그리스도를 대신하는 사신이다'(고후 5:20)라고 했습니다. 복음으로 구원받은 부모는 그리스도를 대신하는 사신으로 세상 사람들을 하나님과 화목하게 하는 직분을 받은 것처럼, 자녀를 하나님과 화목하게 하는 임무를 부여받았습니다. 부모는 자기 뜻대로 땅에서 행복만을 위해 자녀를 양육하는 자가 아닙니다. 자녀는 하나님의 영광을 위해 창조된 자입니다. 부모는 그리스도의 사신으로서 자녀들이 영원하신 하나님 앞에 서는 자로, 하나님의 영광을 위해 사는 자로 양육해야 합니다. 그러기 위해 부모는 그리스도를 대신하는 세 가지 임무—선지자, 제사장, 왕—를 수행하며 살아갑니다. 조엘 비키(Joel R. Beeke)는 부모의 세 가지 임무에 대하여 『하나님의 약속을 따르는 자녀 양육』에서 구체적으로 설명하고 있습니다.[16]

선지자로서 임무

부모는 예수 그리스도를 대신해서 가르치는 선지자의 임무를 수행합니다. 구약의 선지자는 미래를 예언하기도 하지만, 더 중요한 역할은 하나님

---

16 조엘 비키, 『하나님의 약속을 따르는 자녀 양육』(서울: 지평서원, 2012), 109-122.

의 말씀을 백성에게 가르치는 것입니다. 선지자(prophet)는 '공포하는 자, 입 밖으로 내어 말하는 자'입니다. 부모는 자녀에게 성경에 기록된 말씀을 말하는 자입니다. 부모는 하나님이 누구신지, 하나님이 그리스도를 통하여 이루신 구원이 무엇인지, 선지자로서 자녀에게 진리를 말하는 자입니다.

하나님은 다음 세대인 자녀에게 어떻게 말씀을 가르칩니까? 학교 교사를 통해서 말씀을 가르칩니까? 주일학교 교사를 통해서입니까? 우리가 신명기 6장에서 자녀를 향한 하나님의 마음을 살펴본 것처럼 부모를 통해서 다음 세대인 자녀에게 하나님의 말씀을 가르칩니다. 부모는 단지 식당 주인처럼 밥만 제공하는 자가 아닙니다. 여관 주인처럼 잠자리만 제공하는 자가 아닙니다. 부모는 자녀에게 영어, 수학을 가르치기 위한 선생님이 아닙니다. 이것은 부모라는 영광스러운 부르심을 잊은 것입니다. 부모는 하나님의 말씀을 자녀에게 가르치는 선지자의 임무를 행해야 합니다.

당신은 자녀에게 하나님의 말씀을 가르치는 부모 선지자입니까? 이것은 오늘날 부모들이 잃어버린 가치입니다. 예레미야 선지자는 말합니다.

"내가 다시는 여호와를 선포하지 아니하며 그의 이름으로 말하지 아니하리라 하면 나의 마음이 불붙는 것 같아서 골수에 사무치니 답답하여 견딜 수 없나이다"-
렘 20:9

예레미야는 냉랭한 마음으로 하나님의 말씀을 말하지 않았습니다. 오히려 그는 하나님의 말씀을 묻어 두려고 했지만, 마음에 불이 타고 골수에 사무쳐 견딜 수 없다고 했습니다. 구약의 선지자들은 하나님을 대신해서 백성에게 말씀을 가르칠 때 뜨거운 마음으로 말했습니다. 부모는 이미 하나님의 측량할 수 없는 용서와 사랑을 경험한 자입니다. 부모는 복음으로 마음이 뜨거워서 자녀에게 하나님의 말씀을 가르치는 선지자로서 살아가야 합니다.

제사장으로서 임무

예수님은 우리의 죄를 위해 십자가에서 죽으신 대제사장이십니다. 예수님은 죽은 자 가운데서 살아나셔서 하나님 보좌 우편에서 항상 살아서 우리를 위해 기도하시는 대제사장이십니다(히 7:25). 예수님은 우리의 제사장으로서 무엇을 하십니까? 예수님은 몸인 교회의 머리가 되시고, 지체인 우리의 구원을 온전히 이루기 위해 기도하십니다(롬 8:34; 히 7:24-26; 요일 2:1-2). 성도는 복음의 은혜를 세상에 비추는 왕 같은 제사장으로 부름을 받았습니다(벧전 2:9; 계 1:5-6). 부모인 우리는 세상 사람들을 하나님께 이끄는 제사장일 뿐만 아니라 자녀에게 복음의 비밀을 알리는 제사장으로 부름을 받았습니다.

부모는 하늘의 대제사장이신 예수 그리스도의 은혜를 경험하고, 그것을 자녀에게 흘려보내는 통로입니다. 그 은혜를 어떻게 흘려보냅니까? 부모님들에게 질문합니다. 여러분은 자녀가 반복해서 죄를 지을 때 "대체 몇 번째니!"라고 하지 않고, 여러분이 제사장이신 예수님께 용납받은 것처럼 자녀의 죄와 허물을 용납합니까? 자녀는 하늘 제사장의 용서와 용납이 무엇인지 모릅니다. 그러나 부모는 하늘에 계신 제사장의 용서와 용납을 매일 경험합니다. 이 은혜를 먼저 경험한 부모는 자녀의 반복적인 죄를 용서하고 용납하며 하나님의 은혜를 흘려보내야 합니다. 부모는 망가진 자녀를 위해 중보 기도하는 제사장으로 살아갑니다. 부모는 보이지 않는 하나님의 사랑을 보이는 사랑으로 자녀에게 보여 주는 제사장입니다. 자녀는 또래 친구들이나 학교에서 하나님의 용서와 사랑을 경험할 수 없습니다. 자녀는 제사장의 역할을 하는 부모를 통해서 하나님의 용서와 사랑을 경험합니다.

왕으로서 임무

예수 그리스도는 오늘도 영원한 왕이시며, 하나님 보좌 우편에서 성도와 온 세상을 통치하십니다(히 1:2-3). 그 왕은 섬김을 받으려는 것이 아니라 도리어 섬기려 하고 죄인인 우리를 위해 자기 목숨을 주기까지 사랑한 왕이십니다(막 10:45). 그는 우리를 위하여 십자가에 죽으셨고, 하나님은 그를 지극히 높여 하늘과 땅과 모든 피조물 위에 왕으로 세우셨습니다(빌 2:8-11). 복음으로 구원받은 우리는 왕의 통치와 보호를 받으며 살고 있습니다. 성경은 영광의 왕이 자신만이 행하시는 통치에 성도인 우리를 불러 함께 통치하는 특권에 참여시킨다고 말합니다.

> "사람들을 (예수의) 피로 사서 하나님께 드리시고 그들로 우리 하나님 앞에서 나라와 제사장들을 삼으셨으니 그들이 땅에서 왕 노릇 하리로다"_ 계 5:9b-10

성도는 왕이신 그리스도를 대신하여 땅에서 통치하는 일에 참여합니다. 또한 부모는 가정에서 그리스도를 대신해 통치권을 행사합니다.[17] 바울은 교회 지도자를 세울 때 "자기 집을 잘 다스려 자녀들로 모든 공손함으로 복

---

17 앞의 책, 201.

종하게 하는 자라야 할지며 사람이 자기 집을 다스릴 줄 알지 못하면 어찌 하나님의 교회를 돌보리요."(딤전 3:4-5)라고 합니다. 이것은 교회 지도자가 가정을 다스리는 임무에 본이 되어야 하는 것처럼 부모들도 자녀를 잘 다 스려 하나님께 복종하게 하는 임무를 수행한다는 말입니다. 부모는 왕의 통치 권세를 가지고 땅을 다스릴 뿐 아니라 가정에서 자녀가 하나님의 사 람이 되도록 다스려야 합니다.

부모가 가정에서 왕의 임무를 행할 때, '내가 이 가정의 왕이다. 누구든 내 말을 안 들으면 혼날 줄 알아라'라고 말하는 것이 아닙니다. 보좌에 계 신 왕은 자비와 긍휼, 인내와 사랑으로 우리를 다스리십니다. 그처럼 부모 는 왕의 자녀들을 긍휼과 섬김으로 다스려야 합니다. 부모가 온 힘을 다해 왕의 임무를 다할 때 자녀는 하늘의 왕을 사랑하고 경외하게 됩니다.

한 아버지가 고등학교 딸의 핸드폰을 보다가 충격을 받았습니다. 딸의 핸드폰에 아빠의 번호를 입력한 이름이 아빠가 아니라 '왕짜증'이었습니 다. 그 아버지는 아들의 핸드폰을 보았습니다. 아들의 핸드폰에 아빠가 아 니라 '그 인간'이었습니다. 딸과 아들에게 비친 아빠의 모습은 '왕짜증, 그 인간'이었습니다. 아빠는 망치로 뒤통수를 얻어맞은 듯 충격을 받았습니 다. 지난 시간 동안 바쁘다는 이유만으로 자녀에게 잔소리와 화만 낸 결과 인 것을 알았습니다. 권위만 내세우고 자녀와의 소통에는 실패한 자라는 사실을 깨달았습니다. 그러나 여기서 끝나지 않았습니다. 이 아빠는 새로 운 기회를 가지고 자녀들을 돌보고 격려했습니다. 1년 후 딸의 핸드폰에

아빠는 왕짜증이 아니라 '내 인생의 챔피언'으로 바뀌었다고 합니다.[18]

부모는 자녀에게 잔소리만 쏟아내는 왕짜증이 아닙니다. 부모라는 임무는 그리스도를 대신하는 영광스러운 부르심입니다. 부모는 선지자로서 하나님의 말씀을 전하는 자입니다. 부모는 자녀를 용서하고 용납하며 하나님께 인도하는 영광스러운 제사장의 역할을 합니다. 부모는 왕으로서 자녀를 그리스도에게 순종시키며 왕을 사랑하게 하는 자입니다. 당신은 부모로서 이 영광스러운 임무를 수행하고 있습니까? 이 부모라는 영광스러운 임무는 세상의 누구도 대신 할 수 없습니다. 이 영광스러운 부르심은 취소할 수 없는 부르심이며, 하나님께서 부모에게 주신 가장 고귀한 사명입니다.

부르심과 함께 주어진 책임

통치자 하나님이 아담을 모든 인류의 조상으로 부르셨습니다. 부르심에는 책임이 있습니다. 아담의 책임은 하나님과 사랑의 관계를 맺으며 땅을 다스리고 관리하고 생육하고 번성하는 것입니다(창 1:28). 하나님이 아브라함을 열방을 축복하는 믿음의 조상으로 부르셨습니다. 아브라함의 부르심에 책임이 있습니다. 아브라함은 자기 가족과 권속에게 하나님의 말씀을 가르쳐 지키게 하는 책임이 있었습니다(창 18:18-19). 하나님이 이스라엘을 제사장 나라로 부르셨습니다(출 19:6). 이 부르심에는 책임이 있습니다. 하

18　개발자의 하루, "여고생 딸 휴대폰 우연히 봤다가 '기겁'", 〈https://vitalholic.tistory.com/254〉.

나님을 경험한 첫 번째 세대가 하나님을 사랑하고, 다음 세대인 자녀에게 하나님이 누구신지 가르치며, 삶의 본이 되어 말씀을 지키게 하는 것입니다(신 6:1-9). 이처럼 하나님이 우리를 부모로 부르시면 책임이 있습니다.

부모라는 영광스러운 부르심의 책임을 무시하면 고통이 따릅니다. 이 부르심을 가볍게 여긴 엘리 제사장은 자기 아들들이 죽는 경험을 했습니다. 이 부르심을 소홀히 여긴 다윗왕은 자녀로 인하여 시련과 슬픔을 경험했습니다. 부모가 소중한 부르심에 책임을 다하지 않는다면 다음 세대는 자신이 하나님께 속한 자녀인지 알지 못합니다. 부모가 이 영광스러운 부르심을 잊어버리고 세상의 우상을 따라 산다면, 다음 세대는 그리스도 안에서 행하신 복음의 비밀을 알 수 없습니다. 영원한 생명의 길이 무엇인지 깨닫지 못합니다. 한 세대가 부모라는 고귀한 부르심을 업신여기면 온 땅에 고통이 찾아오고 역사가 어둠에 사로잡힙니다(말 4:6). 그러므로 부모라는 취소할 수 없는 영광스러운 부르심을 소중히 여기고 다음 세대를 제자 삼는 부모 세대가 세워져야 합니다.

아버지의 책임

부모의 책임은 무엇입니까? 아버지는 가정의 인도자로서 가정을 섬깁니다. 아버지의 역할은 어머니와 집안 모든 것을 공유하지만, 모든 일의 책임자입니다. 아버지는 가정의 육적 공급자입니다. 그는 가정에 필요한 먹는 것, 입는 것, 교육, 건강, 재정, 생계를 책임지는 공급자입니다. 또한 아버지는 가정의 영적 공급자입니다. 아버지는 가정에 필요한 영의 양식을 공급해야 합니다. 그는 아내를 말씀으로 깨끗하게 하며 아내의 마음을 돌보아야 합니다. 그는 자녀에게 하나님의 말씀을 가르쳐야 합니다. 아버지는 가정의 보호자입니다. 가족이 질병으로 아프거나 고통을 당할 때 육적으로 돌보아야 합니다. 그는 영적 보호자로서 세상의 가치관과 세속적인 문화가 들어오는 것을 막아야 하는 책임이 있습니다.

제임스 패커(James I. Packer, 1926-2020)는 아버지의 역할에 대해 말합니다. "청교도들에게 가정생활이란 거룩하게 살라고 명하신 하나님께서 주신 사명이다. … 가정생활은 분명 하나님께서 인간에게 부여하신 가장 중요한 소명 가운데 하나이다. …가정에서 아버지에게는 특별한 책임이 부여되어 있다. 남편의 책임은 가족을 말씀 안에 거하게 하는 것이다. 주일에 가족을 교회로 데려가고, 가족의 성화를 감독하고, 자녀를 견책하고, 자녀에게 신앙을 가르치고 설교 후에는 가족 모두가 설교 내용을 잘 이해했는지를 점검하고, 이해하지 못한 부분에 대해서는 다시 차근차근 설명해 주고, 매일매일 가정예배를 인도하고, 언제든지 무슨 일에든지 거룩함의 본을 보여야 한다. 이것을 실행하기 위해 남편은 기꺼이 시간을 내어 자신에게 부여된 가르침의 신앙 교리를 배워야 한다."[19]

아버지의 책임은 고귀하고 소중합니다. 누구도 아버지의 책임을 대신할 수 없습니다. 때로는 아버지의 책임을 수행하다가 낙심하고 지치기도 합니다. 그러나 하나님은 아버지들에게 가장 고귀한 책임을 맡기셨습니다.

어머니의 책임

하나님은 남자와 여자를 동등한 존재, 하나님의 형상으로 지으셨습니다. 남자와 여자는 함께 가정을 돌보고 섬기지만, 역할이 다릅니다. 어머니는 아버지와 함께 가정을 돌보고 섬기지만, 남편을 돕는 역할을 맡았습

19 케리 피텍, 『아버지는 가정 목회자』, 120-121. 에서 재인용.

니다. 어머니의 부르심은 남편을 존경하고 자녀 양육을 돕습니다. 일반적으로 아버지는 공급하는 자로 일하지만, 어머니는 자녀를 돌보기 위해 가정에서 섬깁니다. 어머니가 가정에서 하는 자녀 양육의 모든 일은 하찮은 일이 아닙니다. 이것은 누구도 대신해 줄 수 없는 소중하고 가치 있는 일입니다. 어머니가 가정에서 식사를 준비하는 일, 청소하는 일, 빨래하는 일 등 모든 일은 소중합니다. 어머니가 자녀와 함께 대화하는 일, 자녀들의 갈등을 중재하는 일, 상처 난 자녀의 마음을 위로하고 격려하는 모든 것은 너무도 중요한 하나님의 일입니다. 어머니는 자녀들에게 갈등과 다툼이 있을 때 그들의 죄를 보게 해 주고, 십자가의 은혜를 말하며 그들을 화해시키는 일은 세상에서 가장 위대하고 가치 있는 일입니다.

오늘날 세상은 어머니로 사는 삶을 가볍게 여기는 경향이 있습니다. 안타깝게도 집에서 아이를 돌보고 섬기는 어머니로서 인생을 비참한 일로 취급하기도 합니다. 그러나 어머니가 된다는 것은 누구도 대신할 수 없는 영광스러운 소명입니다. 하나님은 당신을 어머니라는 영광스러운 부르심에 초대해서 소중한 책임을 맡기셨습니다.

하나님은 우리를 부모라는 고귀한 자리로 부르셨고 책임도 주셨습니다. 하나님은 할 수 없는 일을 당신에게 맡기는 무자비한 분이 아닙니다. 어떤 사람은 "하나님이 나같이 연약한 사람에게 왜 자녀 양육이라는 끔찍한 부담을 주셨는가?"하고 불평하며 두려워합니다. 하나님은 자녀를 당신에게 부담스러운 짐으로 맡기지 않았습니다. 자녀는 하나님의 선물입니다(시 127:3). 하나님이 당신을 부모로 부르심에는 후회가 없습니다(롬 11:29). 어떤 사람은 "나는 3명의 자녀를 양육하는 아버지로서, 부모로서 자격이 없어요."라고 고통스럽게 말합니다. 물론 자녀 양육의 책임이 무거운 것은 사실입니다. 그러나 하나님이 당신을 부모로 부르심에는 후회가 없습니다. 당신을 부모로 부르신 분은 하나님이십니다. 하나님은 감당할 능력을 주시지 않고 무조건 부르시지 않습니다. 폴 트립은 무거운 짐을 진 부모를 다음과 같이 격려합니다.

> "자녀의 행복은 당신 어깨에 달린 것이 아니라 당신을 보내신 하나님의 어깨에 달렸다. 당신에게는 불가능한 일이 그분께는 가능하다. 하나님은 지치지도 약해지지도 않으신다. 그분은 자신이 한 일을 후회하거나 지나간 일에 미련을 두지 않는다. 그분은 우리보다 훨씬 더 우리 자녀들을 사랑하신다. … 감사하게도 하나님 아버지의 어깨는 한없이 넓어서 우리의 연약하고 좁은 어깨가 감당할 수 없는 것들을 짊어지기에 부족함이 없다. 그분은 우리가 도저히 감당할 수 없는 벅차고 힘겨운 짐을 기꺼이 메어주셨다."[20]

자녀 양육이 부담이고 두렵습니까? 여러분을 불러주신 하나님께 지혜를 구하십시오. 매일 밤 수도꼭지를 틀고 후회하는 눈물을 흘리지 말고 매일 아침 자녀 양육의 모든 짐과 염려를 하늘의 아버지께 맡기십시오(벧전 5:7). 하나님은 "그의 신기한 능력으로 생명과 경건에 속한 모든 것을 우리에게 주신"(벧후 1:3) 분입니다. 하나님은 우리를 십자가로 부르시고 "생명과 경건에 속한 모든 능력을 우리에게 주셔서" 자녀를 구원하는 영광스러운 사명에 참여하게 하셨습니다. 부모인 우리는 하나님 아버지의 무한한 능력이라는 어깨를 신뢰하면서 자녀 옆에서 선을 행하는 도구임을 기억해

---

20 폴 트립, 『완벽한 부모는 없다』, 248.

야 합니다.

부모의 영광스러운 부르심을 수행할 때 세 가지 핵심 원리

자녀 양육의 목표는 자녀가 단지 공부 잘하고 성공하고 편안한 인생을 사는 정도가 아닙니다. 부모는 자녀의 마음이 하나님을 사랑하는 자로, 하나님 앞에 영원히 서게 해야 합니다. 부모라는 영광스러운 부르심을 수행할 때 기억해야 하는 세 가지 핵심 원리를 확인합니다.

핵심 원리 1 자녀의 마음을 목양하는 부모

그리스도인 부모님들 가운데 종종 이렇게 탄식하는 분들이 있습니다. "도대체 왜 이런 일이 생기는 것이죠? 제 아들은 주일학교와 중고등부를 열심히 다니고 수련회도 다 참석했어요. 우리는 아들을 기독교 학교에서 교육받게 했어요. 심지어 좋은 가정에서 자란 아이들을 친구로 삼도록 도와주었어요. 이렇게 노력했는데 왜 아들이 집을 떠나자 하나님을 버리고 제멋대로 살죠?" 일부 부모는 자녀에게 최고의 좋은 환경을 제공해 주면 자녀를 경건하게 성공적으로 키울 수 있다고 확신합니다. 그러나 환경이 자녀 양육의 성공을 보장하지 않습니다. 아무리 좋은 환경을 제공해도 반응하는 것은 자녀의 마음이기 때문입니다.

자녀 양육의 목표는 '자녀의 마음을 목양하는 것'이 핵심입니다. 단지 자녀의 행동을 고치고 지적하는 것이 전부가 아닙니다. 부모의 역할은 '자녀의 마음을 얻는 것'입니다. 리처드 필립스(Richard D. Phillips)는 말합니다.

"자녀들의 마음을 움직여 그들과 사랑의 관계를 맺고 예수 그리스도 안에서 믿음으로 서로의 마음이 하나가 되는 것이 부모가 감당해야 할 제자화의 목적이다. … 가장 큰 목표는 자녀들의 마음을 주님께로 향하게 만드는 것이다."[21]

당신은 부모로서 자녀의 마음을 얻을 수 있는 전략이 있습니까? 그들의 마음을 그리스도께로 향하도록 무엇을 행하십니까? 부모가 자녀에게 단순한 관심을 보인다고 자녀의 마음이 쉽게 열리는 것은 아닙니다. 자녀의 마음 밭에 시간과 에너지를 쏟아야 합니다. 부모가 자녀의 마음을 얻기 위해서 그들의 마음 밭에 어떻게 시간과 에너지를 쏟을 것인지 일상에서 적용할 수 있는 네 가지를 말씀드리겠습니다.[22]

첫째, 자녀와 함께 정규적으로 성경을 읽고 말씀을 나누십시오. 부모는 자녀들이 집에 있을 때 성경을 함께 읽고 교리를 가르쳐야 합니다. 자녀들이 주일학교와 기독교 학교에 다니는 것으로 충분하지 않습니다. 자녀들은 세상의 각종 미디어와 인터넷을 통해 정보를 보고 듣고 배우고 있습니다. 자녀들은 학교와 친구를 통해 세상의 지식과 정보를 습득하고 있습니다. 이 현실 속에서 부모는 직접 성경을 읽고 하나님 말씀의 탁월함을 가르쳐야 합니다. 가정의 형편에 따라 아침 시간이나 저녁 시간에 말씀을 함께 읽기를 권합니다. 매 주일 설교 내용으로 서로 대화하고 적용할 것을 찾고 격려하는 것은 놀라운 가정 문화입니다. 부모에게 성경학자가 되라는 뜻은 아닙니다. 자녀의 마음을 얻기 위해서 가장 중요한 진리의 말씀을 나누라는 것입니다. 인터넷과 미디어 사용 시간을 줄이고, 드라마 보는 시간을

---

21 리처드 필립스, 『남자의 소명』 (서울: 지평서원, 2013), 168-169.
22 앞의 책, 175-181.

절제하고, 자녀와 함께 성경을 읽고, 신앙 전기를 읽으며 자녀의 마음을 얻고 세우는 것입니다.

SBS 스페셜 제작팀에서 『밥상머리의 작은 기적』이라는 책을 출판했습니다.[23] "하루 20분 부모와 함께 하는 밥상머리 교육"은 자녀의 인성을 함양하고 두뇌를 발달시키고 종합적 사고 능력, 학습 능력에 큰 도움이 된다는 하버드와 콜롬비아 대학 연구진이 밝힌 실험 결과를 바탕으로 한 내용입니다. 미국과 일본에서는 아이의 미래를 바꾸기 위해서 부모와 함께하는 밥상머리 교육 열풍이 불고 있다고 합니다.[24] 그러나 우리의 현실은 부모와 자녀가 함께 밥상에 둘러앉아 대화하기 어렵습니다. 자녀는 학교로 학원으로 바쁘고, 부모는 직장 일로 다른 일로 분주해서 함께 대화하고 책을 읽고 교제하기 힘든 시대입니다.

세상 사람들은 하루 20분의 밥상머리 교육이 자녀의 미래를 바꾼다며 온 힘을 다해 자녀를 양육합니다. 그리스도인 부모인 우리는 창조주 하나님, 구원자 예수 그리스도의 복음의 길을 가르치는 영광스러운 부르심을 받았습니다. 우리도 '자녀와 함께 성경을 읽고 가르치는' 하루 20분 밥상머리 교육을 회복해서 자녀의 미래를 바꾸어야 합니다. 하나님의 말씀이라는 최고의 지혜를 전수해야 합니다.

둘째, 자녀와 함께 기도 하십시오. 자녀 양육은 자녀를 위해, 자녀와 함

---

23 SBS 스페셜 제작팀, 『밥상머리의 작은 기적』 (서울: 리더스북, 2020).
24 곰말, "밥상머리의 작은 기적 (내 아이의 미래를 결정짓는 밥상머리 교육의 비밀)", 〈https://blog.naver.com/pljh01/40109420190〉.

께 기도하는 것으로 이루어집니다. 부모는 자녀의 구체적인 문제를 위해 기도해야 합니다. 부모는 자녀의 마음을 잘 이해하고 자녀의 어려움을 위해 기도해야 하며, 자녀는 부모의 기도 소리를 듣고 자라야 합니다. 자녀가 질병으로 아플 때, 친구 관계에 어려움을 겪을 때, 시험을 앞두고 불안할 때, 부모와 자녀는 함께 하늘의 보좌에 계신 그리스도에게 달려가 기도해야 합니다. 또한 부모는 자녀에게 기도해 달라고 요청할 수 있습니다. 인생은 골짜기의 연속입니다. 부모는 자녀와 함께 하나님의 지혜와 인도하심을 구할 수 있습니다. 이를 통해 자녀는 하나님의 선하심과 기도에 응답하시는 주권적 하나님을 경험하고 배웁니다.

셋째, 자녀와 함께 일하고 섬기십시오. 자녀와 친밀한 관계를 맺기 위해서는 함께 일하는 것이 필요합니다. 먼저 자녀가 해야 할 과세나 공부를 도와야 합니다. 자녀들에게 공부하라고 재촉하는 것으로는 부족합니다. 자녀가 공부에 어려움이 있는지 듣고 필요한 것은 지원하고 격려해야 합니다. 자녀를 가사에 참여시키십시오. 집안 청소, 설거지, 손님 초대 등에 함께 하며 섬김을 배울 수 있게 하십시오. 저희 두 아들은 교회 청소 경력 3년, 의자 나르기 경력 3년, 아기 돌보기 경력 5년입니다. 물론 자녀를 집안일에 참여시키는 것은 어렵고 힘듭니다. 부모의 인내가 많이 필요합니다. 그러나 자녀와 함께 일을 하며 이웃을 섬기는 것의 중요함과 하나님을 사랑하는 원리를 배울 수 있습니다.

넷째, 자녀와 함께 놀고 재미있는 경험을 쌓으십시오. 부모는 자녀와 함께 놀아야 합니다. 부모는 자녀의 위치에 내려가서 함께 놀고 게임을 함께 해야 합니다. 딸과 소꿉놀이를 하려면 소꿉놀이 도구들에 대해 딸의 설명을 열심히 들어야 딸의 마음을 얻을 수 있습니다. 아들과 축구를 하려면 아들 수준으로 내려가서 패스하고, 실수하고, 격려해야 아들의 마음을 얻습니다. 자녀가 성장하는 동안 함께 여행하십시오. 차 안에서, 야외에서 오래 같이 있을 때 자녀의 마음을 얻고 대화할 수 있습니다. 가족 여행을 함께 할 때 평생 잊을 수 없는 추억을 쌓고, 얼굴과 얼굴을 보며 깊이 마음을 열고 대화하며 각 성장 시기를 따라 도울 수 있습니다.

여러분은 자녀의 마음을 얻어서 그리스도에게 향하게 할 전략이 있습니까? "내 아들아 네 마음을 내게 주며"(잠 23:26절 상반절)라고 말하려면, 부모의 마음이 자녀에게 향해야 하고, 부모의 시간과 에너지를 투자해야 합니다. 자녀의 마음을 얻기 위한 이 네 가지 방법을 살펴보고 일상의 삶에 적용할 수 있어야 합니다.

핵심 원리 2 **복음의 본이 되는 부모**

부모라는 영광스러운 책임을 수행할 때 가장 중요한 목표는 자녀에게 복음을 가르치는 것입니다. 이것은 부모가 복음을 따라 본이 되는 것입니다. 디모데를 보십시오.

> "이는 네 속에 거짓이 없는 믿음이 있음을 생각함이라 이 믿음은 먼저 네 외조모 로이스와 네 어머니 유니게 속에 있더니 네 속에도 있는 줄을 확신하노라"_ 딤후 1:5

디모데 마음속에 있는 '거짓 없는 믿음'은 어디에서 시작된 것입니까? 이 믿음은 디모데의 외할머니 로이스와 어머니 유니게 마음과 인생에 있었던 믿음입니다. 디모데가 복음의 사역을 충성스럽게 섬길 수 있었던 '거짓 없는 믿음'은 부모의 삶이라는 모델을 통해 배운 것입니다.

세상 이치를 보십시오. 일반적인 가르침은 선생님이 본을 보이고 학생이 배웁니다. 축구 코치는 강의실에서만 가르치지 않고 운동장에서 직접 공을 차며 본을 보이며 가르칩니다. 수영 코치는 교실에서 이론만 가르치지 않고 수영장에서 직접 본을 보입니다. 피아노 교사는 말로만 가르치지 않고 직접 피아노를 연주하며 학생들을 가르칩니다. 진정한 가르침은 교실을 넘어 일상의 삶에서 본을 보이며 가르칩니다. 자녀에게 하나님의 복음을 가르치는 가장 효과적인 방법은 단지 교실이 아니라 부모의 삶에서 본이 되어 가르치는 것입니다.

자녀는 모방자입니다. 그들은 부모를 관찰하고, 부모에게 영향받고, 부모로부터 매일 배웁니다. 부모인 우리는 완벽하지 않습니다. 우리는 자주 넘어지고 쓰러질 때도 많지만, 자녀는 부모의 삶을 꼼꼼하게 매일 관찰하고 모델로 삼고 공부합니다. 자녀는 부모의 무엇을 관찰하며 배울까요? 자녀는 부모가 어떻게 밥을 먹는지, 언제 일어나고 자는지 습관을 배웁니다. 자녀는 부모를 통해 말하는 습관을 배웁니다. 자녀는 부모를 통해 예배하는 자세를 배웁니다. 부모가 말씀 묵상과 기도를 어떻게 하는지 보고 자녀는 하나님과의 교제를 배웁니다. 부모가 말씀을 소중히 여기지 않는다면, 자녀도 말씀을 가볍게 여길 것입니다. 자녀는 부모가 교회를 어떻게 섬기고 사랑하는지를 배웁니다. 자녀는 부모를 통해 다른 교회 지체를 어떻게 생각하고 대화하는지 배웁니다. 이것만이 아닙니다. 자녀는 부모가 죄를 지을 때 어떻게 죄를 고백하며 용서를 구하는지를 배웁니다. 자녀는 부모가 다른 사람의 죄와 약함을 어떻게 용납하는지 보고 배웁니다. 자녀는 부모가 어떻게 분노를 절제하는지, 게으름을 이기는지 가정에서 배웁니다. 자녀는 부모가 어떻게 시간을 관리하는지, 재정을 사용하는지 일상의 삶에서 배웁니다. 자녀는 인생의 고난이라는 골짜기에서 부모가 어떻게 하나님의 주권을 신뢰하는지, 인생의 형통한 날 어떻게 하나님께 감사하며 찬양하는지를 배웁니다. 자녀는 부모와 함께 하는 모든 순간, 부모를 관찰하고 배웁니다.

부모가 기억해야 할 것은 모든 시간이 복음을 가르칠 기회라는 것입니다. 하나님은 이스라엘 백성에게 "네 자녀에게 부지런히 가르치며 집에 앉았을 때에든지 길을 갈 때에든지 누워 있을 때에든지 일어날 때에든지 이 말씀을 강론할 것이며"(신 6:7)라고 합니다. 일상의 모든 시간이 자녀에게 말씀을 가르칠 기회입니다. 단지 교실이나 가정예배 시간만이 아닙니다. 부모와 자녀가 함께 하는 모든 시간—집안 일을 하는 시간, 자동차 안에 있는 시간, 병원에 있는 시간, 일어나고 자는 시간 등—이 하나님의 말씀을 가르칠 시간입니다.

부모가 잊지 말아야 하는 것은 모든 상황이 복음의 본을 보일 기회입니다. 우리는 일반적으로 평안한 시간, 일이 뜻대로 잘 될 때가 가르치기 좋은 상황이라고 생각합니다. 그러나 경험에 비추어 볼 때 고통스럽고 엉망인 날이 하나님의 말씀을 가르칠 더 좋은 기회입니다. 자녀들이 다투고 싸울 때가 화해를 가르칠 더 좋은 상황입니다. 자녀가 심각한 말로 분노하고 원망할 때 어떻게 서로에게 죄를 고백하며 용서를 구할지 잘 배울 기회입니다. 자녀가 학교에서 좋은 점수를 받아서 우월감을 가질 때 어떻게 가르칩니까? "아들아 네가 좋은 점수를 받은 것은 참으로 감사하다. 최선을 다해서 고맙다. 너에게 지혜를 주신 하나님께 감사하다. 그러나 너는 교만하지 말아라. 다른 사람을 무시하지 말아라. 사랑하고 섬겨라."라고 말해야 합니다. 자녀가 실패해서 열등감에 빠진 날도 복음을 가르칠 기회입니다. "딸아 낙심하지 말아라. 너의 정체성은 하나님의 자녀이다. 최선을 다해서 고맙다."라고 해야 합니다. 부모는 자녀가 병원에 입원할 때, 친구에게 배신을 당했을 때, 일이 뜻대로 풀리지 않을 때, 이 모든 상황이 하나님의 주권과 신실하심을 가르칠 수 있는 최고의 상황인 것을 알아야 합니다.

모든 시간 모든 상황이 말씀과 복음을 가르칠 기회이지만, 부모로서 분노하고 짜증을 낸 실패한 날도 있습니다. 부모는 어떻게 해야 합니까? 이와 같은 날도 부모는 복음의 본을 보일 수 있습니다. 부모는 겸손하게 자녀에게 죄를 고백하고 용서를 구한다면 복음을 자녀와 함께 경험하게 됩니다. 그 순간 부모와 자녀는 십자가에서 우리의 죄가 해결되었음을 알게 됩니다. 그 순간 부모와 자녀는 우리의 행위가 아니라 그리스도의 의로 하나님 앞에 설 수 있는 기쁨이 무엇인지 알게 됩니다. 부모라는 영광스러운 부르심을 따라 일상에서 복음의 본이 되어 살아갈 때 하나님은 다음 세대인 자녀를 거룩한 세대로 세우십니다.

핵심 원리 3 │ 부모로서 부르심보다 더 중요한 부르심 두 가지

부모는 하나님의 말씀을 자녀에게 가르치는 부르심보다 더욱 중요한 부르심이 있습니다. 첫째, 남편과 아내로서 부르심입니다. 자녀 양육을 하는 동안 더욱 깊이 발견하는 고통은 부부의 문제였습니다. 자녀 양육의 부르심도 중요하지만, 부부가 더욱 사랑하고 친밀하게 가까워지는 것이 더 중요하고 우선적인 부르심입니다. 아내는 자녀가 우상이 되지 않도록 조심해야 합니다. 남편은 사업이나 세상의 성공이 우상이 되지 않도록 자신을 돌아보아야 합니다. 부부가 먼저 사랑 안에서 하나가 되는 것이 자녀에게 가장 큰 영향력을 끼칩니다. 부부가 일상에서 하나님이 누구신지, 복음의 진리로 어떻게 사는지, 한 몸이 되어 믿음으로 사는 삶이 자녀 양육보다 더 중요합니다. 부모로서 자녀를 제자 삼는 것이 고귀하고 취소할 수 없는 영광스러운 부르심인 것처럼, 남편과 아내가 한 몸을 이루어 사랑 안에서 섬기는 삶도 영광스러운 부르심입니다.

둘째, 그 무엇보다 가장 중요한 것은 하나님 자녀로서 부르심입니다. 우리는 부모이기 전에 하나님의 자녀입니다. 하나님의 자녀로서 매일 하늘의 아버지와 교제해야 합니다. 우리는 말씀과 기도의 교제 속에서 하나님 아버지의 힘을 공급받아 그 은혜로 자녀를 양육합니다. 부모는 자녀 양육이라는 선한 일을 하기 전에, 날마다 하나님 아버지를 만나는 가장 중요한 일을 먼저 해야 합니다. 자녀 양육의 치열한 과정에서 배운 것이 있습니다. '분주한 마르다가 되기 전에 하나님 앞에 매일 나아가는 마리아가 되는 것이 중요합니다.'

하워드 헨드릭슨(Howard G. Hendricks, 1924-2013) 박사가 2년 동안 도덕적으로 실패한 246명의 전임 사역자에 관한 조사를 했습니다. 246명의 기독교 사역자들이 하나님을 섬기는 사역자로 부르심을 시작했지만, 중간에 실패했다는 조사입니다. 하워드 헨드릭슨은 실패한 사역자들과 대화를 나누고 네 가지 공통점을 찾았습니다. 1) 이들 중 누구도 개인적으로 상호 책임지는 그룹이 없었다. 2) 이들은 개인 말씀 묵상, 기도, 예배에 매일 시간을 투자하지 않았다. 3) 이들의 80% 넘는 사역자들이 문제를 일으킨 여자와 상담하며 시간을 많이 보내었다. 4) 이들은 결코 자기 인생이 실패하리라 생각하지 않았다고 합니다. 이 조사 후에 하워드 헨드릭슨은 사역의 부르심을 끝까지 마치기 위해 다음과 같이 제안했습니다. 1) 당신이 적어도 일주일 중 3일 이상 기도와 성경을 묵상하며 주님과 인격적인 관계를 하십시오. 2) 당신이 서로의 죄를 고백하고 상호 책임지며 격려하는 그리스도인 친구들과 함께 하는 소그룹 모임을 하십시오. 3) 당신이 그 어떤 여자보다 당신 아내와 친밀한 관계를 유지하십시오. 이 제안을 충실히 수행한다면 당신은 부르심을 끝까지 감당하고 훌륭한 사역자가 될 수 있다.[25]

부모는 다음 세대인 자녀를 복음으로 제자 삼는 전임 사역자입니다. 하나님은 부모인 우리를 영광스러운 부르심으로 초대하셨습니다. 우리는 부모라는 부르심에 합낭한 책임을 나해야 합니다. 부모라는 부르심을 끝까지 잘 마치는 사람들은 누구입니까? 부모라는 고귀한 부르심을 수행할 때 하나님은 모든 능력과 지혜와 은혜를 주실 것입니다. 그러므로 부모로서 부르심을 성실히 감당하기 위해 몇 가지를 제안합니다. 1) 부모인 우리는 하나님의 자녀로서 말씀 안에서 지혜를 얻고 보좌에 계신 주님과 인격적인 기도를 통하여 하나님의 능력과 은혜를 경험해야 합니다. 2) 남편과 아내로서 친밀한 관계를 유지하며 부부 사이에 그리스도의 사랑을 경험해야 합니다. 부부가 경험하는 복음의 은혜는 자녀에게 흘러가며 그들을 가르칠 수 있습니다. 3) 부모도 연약한 죄인이기에, 서로의 죄를 고백하고 상호 책임지며 격려하는 소그룹 모임에 참여해서 하나님의 능력을 경험하며 성장해야 합니다.

---

25 스티브 파라, 『부드러운 리더』 (서울: 미션월드라이브러리, 2002), 48-50.

우리는 부모라는 영광스러운 부르심을 소홀히 여기는 시대에 살고 있습니다. 땅의 저주를 끊는 방법은 프로그램도 행사도 아닙니다. 부모라는 영광스러운 부르심이 무엇인지를 알고 믿음으로 반응하는 부모가 필요합니다. 부모인 여러분이 헌신해서 거룩한 다음 세대를 세우는 일을 완주한다면 그것이 세상의 소망의 빛입니다.

1. 나는 부모가 무엇이라고 생각했습니까? 한 문장으로 말해 보십시오. 고린도후서 5장 20절을 근거로 부모는 그리스도를 대신하는 사신이라고 할 수 있습니다. 부모의 세 가지 임무가 무엇인지 나누어 보십시오.

2. 자녀의 마음을 목양하는 부모로서 살아갈 때 네 가지를 제안했습니다. 네 가지 중에서 부모로서 잘하고 있던 것은 무엇입니까? 부모로서 더욱 성장해야 하는 것은 무엇입니까?

3. '나는 복음의 본이 되는 부모입니까?' 배우자(또는 교회 지체)에게 말해 보십시오. "모든 시간 모든 상황이 복음의 본이 되는 기회입니다."라고 했습니다. 여러분의 삶에서 어떤 순간을 복음의 기회로 삼고 싶습니까?

4. 부모로서 부르심보다 더 중요한 부르심 두 가지는 무엇입니까? 이 두 가지 부르심에 대해서 여러분의 모습은 어떠한지 구체적으로 나누어 보십시오.

5. 부모라는 영광스러운 부르심을 함께 나눌 때 새롭게 깨달은 것은 무엇입니까? 한두 달 안에 적용할 수 있는 것 두세 가지를 찾아 서로에게 말해 보십시오. 이것을 위해 함께 기도하십시오.

04

마음을 다루는
자녀 양육

마음을 나루는
자녀 양육

  선생님 A씨는 초등학교 5학년 담임을 맡아 평소 예의 바르고 학업도 충실한 B양에게 종종 마실 물을 떠다 줄 것을 부탁했습니다. B양은 늘 밝은 표정으로 물을 떠왔고 A씨는 목을 축여가며 수업을 했습니다. 그러나 2학기가 절반가량 지나 A씨는 한 학부모로부터 B양이 떠오는 물이 정수기 물이 아니라 화장실 양변기 물이라는 충격적인 말을 전해 들었습니다. B양은 A씨가 심부름을 시킬 때마다 변기 물을 떠 온 뒤 이 사실을 친구들에게 알리고는 물을 마시는 A씨를 보며 즐거워했던 것입니다.[26] 몇 해 전 신문 기사에서 본 마음 아픈 이야기입니다. 겉보기에는 예의 바르고 학업에 충실한 모범생 B양. 그러나 B양의 마음은 겉모습과는 사뭇 다른 모습을 보여줍니다. 우리 자녀들은 어떻습니까?

---

26 문화일보, "선생님께 1년간 양변기물 먹인 '얌전한 女학생'".

사람들에게 세상에서 제일 어려운 일이 무엇이냐고 물으면 일반적으로 자녀 양육이라고 답합니다. 왜 이렇게 자녀 양육이 어려운 걸까요? 자녀 양육이 어려운 이유는 부모와 자녀가 죄인이기 때문입니다. 대부분의 부모는 자녀를 양육하며 자녀들이 죄인이라는 것은 인지하고 있지만, 자신도 죄인인 것을 자주 잊습니다. 부모는 자녀를 양육할 때 자녀뿐 아니라 자신도 죄인임을 기억하고 먼저 부모 마음에 어떤 죄와 우상들이 있는지 살펴보아야 합니다. 그리고 나서 자녀가 자기 마음의 죄를 볼 수 있도록 도와주어야 합니다.

부모가 죄인이다

부모들을 만나보면 자신이 원래 성품이 좋은 사람이었는데 결혼하고 아이를 키우면서 성품이 더 나빠졌다고 합니다. 자녀가 반복적으로 말을 잘 듣지 않고 말썽을 피우기에 어쩔 수 없이 화내고 짜증을 내는 것이지 자신은 원래 그런 사람이 아니라고 말합니다. 정말 그럴까요? 사실 자녀들이 우리를 죄짓게 하는 원인은 아닙니다. 컵을 흔들면 컵 속에 담겨 있던 것이 쏟아집니다. 우유가 담겨 있으면 우유가 쏟아지고 물이 담겨 있으면 물이 쏟아집니다. 자녀가 부모를 흔들면 부모 안에 이미 존재하고 있던 것이 밖으로 튀어나옵니다. 부모 마음에 죄가 담겨 있다면 화와 짜증이 나오고, 사랑이 담겨 있다면 친절과 온유가 나올 것입니다. 물론 자녀가 아무 잘못이 없다는 이야기는 아닙니다. 자녀의 죄는 자녀에게 책임이 있고, 자녀의 죄에 죄로 반응한 것은 부모 책임입니다.

자녀를 양육할 때 부모의 어떤 죄들이 드러납니까? 가장 많이 드러나는 것은 이기심입니다. 아이들이 싸우고 부모에게 오면 화가 납니다. 왜 화가 납니까? '이 아이들이 하나님의 법을 또 어겼네. 하나님께 영광 돌리는 자녀들로 자라야 하는데 마음이 아프군.' 이런 거룩한 생각 때문이 아닙니다. '오늘 대체 몇 번째야? 이제 좀 쉬려고 했더니 또 귀찮게 하는군. 대체 나는 언제쯤 평화로운 시간을 보낼 수 있을까?' 이런 이기적인 생각 때문에 화가 납니다. 그래서 자녀에게 인내하지 못하고, 비판적이고 불친절한 말을 쏟아내고, 짜증을 냅니다. 이기심 이외에도 우리는 자녀를 판단하고, 비교하고, 빨리 용서하지 않고, 사람에 대한 두려움, 염려와 불신, 성공주의와 물질주의에 사로잡혀 수많은 죄를 만들어 냅니다.

자녀 양육은 날마다 전쟁입니다. 하루에도 여러 번 부모 안에 꼭꼭 숨어 있는 모든 종류의 죄가 자녀와 하나님 앞에 드러납니다. 이렇게 온종일 자녀와 씨름하다 평안히 잠든 아이의 얼굴을 보면 죄책감이 밀려옵니다. '내가 또 왜 그랬을까? 왜 이렇게 아이를 잡았을까?' 제일 친절해야 할 내 아이에게 인내가 없고, 사랑이 없고, 짜증과 분노가 많은 모습에 부끄러워 수 없이 울부짖어 기도합니다. 그리고 '내일은 좀 더 친절하고 좋은 부모가 되어야지.' 다짐해 보지만 변화가 더딘 스스로의 모습에 때로는 좌절합니다.

연약한 부모인 우리에게 격려가 되는 것은 하나님이 우리에게 소명을 주실 때는 감당할 은혜도 함께 주신다는 사실입니다. 부모의 힘만으로는 자녀를 절대로 잘 양육할 수 없습니다. "나를 떠나서는 너희가 아무것도 할 수 없다"(요 15:5)라고 주님은 말씀하십니다. 하늘 아버지는 우리가 먼저 그분의 양육을 받으며 은혜를 누리고, 주께 받은 사랑과 은혜를 자녀들에게 베푸는 부모가 되기를 원하십니다(딛 2:11-14).

자녀도 죄인이다

18세기의 청교도 J. C. 라일(John Charles Ryle, 1816 - 1900)은 자녀들에 대해 이렇게 말했습니다.

"자녀의 마음이 바른 도구를 사용하기만 하면 문제 될 것이 없는 깨끗한 종이라고 생각하면 안 됩니다. 단언하건대, 자녀들의 마음은 깨끗하지 않습니다. 어린 자녀들이라 할지라도 그 마음이 얼마나 부패하고 악한지 모릅니다. 그리고 곧 그 모습을 드러내기 시작합니다. 못된 성질, 고집, 교만, 시기, 불평, 흥분, 나태함, 이기심, 속임수, 영악함, 어리석음, 위선으로 나타납니다. 나쁜 것을 배우는 데는 민첩하고, 선한 것을 배우는 데는 고통스러울 만큼 더딥니다. 자기가 원하는 것을 얻기 위해서는 무슨 일이든 기꺼이 하려고 합니다. … 우리 자녀들은 죄를 배우기 위해 따로 학교에 다닐 필요가 없습니다."[27]

20세기 존 맥아더는 이렇게 말했습니다.

"각 아이는 악을 향한 지칠 줄 모르는 수용 능력을 가지고 세상에 태어난다. 태어나기 전부터 인간의 마음은 이미 죄와 이기심을 행하고 있다. 모든 부패를 향한 인간의 굽힐 줄 모르는 성향은 너무나 자유롭게 그 영향력을 행사하기 때문에 모

---

27 J. C. 라일, 『부모의 의무』 (서울 : 복있는 사람, 2012), 74.

든 아기는 괴물이 될 잠재력을 가지고 있다."[28]

18세기와 20세기 아이들이 별로 다르지 않습니다. 다 죄인입니다. 어린 아이들이 죄인인 것이 문화 때문입니까? 아니면 환경 때문입니까? 하나님의 마음에 합한 사람 다윗은 3000년 전 "내가 죄악 중에서 출생하였음이여 어머니가 죄 중에 나를 잉태하였나이다"(시 51:5)라고 말합니다. 솔로몬은 아이들의 죄악된 본성을 이야기합니다. "아이의 마음에는 미련한 것이 얽혔으나 징계하는 채찍이 이를 멀리 쫓아내리라"(잠 22:15) 부모와 마찬가지로 자녀는 배워서 습득된 죄인이 아니라 선천적으로 마음에 미련한 죄성을 타고났기에 죄인입니다. 아이들의 마음과 생각, 의지가 죄의 본성으로 뿌리까지 오염되었기에 그들은 하나님을 거역하고 하나님이 부모에게 주신 권위에 불순종합니다.

그래서 우리는 자녀가 어떤 충격적인 말을 하더라도 무슨 일을 저질러도 놀라지 말아야 합니다. 낙담하거나 좌절할 필요가 없습니다. '내가 널 어떻게 키웠는데, 네가 이럴 수가 있니?'라고 말하고 싶을 때가 자주 있겠지만 우리 아이들은 죄인으로 태어났기에 그럴 수 있습니다. 자녀의 해맑은 모습에 속지 마십시오. 자녀는 하나님의 형상으로 지음 받은 존귀한 존재이지만 동시에 죄인입니다. 어린아이의 죄악된 본성은 초등학교에도 계속되고 중학교, 고등학교에도 계속됩니다. 나날이 더욱 교묘하고 더욱 지능적이며, 더욱 은폐하려 하고 끝이 없습니다. 그것이 바로 하나님이 부모를 자녀 옆에 두신 이유입니다. 자녀는 미숙하기에 부모의 돌봄과 훈련 그

---

28 존 맥아더, 『하나님의 방식으로 자녀 키우기』, 43.

리고 훈육이 필요합니다.

많은 그리스도인의 큰 실수는 자녀를 양육하며, 부모와 자녀 모두 죄인이라는 사실을 너무 자주 잊어버리는 것입니다. 가정은 부모와 자녀의 마음에 내재한 모든 죄가 다 들통 나는 갈등의 현장입니다. 우리는 결혼하고 카페 같은 집에서 온갖 평온과 행복을 다 누리는 꿈을 꿉니다. 그런데 자녀가 태어나고 자랄수록 우리 집은 매일 부모가 버린 죄의 오물, 자녀가 쏟아낸 죄의 오물로 엉망이 됩니다. '우리 집만 왜 이럴까?'하고 생각이 드는 날도 있지만, 죄인들이 사는 다른 가정도 크게 다르지 않습니다. 가정마다 문제의 영역이 조금 다를 뿐이지 죄인들이 사는 가정은 매일 부모와 자녀의 죄의 오물을 처리해 주시는 하나님의 은혜가 필요한 곳입니다.

부모 마음의 우상

부모가 자신이 죄인임을 인식하고 있다면, 부모는 자녀를 양육하며 항상 자신의 마음을 먼저 살펴야 합니다. 하나님의 대사로 자녀 앞에 서 있는지 아니면 죄악된 욕구로 자녀를 양육하려 하지 않는지 살펴보십시오. 자녀의 죄성은 늘 부모를 자극합니다. 그때 부모가 잘 반응해서 사랑으로 자녀를 도와줄 수 있다면, 자녀가 자라면서 일어나는 모든 사건과 상황은 하나님이 사용하시는 놀라운 성장의 기회가 될 것입니다. 그런데 만약 부모가 잘못 반응하고 부모의 마음이 하나님이 아닌 다른 우상에 지배되어 있다면, 하나님이 주신 황금 같은 기회를 사용하지 못하게 됩니다. 오히려 믿을 수 없을 만큼 자기중심적인 자녀 앞에서 부모도 함께 끊임없는 짜증과 분노와 협박으로 가정은 날마다 전쟁터로 변할 것입니다.

바울은 교회에서 한 몸으로 된 성도끼리 "모든 겸손과 온유로 하고 오래 참음으로 사랑 가운데서 서로 용납하고 … 오직 사랑 안에서 참된 것을 하여"(엡 4:2, 15절 상반절)라고 말합니다. "무릇 더러운 말은 너희 입 밖에도 내지 말고 오직 덕을 세우는 데 소용되는 대로 선한 말을 하여 듣는 자들에게 은혜를 끼치게 하라"(엡 4:29)라고 권면합니다. 이것이 성도의 교제 원리라면 우리는 자녀에게 더욱 이 말씀대로 해야 합니다. 그런데 슬프게도 우리는 자녀에게 험한 말을 쏟아냅니다. 세상 어떤 사람에게도 보여 주지 않는 모습을 집에 있는 자녀에게는 다 보여 줍니다.

한번은 에스겔 선지자에게 장로 두 사람이 조언을 들으러 왔습니다. 그런데 하나님은 이 사람들이 "자기 우상을 마음에 들이며 죄악의 걸림돌을 자기 앞에 두고" 있으니 그들에게 말할 수 없다고 했습니다. 하나님은 "그들에게 그 우상의 수효대로 보응"하겠다고 합니다(겔 14:4). 우상의 영향력은 엄청납니다. 우리가 자녀를 도울 때, 친절과 온유, 사랑이 없다면 부모의 마음이 우상에 사로잡혀 있다는 뜻입니다. 하나님은 이런 부모의 마음에 있는 우상을 먼저 다루기 원하십니다. 우리 마음의 우상을 먼저 제거해야 친절과 온유, 사랑으로 자녀를 대하는 그리스도의 도구가 될 수 있습니다. 자기 앞에 죄악의 걸림돌과 우상을 두고서는 우리의 자녀를 도울 수 없습니다.

그렇다면 부모가 가진 마음의 우상들은 무엇입니까? 『위기의 십대 기회의 십대』에서 폴 트립은 부모의 마음에 있는 우상을 안락함의 우상, 존경의

우상, 보답의 우상, 성공의 우상 그리고 통제의 우상 이렇게 다섯 가지로 말합니다.[29]

안락함의 우상

대부분의 부모는 마음 깊은 곳에 안락함을 위한 권리 의식이 있습니다. 회사에서 온종일 일하고 집으로 돌아온 아버지는 편안하게 TV도 보고, 게임도 하고 쉴 권리가 있다고 생각합니다. 온종일 아이들과 함께 고생한 어머니도 남편이 왔으니 저녁 식사를 마치고 나서는 조용하고 편안한 시간을 보낼 권리가 있다고 생각합니다. 그런데 마침 그 시간에 자녀들이 싸웁니다. 그토록 바라던 쉴 권리를 얻지 못할 때 부모는 소리 지르며 화를 내고 분노를 터뜨립니다. 물론 쉬고 싶은 마음은 죄가 아닙니다. 나쁜 것도 아닙니다. 그러나 안락함의 욕구에 지배받아 후회할 말이나 행동을 한다면 하나님이 주신 부모로서 사명을 감당해야 하는 시간 속에서 어떤 열매도 맺지 못하게 됩니다.

존경의 우상

부모는 자녀에게서 늘 존경받고 싶은 마음이 있습니다. 자수성가한 훌륭한 A형제님이 있었습니다. 고등학생 아들이 부모를 존경하지 않고 반항하는 행동에 그만 화가 나서 아들을 야구 방망이로 때렸습니다. 아들의 팔이 부러졌습니다. 며칠 뒤 그 아들이 학교에서 친구를 때렸습니다. 맞은 아들의 아버지가 고소하겠다고 전화를 했습니다. 아버지는 아들 몰래 합의금을 주고 이 일을 해결했습니다. 그리고 아들에게 자신의 잘못에 대해 용

---

29 폴 트립, 『위기의 십대 기회의 십대』(서울: 디모데, 2004), 44-54.

서를 구했습니다. A형제님은 자기도 모르게 존경의 우상에 사로잡혀 있었습니다. 존경을 얻기 위해서라면 야구 방망이도 괜찮다는 생각으로 잘못된 징계 방법을 사용했습니다. 혹 여러분도 이 글을 읽다가 과거에 자신도 모르는 우상 숭배로 인해 자녀의 뺨을 때렸다거나 자녀에게 물건을 집어던졌다거나 발로 찼거나 독한 말을 한 것을 성령께서 생각나게 하시면 여러분의 자녀에게 꼭 용서를 구하십시오.

저희도 이 영역에서 예외가 아니었습니다. 자녀가 십 대 일 때 대화의 시작은 "방바닥에 있는 수건 좀 치워라."였는데 짜증 섞인 목소리로 대답하는 자녀에게 "너, 태도가 그게 뭐야!"라고 불친절하게 소리를 높이며, 정작 도와야 하는 아이의 문제는 돕지 못한 적이 많았습니다. 자녀는 부모를 존경해야 합니다. 이것은 하나님의 명령이기에 부모가 자녀를 위해 가르쳐야 합니다. 그러나 이것이 부모의 마음을 지배해서 자녀의 마음을 상하게 하는 가혹한 말과 행동이 나오게 되는 것이 문제입니다. 만일 부모가 항상 존경을 받아야 한다는 생각에 사로잡히면, 자녀의 여과 없는 말의 실수와 행동에 매번 태도 문제를 가지고 싸우다가 갈등만 커지게 될 것입니다. 그래서 자녀를 섬기는 부모의 임무에 충실하지 못하고 자녀를 향한 분노만 키우게 될 것입니다.

보답의 우상

부모는 자녀를 위해 많은 것을 희생합니다. 아침 일찍부터 일어나 영양가 많은 밥을 먹이고, 빨래해 주고, 아플 때 보살핍니다. 아이의 미래를 위해 준비하고, 생각하고, 필요를 찾아 공급하고 잘 자라도록 도와줍니다. 아이와 함께 추억을 만들기 위해 휴가를 계획하고, 함께 놀아주고 자녀를 위해 자신의 꿈도 포기합니다. 마음을 주고 물질을 투자하고, 정성을 다해 자녀를 양육합니다. 이렇게 수고했으니 자녀에게 작은 보답을 바랄 수 있습니다. 그러나 보답을 받는 것이 자녀를 양육하는 목표가 될 수는 없습니다.

한 번은 캠프에 가 있는 아들에게 전화가 왔습니다. "와우! 우리 아들이 전화까지 했네!"라고 좋아했습니다. "사랑해!"라고 말하는 도중 이미 전화가 끊겼습니다. 아들은 자신의 필요만 이야기하고 후다닥 전화를 끊었습니다. 이게 현실입니다. 많은 부모가 은연중 보답을 바랍니다. "내가 너를 어떻게 키웠는데, 너희를 위해 이렇게 희생했는데 돌아오는 것은 불평과 불만, 투정이라니." 부모가 자녀에게 보답을 기대한다면 자랄수록 독립적이고 자기중심적인 자녀로 인해 엄청난 실망과 분노를 느끼며 상처만 남게 됩니다. 우리가 자녀를 섬기는 것은 그들에게 보답을 받기 위함이 아닙니다. 주님은 이 땅에 섬김을 받으러 오신 것이 아니라 섬기러 오셨습니다. 우리는 자녀를 섬기기 위해 오신 주님의 손에 들린 도구일 뿐입니다.

성공의 우상

부모가 최선을 다해 자녀를 양육하고 자녀가 모범적이기를 바랍니다. 다행히 자녀가 부모의 뜻대로 된다면 부모는 기뻐하고 자녀를 자랑스럽게 여길 수 있습니다. 그러나 만일 자녀가 부모의 기대에 미치지 못할 때 자녀에게 화를 내고, 절망감과 수치심을 주고, 상처가 되는 말을 내뱉는다면 부모는 이미 성공의 우상에 지배받고 있는 것입니다.

제(길미란) 이야기입니다. 중학교 2학년 때 처음 시험에서 15등을 했습니다. 열심히 공부해서 다음 시험에서는 앞의 1자를 떼어버리고 5등을 했습니다. 성적표 받는 날 선생님은 모든 친구 앞에서 수고했다고 칭찬해 주셨습니다. 기쁜 마음으로 성적표를 어머니에게 내밀었습니다. 그런데 어머니의 얼굴이 기쁘지 않았습니다. "야, 5등이 등수니? 1등 해야지!" 어머니는 화를 내셨습니다. 다음 시험에 열심히 공부해서 어머니가 바라는 1등을 하고 싶었습니다. 그런데 5등보다 아래였습니다. 그다음은 조금 올라갔지만, 어머니가 바라는 1등은 아니었습니다. 학기말 도저히 1등이 아닌 성적표를 어머니에게 내밀 수가 없었습니다. 그래서 동네에서 제일 깜깜한 작은 골목을 찾아갔습니다. 작은 칼을 들고 벌벌 떨면서 수기로 적혀있는 성적표의 석차를 긁어내고 1, 2등으로 모조리 바꾸었습니다. 그 후 양심의 가책을 느껴 고등학교 졸업할 때까지 5명의 어린 동생들을 돌보느라 분주한 어머니에게 여러 가지 이유로 둘러대며 한 번도 성적표를 보여 주지 않았습니다.

칭찬받을 줄 알았는데 혼이 난 성적표 사건은 오랫동안 잊혀지지 않는 상처가 되었습니다. 서른이 넘어 어머니에게 마음속 깊이 있었던 아픔을 해결하고 싶어 이 사건을 말씀드렸습니다. 그리고 어머니를 속인 것에 대해 용서를 구했습니다. 어머니는 "네가 너무 잘해서 더 잘하라고 그랬지."라고 한 말씀만 하셨습니다. 미안하다는 단어는 아니었지만, 어감에서 화해를 청하시는 것을 느끼고 어머니를 용서해드렸습니다. 우리는 자녀가 하나님의 자녀라는 사실을 너무도 쉽게 잊어버립니다. 자녀는 우리의 영광을 가져다주기 위해 태어난 것이 아닙니다. 우리의 자녀는 하나님을 위해 태어났고, 그분의 영광을 위해 사는 자입니다. 부모는 우리 자녀들의 부르심을 돕는 자입니다.

통제의 우상

자녀가 어릴 때 부모는 모든 것을 통제할 수 있습니다. 먹는 것, 입는 것, 해야 할 일, 잠자는 것, 자녀의 모든 영역에 부모는 지혜로운 통제로 자녀를 도와야 합니다. 그런데 십 대 그리고 성년이 된 자녀의 모든 삶을 어린 자녀처럼 여전히 강하게 통제하려는 부모를 만납니다. 물론 자녀가 모든 것을 다 결정하도록 내버려 두라는 것은 아닙니다. 그러나 자녀가 자랄수록 부모는 통제의 끈을 느슨하게 잡고 자녀가 결정하는 영역을 늘려가야 합니다. 부모가 모든 것을 결정내리고 통제할 수 없습니다. 오히려 강제로 통제할수록, 더 중요한 자녀들의 마음을 잃어버립니다.

지혜가 필요합니다. 켄트(R. Kent Hughes)와 바바라 휴즈(Barbara Hughes)는 "아이들을 일찍부터 통제하지 못한 것도 심각한 실수이지만 그 통제를 풀어주지 못하는 것 또한 똑같이 비효과적이고 해가 된다."[30]라고 말합니다. 성공적인 자녀 양육은 자녀를 바짝 조여 부모의 손안에서 확실하게 통제하는 것이 아닙니다. 자녀 양육의 목표는 아이가 자랄수록 부모가 한 발 뒤로 물러서는 것입니다. 예전에는 부모에게 의존적이던 자녀가 이제는 스스로 자신을 절제하는 선택과 결정을 하며, 하나님을 경외하며 말씀의 권위 아래 독립된 개체로 살아가도록 돕는 것입니다. 통제라는 우상으로 자녀와 힘든 시간을 보내고 있는 부모들에게 유일한 소망은 복음의 진리를 확실하게 기억하는 것이라고 폴 트립은 말합니다.

"우리는 다음과 같은 복음의 진리를 확실하게 기억해야 한다. 첫 번째, 하나님이

---

30 켄트 휴즈 & 바바라 휴즈, 『그리스도인 가족의 경건 훈련』 (서울: 디모데, 2005), 163.

'만물을 그 발아래 복종하게 하시고 그를 만물 위에 교회의 머리로 주신'(엡 1:22) 그리스도께서 통제하지 않으시는 상황이란 없다. 두 번째, 그분은 상황을 통제하실 뿐만 아니라 행하시기로 약속하신 선한 열매를 이루기 위해 역사하신다(롬 8:28). 그래서 우리는 십 대 자녀들의 모든 욕구 그리고 행동을 통제하려고 애쓸 필요가 없다. 모든 상황 속에서 그들은 그리스도의 주권적인 통치 아래에 있다. 주님은 우리가 할 수 없는 것들을 이루시는 분이시다. 세 번째, 우리는 자녀 양육의 목표가 우리의 자녀들에게 우리의 형상을 심어주는 것이 아니라 그리스도의 형상이 심어지기 위해 수고하는 것임을 기억해야 한다. 우리의 목적은 우리의 취향, 우리의 의견 또는 습관을 자녀 속에 복제하는 것이 아니다. 나는 아이들 속에서 내 자신의 형상을 보기를 원하지 않는다. 오직 그리스도의 형상이 나타나기를 원한다."[31]

우리 자녀의 삶에 하나님이 통제하지 않으시는 상황은 없습니다. 우리가 할 수 없는 것을 하나님은 그분의 통치 아래서 이루십니다. 그러니 부모는 통제의 우상을 내려놓아야 합니다. 그리고 모든 일을 우리의 유익과 그분의 선을 위해 일하시는 주님을 신뢰하며 자녀 안에 부모의 형상이 아니라 그리스도의 형상이 나타나기를 간절히 소망해야 합니다. 지난 26년 동안 우리 부부의 자녀 양육은 마음의 온갖 우상과 싸움이었습니다. 우상은 우리 눈의 들보와 같은 존재입니다. 우상에 눈이 멀면 자녀의 필요를 보지 못하게 됩니다. 정말 도와야 할 것들을 보지 못하게 하는 것이 우상의 무서운 영향력입니다.

초등학생 남매를 둔 한 어머니가 저녁에 자녀들을 위해 기도해 주고 자

---

31 폴 트립, 『위기의 십대 기회의 십대』, 55.

라고 말하고 자녀들의 방을 나왔습니다. 그런데 자녀들은 집안에 규칙대로 자는 것이 아니라 떠들고 장난치는 소리가 들립니다. 이때 어머니의 마음에 존경의 우상, 보답의 우상, 안락함의 우상이 동시에 일어납니다. '아니 이 녀석들이 엄마를 뭐로 아는 거야? 엄마가 말했으면 들어야지. 나한테 반역을 해. 지금이 몇 시인데...' 아이들을 향해 소리 지릅니다. "야, 너희 지금 뭐 하는 거야? 엄마 말 안 들어? 지금이 몇 시야?"

사실 지금 아이들의 마음은 어머니에게 반역하고 있는 것이 아니라 하나님께 반역하고 있습니다. 부모에게 순종하지 않는 것은 부모에게 권위를 주신 하나님께 순종하지 않는 것입니다. 어머니는 이런 자녀의 상황을 이해해야 합니다. 그래야 자신에게 반역했다고 자신의 우상을 숭배하며 화내지 않고, 하나님의 도구가 되어 자녀의 현재 상황에 대해 훈육하고 도와줄 수 있습니다. 이렇게 말입니다.

부모: 애들아 지금 뭐 하는 시간이니?
자녀: 잠자는 시간이요.
부모: 그런데 지금 너희는 뭐 하고 있니?
자녀: 그냥 놀고 있어요.
부모: 잠을 자야 하는 시간에 너희가 지금 놀고 있는 것이 무슨 의미인 줄 아니? 네가 왕이 되어 네 마음대로 하나님이 부모님에게 순종하라고 하신 말씀을 어기고 있다는 것을 아니?
자녀: 아니요. 잘 몰랐어요.
부모: 우리는 피조물이야. 피조물은 창조자 하나님께 순종할 때 제일 행복하단다. 밤에는 겸손하게 자야 해. 그래야 또 내일 하루를 지내지. 하나님께 용서를 구하고 순종할 수 있게 해 달라고 기도하고 이제 얼른 자자.

자녀를 양육하면서 부모 마음에 있는 안락함, 존경, 보답, 성공, 통제의 욕구들은 본성입니다. 그러나 그것에 지배당하면 부모는 자녀를 온유와 친절, 겸손과 사랑으로 도와줄 수 없습니다. 자녀를 양육하면서 여러분은 이 다섯 가지 우상 중에서 어떤 마음의 우상에 자주 넘어집니까? 자녀 양육은 자녀뿐 아니라 부모인 우리도 성숙하게 합니다. 자녀 양육은 부모 마음의 우상을 살피고 제거하며, 자녀와 함께 하나님을 의지하며 성장하라고 주신 특별한 기회입니다. 이 부르심을 기억하고 자녀를 양육한다면 우리는 놀라운 성장과 기쁨을 경험할 것입니다.

자녀의 마음 다루기

자녀 양육이 어려운 이유는 부모가 죄인이고 자녀가 죄인이기 때문이라고 했습니다. 부모가 죄인이기에 자녀를 양육하며 항상 부모 마음의 죄(우상)를 먼저 살펴보아야 합니다. 그리고 자녀도 죄인이기에 자녀를 양육할 때 죄로 망가진 자녀의 마음을 다루어야 합니다.

어떤 부모는 자녀에게 최고의 좋은 환경을 만들어 주는 데만 신경을 씁니다. 좋은 환경이 자녀를 더 잘 성장시킬 것이라고 확신합니다. 자녀에게 최상의 환경을 만들어 주기 위해 기독교 사립학교를 보내고 최고의 교육과정, 최고의 가르침을 제공하려고 수고합니다. 성경적 세계관도 가정에서 가르치기도 합니다. 그러나 최고의 환경이 자녀 양육의 성공을 보장하지는 않습니다. 왜 그럴까요? 자녀는 이 모든 환경에 반응하는 마음을 가진 인격체이기 때문입니다. 아무리 부모가 온유한 성품으로 자녀를 가르치고 최고의 기독교 세계관을 가진 교육과정으로 양육한다고 해도 반응하는 것은 자녀의 마음이기 때문입니다. 즉 자녀는 제공되는 모든 환경과 부모의 가르침 앞에 순종으로 반응할 것인지, 불순종으로 반응할 것인지를 선택합니다.

저희는 초등학교 2학년에 다니던 큰아이와 7살 된 작은 아이를 학교와 유치원에서 데리고 나와 홈스쿨을 시작했습니다. 그때 제 마음에 들어온 한 단어가 성품이었습니다. 하나님의 영광을 위해 행실이 바르고, 예의 바르고, 남을 배려하고, 순종적인 아이로 키우는 것이 목표이었습니다. 성품 관련 교재들을 따라 성품의 정의들을 외우고, 그 성품을 키우기 위한 결심들, 성품과 관련된 인물, 거기에 성품과 연결한 통합 교육으로 자녀들을 교육했습니다. 성경 암송도 부지런히 시켰습니다. 말씀을 암송해서 그 지혜로 유대인들이 세계의 모든 부분에서 훌륭한 지도자들이 되었다는 이야기에 설득되어 우리 아이들도 그런 사람이 되리라 생각하며 암송시켰습니다. 성경의 주요 구절들, 중요한 장들, 산상수훈, 야고보서 등을 암송했습니다. 마가복음은 전체를 영어로 암송시켰습니다.

집안에서 지켜야 하는 법과 규칙들을 정확하게 자녀들에게 알려주었습니다. 그 법과 규칙을 잘 지키면 그것에 해당하는 상도 있었고 어기면 각각에 상응하는 벌도 있었습니다. 시간이 제법 흘렀지만 지금도 생각나는 몇 가지 벌칙이 있습니다. "나쁜 말, 비아냥거리는 말을 하면 쓴 식초를 한 숟가락 먹는다." "하루를 보내며 한 번 순종하지 않았을 때는 베란다에 가서 기도하고 온다." "두 번째 순종하지 않으면 걸레로 방을 닦으며 순종하지 못하는 맘을 닦아주시기를 기도한다." "세 번째 순종하지 않으면 운동장을 다섯 바퀴 돌고 즉시 태도를 고친다." 때로 세 번째 순종하지 않아서 아이가 운동장을 뛰러 가면 저는 16층 아파트에서 아이를 내려다보며 중간에 지쳐 걷는 아이에게 "뛰어"라고 소리치는 엄격하고 무서운 율법적인 엄마였습니다.

이렇게 열심히 성품을 훈련하고 성경을 암송하면 자녀들이 반듯하게 좋은 열매를 맺을 거라 기대했습니다. 물론 아이들은 경각심을 가졌고 변화를 보였지만 그것은 잠시뿐이고 다시 원래대로 돌아갔습니다. 하루에도 여러 번 하나님의 명령과 규칙들을 상기시키고 여러 번 훈계해도 종일 기회만 되면 부딪치는 아이들을 보고 때로는 절망감에 빠졌습니다. 그러다가 복음을 재발견하며 자녀 양육에서 우리가 놓치고 있던 것을 알게 되었습니다. 죄인인 자녀들에게 그들의 망가진 마음에 대해서 말해 주지 않고, 망가진 마음을 변화시키는 복음을 전하고 있지 않다는 것을 보게 되었습니다.

마음의 문제

누가복음 6장에 예수님은 나무를 비유로 사람의 마음 상태에 대해 말씀하십니다.

> "못된 열매 맺는 좋은 나무가 없고 또 좋은 열매를 맺는 못된 나무가 없느니라 …
> 선한 사람은 마음에 쌓은 선에서 선을 내고 악한 자는 그 쌓은 악에서 악을 내나
> 니 이는 마음의 가득한 것을 입으로 말함이니라" _ 눅 6:43, 45

바깥으로 나오는 사람의 모든 말과 행동(열매)은 그 사람의 마음에 무엇이 가득 차 있는지 마음의 상태를 나타냅니다.

부모인 우리는 하루를 시작하며 자녀에게 영광스러운 하나님을 알려주며 행복한 하루를 보내야지 하고 굳은 결심을 합니다. 그러나 아이와 부딪치는 끊임없는 갈등이 있습니다. 아이는 엄마의 영양가 있는 음식보다 사탕, 아이스크림, 과자, 햄, 소시지, 즉석식을 좋아합니다. 깨끗이 씻고 자는 것보다 놀다가 그냥 자는 것을 좋아합니다. 일찍 자는 것은 싫어하고 매일 늦게 자려고 합니다. 위인전기는 안 보고 만화책만 보려고 합니다. 좋은 말, 예쁜 말을 해야 한다고 하는데 바보, 미워, 싫어 이런 말을 먼저 배워 사용합니다. 맡겨진 과제를 성실하게 다하는 것보다 자기 관심사와 순간의 재미를 쫓습니다. 외모에 열중하거나 하루에도 여러 번 감정이 오르락내리락하며 부모에게 신경질을 부립니다.

모든 것은 아이의 마음에 미련한 것이 얽혀 있기 때문이라고 성경은 말합니다(잠 22:15). 자녀의 이런 어리석은 행동은 그들 마음의 문제를 보여주는 것입니다. 그런데 부모의 문제는 자녀의 말과 행동을 만드는 마음은 간과하고 눈에 보이는 행동만 교정한다는 것입니다. 예수님은 말씀하셨습니다.

"속에서 곧 사람의 마음에서 나오는 것은 악한 생각 곧 음란과 도둑질과 살인과 간음과 탐욕과 악독과 속임과 음탕과 질투와 비방과 교만과 우매함이니 이 모든 악한 것이 다 속에서 나와서 사람을 더럽게 하느니라"_ 막 7:21-23

사람의 마음에서 나오는 악한 것들, 이 리스트에서 부모와 자녀 모두 자유로울 수 없습니다. 아이의 마음속에 악한 생각, 곧 도둑질, 탐욕, 악독, 속임, 질투, 비방, 교만, 우매함은 매일 삶에 나타납니다.

자녀는 왜 자신이 형제들과 자주 싸우고 사이좋게 지내지 못하는지, 왜 이기적으로 자기 것을 주장하는지 모릅니다. 자녀는 왜 부모님의 말씀에 순종하지 않고 제멋대로 행동하고 싶은지, 자신이 원하는 방법대로 원하는 것을 얻고 싶어 하는지 자기 마음의 문제를 잘 모릅니다. 오히려 자기만족, 자기중심 사고가 자기 권리라고 주장합니다. 모든 에너지가 자신으로 향해 있어 지극히 이기적이며 다른 사람보다 자신을 더 위에 둡니다. 자신만을 섬기려 하고 자기 맘대로 자기 뜻을 이루며 왕 노릇 하려는 자기 죄를 보지 못합니다. 그래서 부모인·우리는 자녀의 잘못된 행동이 죄악된 마음의 생각과 태도에서 나온다는 것을 자녀에게 가르쳐서 자녀가 자신의 마음을 살피고 죄와 치열한 싸움을 이해하도록 도와야 합니다. 이렇게 함으로 자녀를 십자가로 인도할 수 있습니다. 죄인에게 구세주가 필요하다는 기쁜 소식을 전할 수 있습니다.

마음의 숨은 동기 살피기

한 아이에게 방을 청소하라고 했습니다. 아이는 방을 청소했습니다. 겉보기에는 깨끗합니다. 그런데 빨리 끝내고 싶어서 사실은 침대와 책상 아래로 먼지를 밀어 넣어 숨겨 버렸습니다. 그리고 나서 "다 했어요!"라고 이야기합니다. 겉보기에는 방이 정돈되었기에 순종한 것으로 보입니다. 그렇지만 자녀의 마음은 부모를 속이고 모든 일을 주께 하듯 하라는 하나님의 명령을 어겼습니다. 예수님은 이와 같은 겉과 속이 다른 마음의 변화가 없는 행동을 꾸짖으셨습니다.

"화 있을진저 외식하는 서기관들과 바리새인들이여 잔과 대접의 겉은 깨끗이 하되 그 안에는 탐욕과 방탕으로 가득하게 하는도다 눈 먼 바리새인이여 너는 먼저

안을 깨끗이 하라 그리하면 겉도 깨끗하리라 화 있을진저 외식하는 서기관들과 바리새인들이여 회칠한 무덤 같으니 겉으로는 아름답게 보이나 그 안에는 죽은 사람의 뼈와 모든 더러운 것이 가득하도다 이와 같이 너희도 겉으로는 사람에게 옳게 보이되 안으로는 외식과 불법이 가득하도다"_ 마 23:25-28

겉은 깨끗하고 아름다우나 속은 탐욕과 방탕으로 가득하고, 죽은 사람의 뼈와 모든 더러운 것으로 가득하다는 예수님의 말씀에 우리는 주목해야 합니다. 겉보기의 바른 행동과 정돈됨은 사람에게는 옳게 보일지는 모르지만, 마음을 보시는 하나님께는 다 드러납니다. 성경은 하나님이 사람의 행동만이 아니라 마음에 관심이 있으시고 마음의 숨은 동기까지 살피심을 말해줍니다(잠 4:23; 렘 17:10).

겉보기에만 깨끗한 자녀의 방은 아이의 마음의 동기가 신실하지 않고 겉으로만 순종하며 모든 것을 보시는 하나님의 눈은 의식하지 않았음을 보여 줍니다. 이런 행동은 자녀가 마음으로 하나님을 두려워하지 않은 것입니다. 부모는 지혜롭게 자녀의 잘못된 마음이 어떤 그릇된 행동을 만들어 냈는지 이해하도록 자녀가 자기 마음의 동기를 살피도록 도와야 합니다.

마음의 변화

그러면 어떻게 죄로 물든 아이의 마음에 변화를 가져오게 할까요? 우선 자녀의 마음에 미련함, 어리석은 것이 얽혀 있기에 변화가 더디다는 것을 부모가 이해해야 합니다. 우리는 자녀가 대충하는 것, 수없이 싸우는 것, 불평하는 것을 당장 고치고 싶어 합니다. 그러나 자녀는 단 한 번의 가르침으로 변하지 않습니다. 폴 트립은 그의 책 『현재를 이기는 능력, 영원』에서 이렇게 말합니다.

"부모는 자녀를 반복적으로 가르쳐야 한다. 변화는 언제나 긴 과정이므로 한번 가르쳤다고 자녀가 완전히 변할 것이라는 기대는 애초에 하지 말아야 한다. 작은 변화의 순간들이 쌓이고 쌓여 마침내 믿음의 사람이 탄생한다."[32]

변화는 과정입니다. 작은 변화의 순간순간이 자녀에게 필요합니다. 이 것을 기억해야 자녀를 협박하거나, 조정하거나, 죄책감을 느끼게 하는 것을 멈출 수 있습니다. 그리고 행동의 변화가 아니라 마음을 살피도록 자녀를 도울 수 있습니다.

복음의 필요성

부모와 자녀의 마음의 변화, 죄 문제를 해결하는 치료책은 딱 하나밖에 없습니다. 바로 복음입니다. 테드 트립은 이렇게 말했습니다.

"죄는 단순히 잘못된 말이나 행동을 한다는 차원보다 더 심층적인 문제다. 그러므로 죄의 문제는 은혜로만 해결될 수 있다. 우리의 문제는 내적이기 때문에 행동을 똑바로 한다고 해결되지 않는다. 오직 은혜만이 마음의 근본적인 변화를 일으킬 수 있다."[33]

예수님은 부모와 자녀의 마음의 변화를 위해 필요한 새 마음을 주시려고 이 땅에 오셨습니다.

"맑은 물을 너희에게 뿌려서 너희로 정결하게 하되 곧 너희 모든 더러운 것에서

---

32 폴 트립, 『현재를 이기는 능력, 영원』 (서울: 두란노, 2012), 125-126.
33 테드 트립 & 마지 트립, 『마음 교육』 (서울: 디모데, 2013), 96.

와 모든 우상 숭배에서 너희를 정결하게 할 것이며 또 새 영을 너희 속에 두고 새 마음을 너희에게 주되 너희 육신에서 굳은 마음을 제거하고 부드러운 마음을 줄 것이며 또 내 영을 너희 속에 두어 너희로 내 율례를 행하게 하리니 너희가 내 규례를 지켜 행할지라"_ 겔 36:25-27

이 말씀에서 '새 마음'은 완벽한 마음이 아니라 '부드러운 마음'입니다. 예수님의 은혜가 없으면 부모도 자녀도 딱딱한 마음으로 살 수밖에 없습니다. 새 마음을 주시는 은혜가 마음을 변화시킵니다. 돌 같이 굳은 마음, 고집스럽고 딱딱한 마음이 변화되어 부드러운 마음, 하나님의 진리에 반응하는 새 마음은 예수님만이 주실 수 있습니다.

매일 양보하지 못하고 싸우는 아이의 마음은 행동을 다루는 규칙과 법, 보상과 벌로 변하지 않습니다. 내면의 굳은 마음은 값없이 주시는 은혜만이 녹입니다. 부드러운 마음을 주시는 예수님을 아이가 만나기 전까지 부모는 자녀가 자기 죄를 볼 수 있도록, 은혜가 필요한 망가진 상태인 자신의 마음을 볼 수 있도록 온유와 친절로 도와야 합니다.

대부분의 그리스도인은 복음을 예수님을 믿을 때만 필요한 것으로 생각합니다. 예수님은 이 땅에 심판하러 오신 것이 아니라 죄인들을 찾아 구원하러 오셨습니다(요 12:47). 예수님은 우리의 죄를 위해 십자가에 죽으시고 부활하셨고, 오늘도 우리 안에 성령으로 역사하십니다. 예수님의 사역은 우리를 죄에서만 용서하시는 것이 아니라 날마다 우리와 동행하시며 내면의 변화와 죄를 이길 능력을 주십니다(벧전 2:24). 그래서 복음은 날마다 이 땅에서 죄와 싸우는 그리스도인들이 서로에게 늘 선포해야 할 메시지입니다. 부모가 자녀에게 항상 주어야 할 메시지입니다.

자녀 양육의 모든 상황은 부모가 하나님의 도구가 되어 자녀를 그리스도의 십자가로 인도할 기회입니다. 부모는 감사함으로 이 기회를 사용해야 합니다. 사랑으로 자녀의 마음을 다루는 도구에 대해서는 7장에서 살펴보겠습니다.

1. 마음을 다루는 자녀 양육의 출발은 부모도 죄인이고 자녀도 죄인인 것을 아는 것입니다. 이것에 동의하십니까? 자기 생각을 나누어 보십시오.

2. 부모 마음에 있는 우상(안락함의 우상, 존경의 우상, 보답의 우상, 성공의 우상, 통제의 우상) 중에 여러분이 자녀를 양육할 때 자주 넘어지는 우상은 무엇입니까? 어떻게 그 우상과 싸우시겠습니까?

3. 부모가 자녀의 마음을 다루지 않고 행동에만 관심을 가질 때 어떤 행동을 하게 됩니까? 부모가 자녀의 행동이 아니라 마음을 다루어야 하는 이유와 마음을 다루는 자녀 양육의 목표는 무엇입니까?

4. 죄로 물든 자녀의 마음을 근본적으로 변화시킬 수 있는 유일한 해결책은 무엇입니까? 자녀가 예수님을 만나기 전까지 부모의 역할은 무엇입니까?

5. 이 장을 공부하면서 어떤 것에서 당신이 변화되기를 원하십니까? 새롭게 알게 된 것이나 배운 것 중에 자신에게 적용할 수 있는 것 한두 가지를 찾아 나누어 보십시오.

05

율법이 아닌
복음으로
양육하기

율법이 아닌
복음으로
양육하기

이 땅의 대부분의 부모는 자녀가 좋은 성품을 가지고 성공해서 좋은 직장에 취직하여 건강한 가정을 이루고, 사회에 덕을 끼치며 살기를 원합니다. 그리스도인 부모만이 그런 것이 아니라 불교, 천주교, 무신론자들도 마찬가지입니다. 다른 종교의 부모도 자녀가 높은 도덕성을 갖춘 좋은 시민이 되도록 가르칩니다. 부모에게 순종하고 예의 바른 사람이 되고, 다른 사람을 돕고 나누는 넉넉한 사람이 되기를 바랍니다. 그렇다면 그리스도인의 자녀 양육과 다른 종교인의 자녀 양육의 차이점은 무엇일까요?

2019년 한국교회탐구센터와 실천신학대학원대학교 21세기 교회연구소가 조사한 연구 결과에 따르면 교회에 다니는 청소년들 10명 중 4명은 성인이 된 이후에 교회를 계속 다닐 생각이 없거나 확신이 없는 것으로 나타났습니다.[34] 엘리즈 M. 피츠패트릭의『자녀교육, 은혜를 만나다』를 보면, 미국의 경우 조사기관에 따라 기독교 가정에서 자란 자녀들이 성인이 되어 독립하면 적게는 61%에서 많게는 88%가 교회를 떠난다고 합니다.[35] 교회에서 자란 자녀들이 교회를 떠나고 있습니다. 아주 심각한 상황입니다. 대체 왜 이런 일이 일어날까요? 잭 클럼펜하우어(Jack Klumpenhower)는 자녀들이 교회를 떠나는 이유를 이렇게 말합니다.

> "오늘날 교회와 믿는 가정에서 자라는 놀랍도록 많은 수의 아이들이 단 한 번도 예수의 복음에 사로잡힌 경험이 없다. 어린 시절과 중고등학교 시절에는 신자처럼 보이지만 대학에 진학하고 청년이 되어서는 교회를 떠난다. 교회를 떠나고 더 이상 예수님께 어떤 헌신도 하지 않는다. 사실 아이들에게는 그럴만한 이유가 있다. 돌아보면 그리스도인다운 행위와 교회 생활에 관해서는 많이 배웠지만, 예수님에 관해서 배운 내용이 이들을 진실로 변화시키지 못했다. 예수님을 가장 소중한 소망이자 가장 위대한 사랑으로 여길 만큼 매력적으로 느껴본 적도 없다. 예수님이 다른 무엇과도 비교할 수 없을 만큼 빼어나시다는 말에 설득된 적도 없다."[36]

"믿는 가정에서 자라는 놀랍도록 많은 수의 자녀들이 단 한 번도 복음에 사로잡힌 경험이 없다."라는 말은 너무도 가슴 아픈 이야기입니다. 안타깝게도 우리 자녀들은 다른 종교와 다름없이 행위 중심의 도덕적인 기독교를 들어왔습니다. 그래서 삶을 변화시키는 복음을 제대로 들어본 적이 없고,

34 한국교회탐구센터 & 실천신학대학원대학교 21세기교회연구소 주최, 2019 기독 청소년들의 신앙과 교회 인식 조사 세미나 "다음 세대의 눈으로 본 교회", 2019. 두 곳에서 자료 파일을 내려받을 수 있다.
35 엘리즈 M. 피츠팩트릭 & 제시카 톰슨,『자녀교육, 은혜를 만나다』, 247. 에서 재인용.
36 잭 클럼펜하우어,『주일학교에서 오직 복음을 전하라』(서울: 새물결플러스, 2020), 18.

신앙생활을 계속할 만큼 복음을 알지 못하기 때문에 자기 신앙을 결정할 나이가 되면 교회를 떠납니다.

"착하게 살아. 그러면 하나님이 너희를 축복해 주실 거야." "주세요. 고맙습니다. 이렇게 예의 바르게 말하고 장난감을 친구들과 사이좋게 가지고 놀면 예수님이 기뻐하실 거야." "나쁜 아이들이랑 어울리지 않으면 하나님이 너를 축복해 주실 거야." "넌 아주 착한 아이니까 천국은 당연히 가지." 자녀들이 자라면서 들어왔던 이 모든 이야기는 복음의 메시지가 아닙니다. 기독교가 다른 종교와 다른 것이 있다면 우리에게 복음이 있다는 것입니다. 우리는 사랑하는 자녀에게 복음을 들려주고 복음으로 자녀를 양육해야 합니다.

복음으로 양육하기

세상에는 자녀 양육에 관한 다양한 방법이 있지만, 신약성경은 단순하게 이야기합니다. "아비들아 너희 자녀를 노엽게 하지 말지니 낙심할까 함이라"(골 3:21) "또 아비들아 너희 자녀를 노엽게 하지 말고 오직 주의 교훈과 훈계로 양육하라"(엡 6:4)

너희 자녀를 노엽게 하지 말라

위의 두 구절은 먼저 부모가 "자녀를 노엽게 하지 말라"라고 말합니다. 부모가 자녀에게 인생의 지혜를 가르치고 영광의 하나님과 복음을 가르치는데 가장 큰 장애물은 부모 마음의 죄입니다. 부모 마음의 죄가 자녀를 노엽게 한다면 자녀인생에 가장 중요한 하나님이 누구신지, 복음이 무엇인지를 가르칠 수 없습니다. 우리는 이미 4장에서 자녀를 양육할 때 부모 마음의 죄와 우상이 자녀를 노엽게 할 수 있기에 부모는 항상 자신의 마음을 먼저 살펴야 한다고 했습니다. 그렇게 한 후에야 부모는 자녀를 주의 교훈과 훈계로 양육할 수 있습니다.

주의 교훈과 훈계로 양육하라의 의미

바울은 에베소서 6장 4절에서 "또 아비들아 너희 자녀를 노엽게 하지 말고 오직 주의 교훈(instruction)과 훈계(discipline)로 양육하라"라고 합니다. 이 말씀에서 '교훈'은 헬라어로 παιδεία(파이데이아)이며, 양육, 교육, 훈련을 의미합니다. '훈계'는 헬라어로 νουθεσία(누데시아)이며, 꾸짖음, 책망, 경고를 의미합니다. 바울은 그리스도인 부모가 자녀를 제자 삼는데 이 두 가지를 통해서 양육하라고 합니다.

바울 당시 에베소 사람들은 그리스 철학자들의 교훈과 훈계로 자녀를 양육했습니다. 그들은 논리학 수사학을 배우고 아리스토텔레스, 소크라테스, 플라톤의 가르침을 최고로 알고 가르치고 배웠습니다. 에베소의 유대인들은 율법의 교훈과 훈계로 자녀를 양육했을 것입니다. 우리 시대 부모들은 무엇으로 자녀를 가르칩니까? 일반적으로 영어, 수학, 과학, 사회, 국어, 도덕 등을 가르치면서 사회에서 좋은 시민이 되도록 자녀를 교육합니다. 대학 교육은 이성적이고 합리적이며, 상대의 가치를 존중하는 상대주의와 절대적 진리를 인정하지 않는 다원주의를 바탕으로 합니다.

이런 시대에 그리스도인 부모의 사명은 무엇입니까? 바울은 에베소 성도에게 '너희는 도시 사람들처럼 유대인의 율법 교육이나 헬라인의 세속 철학의 교훈과 훈계가 아니라 예수 그리스도의 교훈과 훈계로 양육하라.' 라고 합니다. 엘리즈 M. 피츠패트릭은 주의 교훈과 훈계로 양육하라는 이 말씀을 이렇게 설명합니다.

> "바울은 그리스도인 부모들이 자녀를 양육하는 방식은 예수 그리스도에 대한 진리 안에서 양육하고 교정하고 훈련시키는 것이라고 말하고 있다. 바울은 날마다 자녀에게 예수님에 대한 메시지를 선포할 것과 그들이 예수님이 이미 하신 일의 관점에서 살아가기를 잊을 때 경고하거나 꾸짖을 것을 말한다. 그는 자녀 양육에 관한 모든 것을 복음의 메시지와 연결시켜야 한다고 말한다."[37]

주의 교훈과 훈계로 자녀를 양육하라는 것은 복음으로 자녀를 양육하라는 말입니다. 셀리 로이드 존스(Sally Lloyd-Jones)는 『스토리 바이블』에서 성경 전체가 예수님의 복음에 관한 이야기임을 말해줍니다.

> "성경은 우리에 대한 책, 우리가 해야 할 일에 대한 책이 아니에요. 성경은 하나님에 대한 책, 하나님이 이미 하신 일에 대한 책입니다. … 성경은 규칙의 책이나 영웅들의 책이 아닙니다. … 성경에는 많은 이야기들이 나오는데, 그 모든 이야기들은 하나의 이야기를 들려준답니다. 바로 하나님이 그분의 자녀를 너무너무 사랑하셔서 그들을 구해 주러 오신다는 이야기지요. 이 이야기를 하기 위해 성경책 전체가 필요한 거예요. … 성경의 모든 이야기는 그분의 이름을 속삭이고 있어요."[38]

---

37 엘리즈 M. 피츠패트릭 & 제시카 톰슨, 『자녀교육, 은혜를 만나다』, 120.
38 셀리 로이드 존스, 『스토리 바이블』 (서울: 두란노키즈, 2015), 14-17.

성경 전체 메시지는 하나님의 구원 이야기입니다. 예수님이 우리를 죄에서 구원하시고 은혜를 베푸신 이야기입니다. 예수 그리스도께서 이 땅에 오셔서 "회개하고 복음을 믿으라"라고 가르치신 것처럼 부모는 자녀가 회개하고 복음을 믿도록 가르쳐야 합니다. 예수 그리스도가 누구신지, 그분이 무슨 일을 하셨는지, 예수 그리스도의 성육신, 이 땅에서의 온전한 삶, 십자가의 죽음이 자녀에게 무슨 의미가 있는지 가르쳐야 합니다. 이것은 학교에서 절대로 가르치지 않습니다. 대학에서도 가르치지 않습니다. 교회에서 가르치지만, 시간이 절대적으로 부족합니다. 부모가 정규적으로 가정예배를 통해 또 일상에서 기회를 찾아 자녀에게 가르쳐야 합니다.

그런데 복음으로 자녀를 양육하는 일에 부모 대부분이 익숙하지 않습니다. 제(길미란)가 복음으로 자녀를 양육해야 한다고 처음으로 강의했던 날을 기억합니다. 그날 복음을 설명하는데 진땀을 뺐습니다. 모르는 내용도 아니고 확신이 없는 것도 아닌데 왜 그렇게 어색하고 어렵게 느껴지는지, 혀가 꼬이는 느낌이었습니다. 잭 클럼펜하우어도 복음을 가르치는 일에 누구나 익숙하지 않다고 말합니다.

> "누구나 복음을 가르치는 일이 서툴다. 우리는 모두 자기 힘으로 하나님 앞에 나아가려는 경향을 지닌 채로 생을 시작한다. 따라서 모든 사람이 그런 일차적 본능을 거스르면서 가르치는 법을 배워야 한다."[39]

복음의 메시지는 자기 힘으로 하나님 앞에 나아가려는 우리의 본성을

---

39 잭 클럼펜하우어, 『주일학교에서 오직 복음을 전하라』, 44.

거스르는 일입니다. 그러니 얼마나 어색하고 어렵게 느껴지겠습니까? 처음에는 서툴겠지만 '의도적으로' 자녀와 자주 복음으로 기도하고, 복음을 가르치고, 복음으로 훈계하고 삶에 복음을 적용하는 일에 힘쓰십시오. 그러면 시간이 지나가며 복음의 깊이에 놀라고, 복음의 귀중함을 알게 되고, 서서히 일상에서 복음이 유창해지는 경험을 하게 될 것입니다.

자녀들을 그리스도께로 인도하기

그리스도인 부모의 자녀 양육에 가장 중요한 목표는 자녀에게 항상 복음을 전하고, 그리스도께로 인도해서 구원을 얻게 하는 것입니다. 이것은 복음으로 자녀를 양육하는 부모의 첫 번째 과제입니다. 자녀에게 복음을 전할 때 부모가 기억해야 할 한 가지는 복음을 단순화시키지 않는 것입니다. "예수님은 널 사랑하시고 너의 죄를 위해서 십자가에서 돌아가셨단다." 이 정도로 빨리 끝내 버리지 마십시오. 자녀가 어리다면 깊이 설명할 수 없지만, 우리는 할 수 있는 대로 자세히 자녀에게 복음의 내용을 전달해야 합니다. 복음의 중요 내용을 살펴보겠습니다.

하나님은 거룩하시다

하나님은 거룩하시고 공의로우신 분입니다. 하나님은 거룩하시기에 모든 죄를 미워하시고 심판하십니다. 하나님의 말씀(율법)은 완전한 순종을 요구합니다. 성경은 죄를 어둠이라고 표현합니다. 하나님은 빛이시고 그분에게는 어둠이 조금도 없기에(요일 1:5) 우리가 하나님께 한 가지라도 불순종해서 죄의 어둠 가운데 있으면 그 누구도 하나님 앞에 설 수 없습니다.

우리는 자녀에게 하나님의 사랑에 관해서는 많이 이야기하지만, 하나님의 거룩하심에 관해서는 잘 알려주지 않습니다. '하나님은 사랑이시고 내 죄를 다 용서해 주시니까 다 괜찮아'가 아닙니다. 우리는 죄를 회개하고 거룩하신 하나님께 마음을 돌이켜야 합니다.

우리는 처절한 죄인이다

죄는 하나님의 말씀을 어기는 것입니다. 온 세상의 창조자 하나님은 피조물인 우리가 풍성한 생명을 누리며 살도록 해야 할 것과 하지 말아야 할 것을 알려 주셨습니다. 그런데 우리는 태어날 때부터 자기중심적이고 이기적인 죄성이 있어서, 하나님이 주신 법을 온전히 지킬 수 없는 죄인들입니다. 이 땅의 모든 사람은 죄를 지었고 자기 죄의 책임을 져야 합니다. 죄의 값은 사망입니다(롬 6:23). 모든 죄는 하나님의 진노와 심판 아래 놓여 있습니다(롬 3:19). 하나님이 우리에게 주신 법은 우리 죄를 깨닫게 하지만 죄에서 구원하는 어떤 능력도 없습니다.

우리 집 두 아이의 이야기입니다. 한번은 작은 아이가 형이 놀린다고 했습니다. 배를 찌르며 뚱보라고 했다고 합니다. 큰아이에게 "너, 동생 배 찌르지 말고, 뚱보라고도 하지 마!"라고 주의를 주었습니다. 얼마 지나지 않아 작은 아이가 다시 왔습니다. 형이 놀렸다고 합니다. 큰아이는 자기는 부모의 말을 지켰다고 했습니다. 배를 찌르지도 않았고 뚱보라고 말하지도 않았답니다. 배를 찌르는 시늉만 했고 뚱보라고 소리 내지도 않고 입맛 뻥긋했다며 법을 지켰다고 말합니다. 우리 자녀들은 죄인입니다. 이 상황을 도와주는 부모도 죄인입니다. 율법의 행위로는 의롭다 함을 얻을 육체가 없습니다(갈 2:16). 율법을 다 지키는 "의인은 하나도 없기에"(롬 3:10), 내 힘으로 율법을 온전히 순종할 수 없기에 우리는 죄인입니다.

세상 최고의 기쁜 소식, 복음

우리가 자녀에게 죄가 무엇인지, 그들이 얼마나 처절한 죄인인지 알려 주는 것은 "너는 나쁜 아이야!"라는 식으로 징죄하려는 것이 아닙니다. 어떤 모임에서 한 어머니가 "매일 자녀에게 처절한 죄인임을 가르쳐 주면 자녀의 자존감이 떨어지지 않을까요?"라고 질문했습니다. 처절한 죄인이라고만 하면 안 됩니다. 그 처절한 죄인을 사랑해서 전부를 내어주신 구원자 예수님을 함께 말해야 합니다. "내가 온 것은 세상을 심판하려 함이 아니요 세상을 구원하려 함이로라"(요 12:47) 죄인인 우리에게는 은혜가 필요하고 구원자가 필요합니다.

예수님은 하나님이시고 창조자이십니다. 그 예수님이 우리와 같이 사람이 되셨습니다. 예수님은 죄가 없으시고 의로우신 분이십니다. 죄가 없으신 예수님이 나를 사랑하셔서 죄인인 나 대신 내 죗값을 치르시고 십자가에 죽으셨습니다. 예수님은 죄가 없으신 분이기에 사망이 예수님을 가두어 둘 수 없습니다. 예수님은 죽음을 이기시고 부활하셨습니다. 예수님이 십자가에서 행하신 일로 우리는 죄용서와 의롭다고 함을 얻습니다. 그리고 그분의 자녀로 입양됩니다. 이 모든 것은 하나님 은혜의 선물입니다. 우리는 가정에서 복음을 아이들에게 설명할 때 제리 브리지스(Jerry Bridges, 1929-2016)의 책에 나오는 예화를 반복해서 가르쳤습니다.

"여기 한 권의 책이 있습니다. 이것은 우리 전 인생의 모든 사건이 하나하나 기록된 장부입니다. 이 책에는 우리의 태어날 때부터 죽을 때까지 나의 모든 생각,

말, 행동, 동기가 다 기록되어 있습니다. 한마디로 말하면 나의 죄들이 기록된 장부입니다. 우리는 죄 있는 자입니다. 누구도 하나님 앞에 설 수 없는 망가진 죄인입니다. 예수님이 십자가에서 이 모든 죗값을, 모든 진노와 형벌을 대신 받으시고, 이 책의 모든 죄의 기록을 다 지워주셨습니다. 우리의 죄의 장부는 깨끗하게 되었습니다. 그러나 텅 빈 장부만으로는 충분하지 않습니다. 우리는 여전히 의롭지 않기에, 누구도 하나님 앞에 설 수 없습니다. 그런데 하나님은 그리스도의 완전한 의를 우리에게 옮기셨습니다. 그리스도께서 33년 동안 사신 완전한 순종과 의의 기록들을 우리 책에 다시 기록하셨습니다. 우리는 그리스도의 순종과 의로 가득 찬 장부, 책을 가지고 하나님 앞에 나아갑니다. 다시 말해, 우리는 오늘 마치 한 번도 죄를 지은 적이 없는 것처럼 깨끗한 장부를 가지고 있는 '완전히 용서받은 자녀'이며, 마치 늘 순종해 온 것처럼 그리스도의 완전한 의로 가득 찬 장부를 가지고 있는 '완전히 의로워진 자녀'입니다."[40]

이 예화는 그리스도께서 이루신 죄사함의 복음과 의의 복음을 명쾌하게 알려줍니다. 이 책 예화를 자녀에게 가르치고 부모가 먼저 자신의 말로 설명하고 자녀도 자신의 말로 설명해 보게 하십시오. 말로 설명한 것만 자녀가 이해한 것입니다. 세상 최고의 기쁜 소식인 복음을 자녀들이 능숙하게 말로 이야기 할 수 있도록 도와주십시오.

성령이 함께 하신다

예수님은 우리의 죄를 용서하시고 의롭다고 하신 후에 '이제 혼자 알아서 살아라' 하지 않으셨습니다. 성령님을 보내주시고, 그분은 내 안에 사시면서 내 편에서 나를 도와주십니다. 나는 이제 혼자 죄와 싸우는 것이 아닙

---

40 제리 브리지스 & 밥 베빙톤, 『제리 브리지스의 견고함』 (서울: 두란노, 2010), 29-32.

니다. 성령님은 우리의 연약함을 도우시고 하나님의 뜻대로 우리를 위해 간구하십니다(롬 8:27). 죄의 유혹이 있을 때마다 성령님은 하나님의 법에 순종하도록 양심을 찌르시고 반응을 촉구하십니다. 내가 누군지, 내가 어떤 사랑을 받았는지 기억나게 하셔서(요 14:26) 하나님의 사랑에 반응해서 죄를 버리고 성령을 따라 살도록 도와주십니다.

자녀에게 부지런히 복음 전하기

이 은혜의 단비인 복음의 기쁜 소식을 우리는 왜 자녀에게 이야기하지 않을까요? 제리 브리지스는 이렇게 말했습니다.

> "하나님께서 이제 내 죄를 인정하지 않으신다는, 사실상 내 모든 죄를 용서하셨다는 좋은 소식은 너무 극단적인 데다가 또 우리의 보편적인 사고방식과 아주 다르기 때문에, 솔직히 사실로 믿기가 어렵다. 특히 모든 상황이 하나같이 내 이기심과 조급함, 분노를 생생하게 자각시키는 날에는 그와 같은 사실이 다 허황되어 보인다. … 그래서 성경을 펼쳐서 하나님의 용서에 대한 부분을 다시 읽고 나 자신에게 그 말씀을 선포해야 했다. … 우리 인생에 복음이 필요하지 않을 정도로 좋은 날은 단 하루도 없다."[41]

복음은 믿기 어려울 만큼 좋은 소식입니다. 그래서 우리는 날마다 자신에게 복음을 전해야 합니다. 그리고 자녀에게도 날마다 복음을 전해야 합니다. 복음은 내가 예수님을 처음 믿을 때나 아니면 믿지 않는 친구에게만 전해야 하는 것이 아닙니다. 예수 그리스도께서 우리를 위해 이미 행하신

41　제리 브리지스, 앞의 책, 50.

일은 오늘 내가 어떻게 사느냐에 놀라운 영향력을 끼칩니다. 그래서 그리스도인의 자녀 교육은 행위 중심의 도덕 교육이 아니라 은혜를 부어주는 복음 중심이어야 합니다. 복음은 좋은 소식입니다.

삶의 모든 상황에서 자녀에게 복음을 전할 때, 어떨 때는 뭐라고 말해야 할지 난감한 경우가 많습니다. 그때마다 하나님은 우리의 도움이 되기를 기뻐하십니다. 아래는 저희 교회 유치부 아이들과 노아 방주 이야기로 복음을 나눈 사례입니다.

1. "엄마 아빠 말씀 안 듣고, 욕심부리고, 동생이랑 언니 오빠랑 싸우는 것을 성경에서는 뭐라고 할까요?"라고 질문했습니다. 한 아이가 대답합니다. "죄요." "맞아요. 하나님이 '엄마 아빠에게 순종해라. 서로 사랑해라.'라고 말씀하셨는데 우리가 그렇게 하지 못하는 것을 죄라고 해요." 그때 다른 한 아이가 손을 높이 들며 말합니다. "선생님, 나는 엄마 아빠 말씀 잘 듣는데." 어린아이들도 자신이 죄인이라는 이야기는 그다지 좋아하지 않습니다. 자기가 착하고 좋은 아이라고 말하고 싶어 합니다.

2. "그럼 엄마 아빠 말씀 안 듣고, 욕심부리고, 형제들끼리 싸우는 죄는 어디에서 나온 걸까요?" 여기저기에서 아이들이 소리 지르며 대답합니다. "사탄이요! 마법사! 마귀!" 자기 마음에서 나오는 것이라 이야기하는 아이는 없습니다. 본성적으로 우리는 내가 아닌 다른 것에게 죄의 책임을 찾으려 합니다. "사탄도 우리를 속여서 하나님의 말씀에 '예' 하고 순종하지 못하게 하지만 모든 죄는 우리의 마음에서 나온 거예요."

3. "그러면 죄를 지은 사람들은 다 어떻게 될까요?" 아이들의 눈이 동글 동글해집니다. 6살짜리 한 아이가 손을 높이 들며 대답합니다. "죽어요!" 이렇게 어려운 질문에 대답한 친구는 4살 때부터 언니들 틈에서 가정예배를 드리는 아이입니다. 주로 왔다 갔다 하면서 들었을 텐데, 아이의 마음에 말씀의 씨앗이 심어진 것이 놀랍습니다.

4. "성경에서 죄를 지은 사람은 모두 죽어야 한다고 했어요. 그런데 죽지 않고 영원히 사는 방법이 하나 있어요. 어떻게 하면 영원히 살 수 있을까요?" 자폐가 있어서 온 세대 예배에 참석하기 어려워 유치부 예배에 참석하는 중학생 친구가 대답했습니다. "예수님 믿으면~" 순간 눈물이 핑돌았습니다. 그 아이 안에 하나님의 일하심을 보여 주심에 감사했습니다. 다시 아이들에게 질문했습니다.

5. "하나님은 그 많고 많은 사람 중에 왜 노아를 선택하셨을까요?" 한아이가 손을 번쩍 들며 대답합니다. "착해서요." 동화책에서도 어린이 프로그램에서도 세상은 착한 아이가 좋은 아이고, 좋은 아이는 선택을 받고, 좋은 결과를 맺게 된다는 이야기를 수없이 들었을 테니 어쩌면 아이들에게 쉽게 들을 수 있는 대답입니다.

6. 다시 질문했습니다. "다른 사람들이 다 하나님의 말씀을 듣지 않을때 어떻게 노아는 혼자 하나님의 말씀을 따를 수 있었을까요?" 아무 말이 없습니다. "하나님이 노아를 선택하시고 노아가 하나님의 은혜를 입어서 하나님 말씀에 순종할 수 있었던 거예요."(창 6:8) 그리고 아이들과 활동을 했습니다. 처음에는 주먹을 쥐고 하나님께 순종하지 않는 사람들의 못생긴 표정을 짓고 있다가 하나님의 은혜를 상징하는 망토를 덮어주며 "하나님이 선택하셔서 하나님의 은혜를 입었어요."라고 말하면 아이들이 손을 모으고 하나님을 예배하는 모습으로 달라집니다.

그리고 "노아야, 홍수가 날 테니 방주를 지어라."라고 이야기하면 "네, 하나님!" 이렇게 이야기하고 방주를 만드는 시늉을 했습니다. 이렇게 한 아이씩 모든 아이가 참여했습니다. 자신의 차례를 간절히 기다리며 노아가 된 아이들은 진지했고, 흥분해 있었습니다.

7. 노아 시대에 홍수가 났을 때, 죽을 수밖에 없었던 사람들이 유일하게 살 수 있는 방법은 방주에 타는 것이었습니다. 죄 때문에 모든 사람이 죽을 수밖에 없지만, 영원히 살 수 있는 방법은 딱 한 가지입니다. 예수님을 믿으면 영원히 살 수 있게 된다고 이야기해 주었습니다.

그날 아이들과 함께 복음 이야기를 나누며 제 가슴이 벅차올랐습니다. 어린아이들에게도 복음은 기쁜 소식이고 반드시 들어야 할 이야기입니다. 아이들이 어느 정도까지 이해했는지는 잘 모릅니다. 그러나 그분의 때에 거두실 것이기에 신실하게 일하실 분을 신뢰하며 기회를 주시는 대로 부지런히 믿음으로 복음의 씨앗을 심는 것이 우리의 몫입니다.

율법과 복음의 관계

여러분의 가정에서는 예수님이 행하신 일을 얼마나 자주 이야기합니까? 법과 규칙을 더 많이 이야기합니까? 아니면 복음을 더 많이 이야기합니까? 자녀에게 기회가 되는대로 부지런히 복음을 전하라는 이야기는 법과 규칙은 주지 말라는 이야기는 아닙니다. 우리는 자녀에게 매일 복음을 전해야 하지만, 또 하나님의 율법(법, 규칙, 명령)을 함께 가르쳐야 합니다. 그렇다면 율법이 하는 일은 무엇입니까?

첫째, 율법은 죄를 깨닫게 합니다

사도 바울은 율법에 대해 이렇게 말합니다.

> "그런즉 우리가 무슨 말을 하리요 율법이 죄냐 그럴 수 없느니라 율법으로 말미암지 않고는 내가 죄를 알지 못하였으니 곧 율법이 탐내지 말라 하지 아니하였더라면 내가 탐심을 알지 못하였으리라"_롬 7:7

율법의 목적은 우리가 율법을 다 지킬 수 없는 죄인임을 깨닫게 하는 것입니다. 약 2:10은 "누구든지 온 율법을 지키다가 그 하나를 범하면 모두 범한 자가 된다"고 말합니다. 자녀는 어릴 때 법과 규칙이 필요합니다. 우리는 자녀를 보호하고 다른 사람을 사랑하는 것을 가르치기 위해 자녀들에게 법과 규칙에 순종하도록 훈련합니다. 우리가 자녀들에게 법과 규칙을 가르치는 이유는 자녀를 착한 아이로 의롭게 만들려는 것이 아닙니다. 우리가 법을 지킬 수 없는 죄인임을 깨닫게 하려는 것입니다. 율법은 우리가 죄인임을 깨닫게 하지만 죄에서 구원해 내는 능력은 없습니다.

둘째, 율법은 우리를 그리스도께로 인도합니다

자녀는 법과 규칙을 지키지 못하는 죄인이기에 복음이 필요합니다. 자녀들이 가정의 규칙을 지키는데 실패했을 때 우리는 자녀를 정죄하는 것이 아니라 죄를 보게 도와주고 그리스도께로 인도해야 합니다. 바울은 "이같이 율법이 우리를 그리스도께로 인도하는 초등교사가 되어 우리로 하여금 믿음으로 말미암아 의롭다 함을 얻게 하려 함이라"(갈 3:24)라고 말했습니다.

때로 우리는 법과 규칙을 잘 지키는 자녀들을 만납니다. 순종적인 아이들은 더 사랑받고 관심을 얻게 되지만 법과 규칙에 순종한다고 해서 하나님께 더 사랑받는 자녀라고 생각하는 것은 잘못입니다. 우리는 예수 그리스도의 의로만 의롭게 될 수 있습니다. "의인은 없나니 하나도 없고" 이 말씀에 우리와 자녀들도 포함됩니다. 우리는 의롭지 않습니다. 복음은 예수 그리스도, 그분의 의로우심에 대한 것입니다. 부모는 법과 규칙을 지키지 못하는 아이든지, 순종적인 아이든지 모든 자녀들이 의롭지 않다는 것을 가르쳐야 합니다. 부모는 학업성적이 우수하고 모범적인 아이도 자기가 이룬 성적과 힘으로 하나님 앞에 의롭지 않다는 것을 알려주고 복음이 필요하다고 말하고 그리스도께로 인도해야 합니다.

우리 집 한 아이가 십 대일 때 한 말입니다. "엄마! 아빠! 아들들 잘 둔 줄 아세요. 우리 같은 십 대 없어요. 다 문 닫고 방에서 안 나와요. 우리가 이 정도 되니까 사람들이 엄마 아빠 말에 귀를 기울이고 그러는 거예요." 자기들이 잘하니까 사람들이 엄마 아빠가 좋은 부모라고 생각한다는 이야기입니다. 그때 이렇게 대답했습니다. "그래. 우리 아들들 참 착하다. 덕분에 좋은 부모가 되었네." 그런데 잠시 뒤에 우리가 잘못 말했음을 알게 되었습니다.

우리 아이들은 자신들이 '좋은 아이다. 착하다.'라는 이야기를 듣고 싶어 합니다. 우리도 '좋은 부모다. 잘했다.'라는 이야기를 듣고 싶어 합니다. 그러나 그것은 우리의 의에서 나온 것이 아닙니다. 우리는 아이들에게 다시 말해야 했습니다. "우리 아들들이 삐딱선을 타지 않는 것은 참 감사해. 아들들에게도 고마워. 그런데 그것은 너희가 착해서, 의로워서 이런 열매를 맺은 것이 아니라 하나님께서 너희 안에서 일하고 계신 은혜의 증거란다." 자녀의 삶에서 무언가 선함이 있다면 그것은 하나님이 일하고 계신다는 증거입니다. 부모는 자녀의 삶에서 그 은혜의 증거를 찾아 부지런히 자녀에게 말해 주고, 신실하게 일하신 하나님께 자녀와 함께 감사하고 영광을 돌려야 합니다. 잭 클럼펜하우어는 이렇게 말했습니다.

> "그리스도인과 다른 사람들이 크게 다른 점 한 가지가 있습니다. 그리스도인은 좋은 성적, 그러니까 성경이 의로 부르는 것을 하나님에게서 받습니다. 의는 우리의 행위로부터 온 것이 아닙니다. 많은 사람들이 악한 행동을 멈추려고 노력하지만, 그리스도인은 자신의 선함을 증명하려는 행동까지도 멈춘 사람들입니다."[42]

우리는 선하지 않습니다. 우리는 절대로 우리 힘으로 의로워질 수 없습니다. 예수님만 의로우신 분입니다. 우리의 의는 예수님을 믿음으로부터 옵니다. 우리는 오직 한 분 의로우신 예수님을 통해서만 하나님께 사랑받는 의로운 자녀가 될 수 있습니다.

셋째, 율법은 그리스도인의 목표를 알려줍니다

율법은 예수 그리스도를 믿는 자에게 그분의 십자가에서 하신 일과 값없이 받은 사랑에 감동해서 어떻게 살아야 하는지 목표를 보여 줍니다. 복음의 은혜가 우리를 변화시켜 율법의 요구를 이루어지게 합니다.

---

42 잭 클럼펜하우어, 『주일학교에서 오직 복음을 전하라』, 73.

만약 우리에게 죄를 지은 사람을 용서해야 한다고 생각해 보십시오. 어떻게 그 사람을 용서할 수 있을까요? 그것은 아무 조건 없이 예수님이 나를 용서해 주셨음을 기억할 때만 가능합니다. 오직 한 길밖에 없습니다. 복음은 예수님이 행하신 일로 우리가 용서받았고, 의롭게 되었고, 사랑받았고, 용납받았고, 입양되었고, 구속되었음을 말해줍니다. 이 은혜의 소식만이 우리를 성령 안에서 빛 가운데 행하고, 아무 조건 없이 사랑하는 삶을 살도록 동기를 부여합니다(롬 8:4).

우리 집 아이들은 어렸을 때 먹는 것을 아주 좋아했습니다. 워낙 잘 먹는 아이들이라 먹는 것 때문에 가끔 다툼도 일어났습니다. 두 아이의 다툼을 줄여보고자 음식을 나누어 먹을 때 둘 중 한 사람이 나누고, 나눈 사람이 나중에 선택하는 법을 만들었습니다. 그러면 다툼이 줄어들 것이라 기대했습니다. 하루는 두 아들에게 콜라 한 병 주면서 나누어 마시라고 했습니다. 나누는 것은 대부분 큰 아이의 일인데 그날은 동생에게 양보했습니다. 작은 아이는 유리컵 두 개를 꺼내서 아주 조심스럽게 콜라를 나누었습니다, 눈으로 보기에 별로 차이가 없을 정도로 정확했습니다. 그런데 조금 지나 큰아이가 얼굴에 가득 미소를 지으며 기다란 자를 들고 나타났습니다. "내가 매일 나중에 선택하느라 얼마나 힘들었는지 알아? 오늘은 더 많은 거 내가 먹는다." 자로도 재기 어려운 듯 보이는 컵의 차이를 어떻게든 재 보려고 애쓰는 모습에 얼마나 웃었는지 모릅니다.

자녀들은 대단히 율법적입니다. 부모가 법을 준 이유는 다투지 말고 서로 사랑하는 것을 배우기를 원해서입니다. 그런데 자녀들은 법만 지킵니다. 법으로 자녀의 마음이 변하지 않습니다. 자녀는 자신이 누구이고, 어떤 사랑을 입은 자인지 은혜의 복음이 있어야 이웃 사랑과 섬김의 삶이 무엇인지 예수님을 보고 깨닫습니다. 고린도후서 5장 14절과 15절은 우리에게 복음을 주신 이유를 설명합니다.

> "그리스도의 사랑이 우리를 강권하시는도다 우리가 생각하건대 한 사람이 모든 사람을 대신하여 죽었은즉 모든 사람이 죽은 것이라 그가 모든 사람을 대신하여 죽으심은 살아 있는 자들로 하여금 다시는 그들 자신을 위하여 살지 않고 오직 그들을 대신하여 죽었다가 다시 살아나신 이를 위하여 살게 하려 함이라"
>
> _ 고후 5:14-15

율법적인 우리 자녀가 그리스도의 사랑이 부어진 새사람이 되어야 이 복음을 알아가며 하나님의 사랑을 힘입어 율법이 보여 주는 그리스도인의 목표를 이룰 수 있습니다. 우리는 하나님의 명령에 순종하게 하는 이 복음을 날마다 자녀에게 전해야 합니다.

율법의 시대 VS 복음의 시대

우리의 자녀 양육을 되돌아보면 율법의 시대와 복음의 시대로 나눌 수 있습니다. 제가 복음을 명확하게 이해하지 못했던 율법의 시대에 두 아이가 갈등이 있거나 싸워서 오면 저는 이렇게 말했습니다. "하나님이 성경에서 뭐라고 말씀하셨어? '서로 사랑하라' 이렇게 말씀하셨지? 너희 오늘 대체 몇 번째니? 얼마나 더 싸울 거야?" 아이들이 대답합니다. "엄마, 동생이 내 말을 잘 안 들어요." "엄마, 형이 못살게 구는데 어떻게 형 말을 들어요?" "하나님 말씀은 무조건 순종하는 거야. 그렇게 해야 하는 거 알잖아.

서로 사랑해야지. 또 싸우지 마. 알겠지."

복음의 시대 때는 같은 상황에서 아이들에게 다르게 말했습니다. "너희가 왜 그렇게 서로 싸우는 줄 아니? 죄인이기 때문이야. 엄마도 너희도 우리는 사랑하는 거 잘 못해. 모두 자기밖에 모르는 이기주의자들이거든. 그래서 예수님이 오신 거야. 우리에게 사랑이 무엇인지 알려주시려고 아무 대가 없이 예수님이 우리를 위해 십자가에서 죽으셨잖아. 그 예수님의 사랑을 기억하지 않으면 우리는 그 누구도 사랑할 수 없어. 우리 안에 사시는 성령님께 도와달라고 하자. 사랑 없는 우리 마음에 예수님의 마음을 부어달라고 기도하자." 그리고 기다립니다. 아이들이 서로에게 용서를 구하고 예수님의 복음이 두 아이를 자유하게 하는 모습을 지켜봅니다. 성령님이 일하시는 것을 보고 하나님께 감사드립니다.

자녀가 하나님의 명령을 지킬 수 없다고, 하나님이나 다른 사람들을 사랑할 수 없다고 한다면 인정하고 공감해 주십시오. 자녀의 이야기에 귀 기울이고, 상황을 이해해 주고, 죄가 있다면 볼 수 있도록 질문하고 항상 십자가를 바라보도록 도와 주십시오. "예수님은 너를 사랑하셔. 그분의 의로운 삶이 너의 것이란다. 예수님은 항상 너와 함께 하시고 너를 도와주신단다. 우리는 그 은혜에 감사하며 빛의 삶을 살자."

특별히 자녀가 어떤 일에 실패했을 때, 이때는 자녀와 복음의 은혜를 누릴 절호의 기회입니다. 예수님은 죄인의 친구입니다. 우리는 언제나 그리스도께 달려갈 수 있습니다. 자녀에게 실패했을 때도 여전히 하나님께 용납받고 사랑받는 아이임을 말해 주십시오. 자녀에게 복음의 소망을 주는 일을 잊지 마십시오.

우리 집의 두 아들은 모두 실패 속에서 자기가 죄인임을 발견하고, 그런데도 변함이 없는 하나님의 사랑에 감동해서 인격적으로 주님을 만났습니다. 이 땅을 살아가며 우리 모두는 자주 실패하고 넘어집니다. 이때 성취로 자녀를 평가하려는 유혹에 넘어가지 않도록 조심하십시오. 세상은 우리가 가진 것, 성취 외모를 가지고 그 사람을 인정하고 평가합니다. 그러나 그 무엇도 우리 아이들의 그리스도 안에서의 정체성을 부정할 수 없습니다. 자녀에게 어떤 상황이든 어디서든 예수님이 행하신 일, 곧 복음 때문에 하나님께 완전히 용납받고 사랑받는 하나님의 아들딸임을 상기시켜 주십시오. 자녀가 실패하고 쓰러질 때 절망의 말이 아니라 격려와 소망을 주어야 합니다. 우리의 자녀 양육은 율법의 시대를 지나 복음의 시대를 걸어가며 더욱 하나님을 알아가는 기쁨이 있습니다. 많은 부모가 율법 시대에서 고통을 당할 수 있습니다. 그 고통에서 은혜의 복음을 경험하고 복음의 감격을 자녀 양육의 현장에서 누리기를 소망합니다.

거듭남은 하나님이 하시는 일이다

많은 부모는 좋은 양육을 하면 좋은 아이가 되리라 생각합니다. 사실은 그렇지 않습니다. 아무리 부모가 복음에 대해 철저하게 가르친다고 해도 자녀의 마음을 부모가 변화시킬 수 없습니다. 거듭남은 오직 하나님만이 하실 수 있는 일입니다(딤후 1:9; 딛 3:4-7). 이 사실은 우리의 몫과 하나님의 몫을 알게 해 줍니다. 우리는 씨를 뿌리고 물을 주지만, 씨 뿌리고 물주는 사람은 아무것도 아니고 오직 자라게 하시는 분은 하나님이십니다(고전 3:7).

　이것을 알고 있으면서도 자녀가 문제가 있는 가정을 보면 "어렸을 때부터 정확하게 열심히 가르쳐야지 어떻게 저렇게 행동을 하게 부모가 내버려 둘까?"라고 수군거립니다. 이것은 자기 의로 판단한 것입니다. 그 가정은 아주 열심히 가르치고 복음을 잘 전했을 수 있습니다. 하지만 자녀는 로봇이 아닙니다. 인격입니다. 무엇을 가르치든지 반응은 자녀의 몫입니다. 부모가 자녀의 마음을 바꿀 수 없습니다.

　시편 127편 1절에서 시편 기자는 "여호와께서 집을 세우지 아니하시면 세우는 자의 수고가 헛되며 여호와께서 성을 지키지 아니하시면 파수꾼의 깨어 있음이 헛되도다"(시 127:1)라고 고백합니다. 하나님께서 일하지 않으시면 부모가 아무리 노력해도 자녀 양육은 헛수고입니다. 부모가 자녀 양육에 관한 책을 모조리 다 읽어도, 성품 오십 가지를 다 꼼꼼히 가르쳐도, 날마다 최고의 대화로 자존감을 세워주어도 헛될 뿐입니다. 가정예배를 매일 드리고 에너지를 소비해서 수고해도, 하나님께서 일하지 않으시면 모든 노력은 효과가 없습니다. 믿음은 하나님으로부터 옵니다. 그래서 부모는 먼저 무릎으로 자녀를 양육해야 합니다. 하나님께서 자신을 자녀에게 직접 보여 주셔야 자녀는 하나님을 알게 됩니다.

　그럼에도 부모는 오늘도 신실하게 일하시는 하나님을 신뢰하며 우리 편에서의 부모의 몫을 해야 합니다. 하나님이 우리를 도구로 사용하시기에, 경계를 서는 파수꾼처럼 매일 자신과 자녀에게 예수님의 은혜가 필요함을 알고, 죄인 됨을 고백하며 복음을 전해야 합니다. 하나님이 부모를 사용해서 자녀를 구원하실 것입니다. 아니면 다른 도구들을 사용해서 구원하실 수도 있습니다. 어찌했든 우리는 주님이 부모로 부르신 것에 신실해야 합니다. 그리고 자녀를 위해 매일 절실하게 하나님의 은혜를 얻기 위해 기도해야 합니다.

저는(길미란) 일명 나일론 신자 가정의 자녀였습니다. 어렸을 때 가정예배 한번 드려 본 적이 없고 부모님에게서 신앙 교육을 받아본 적이 없습니다. 그럼에도 하나님은 긍휼과 자비가 풍성하셔서 저를 구원해 주셨습니다. 오해하지 마시기를 바랍니다. 여러분이 부모라는 책무를 가볍게 여기라는 말은 아닙니다. 우리는 최선을 다해 부모의 직무를 감당해야 합니다. 모든 일에 주께 하듯 신실하게 해야 합니다. 그러나 모든 것이 다 부모의 손에 달려 있지 않습니다. 구원은 주님께 있습니다. 우리 주님은 긍휼과 자비가 풍성하신 분이십니다.

구원이 하나님의 몫이기에 우리는 그저 부지런히 하나님께 소망을 두고 자녀의 반응에 상관없이 씨를 뿌리고 물을 줄 뿐입니다. 날마다 자녀를 노엽게 하지 말고, 예수님이 행하신 일인 복음을 전하고, 사랑으로 훈계하는 여러분의 몫을 다 하십시오. 그리고 긍휼과 자비가 풍성하신 하나님을 신뢰하십시오. 우리 자녀의 진짜 부모는 하나님이십니다. 그러면 선하신 하나님께서 그분의 때에 그분의 일을 행하실 것입니다.

1. 오늘날 그리스도인 가정에서 자라난 많은 수의 자녀들이 단 한 번도 예수님의 복음에 사로잡힌 경험이 없다는 말을 당신은 어떻게 생각하십니까? 당신은 가정과 교회 안에서 복음에 사로잡힌 경험이 있습니까?

2. 에베소서 6장 4절은 부모에게 자녀를 주의 교훈과 훈계로 양육하라고 말합니다. 이 말씀은 구체적으로 자녀들을 어떻게 양육하라는 말씀입니까?

3. 대부분의 부모가 복음을 가르치는 데 익숙하지 않은 이유는 무엇입니까? 어떻게 하면 자녀에게 익숙하게 복음을 전할 수 있을까요? 제리 브리지스가 복음을 설명하는 책의 예화를 자신의 말로 표현해 보십시오.

4. 율법이 하는 일과 율법이 하지 못하는 일은 무엇입니까? 율법이 알려준 그리스도인의 목표를 우리는 어떻게 도달할 수 있습니까?

5. 자녀가 실패했을 때 부모는 자녀와 복음을 누릴 절호의 기회를 얻습니다. 자녀가 죄의 유혹에 넘어졌을 때 또는 성적이 엉망일 때, 오랫동안 준비했던 시험이나 경연회에서 떨어졌을 때 어떻게 자녀와 복음을 나눌 수 있을지 생각해 보십시오. 그리고 그 상황을 설정해서 복음을 나누는 것을 실습해 보십시오.

6. 이 장을 공부하면서 어떤 것에서 당신이 변화되기를 원하십니까? 새롭게 알게 된 것이나 우리 가정에 적용할 수 있는 것을 나누어 보십시오.

06

권위와 순종,
어떻게 가르칠까?

권위와 순종,
어떻게 가르칠까?

"하나님께서 사람을 지으신 지 수많은 시간이 지났습니다. 사실 인류 역사상 지금처럼 자녀 교육에 관심이 뜨거운 적도 없었을 것입니다. 이미 수많은 이론과 방법들이 개발되었지만 하루가 멀다 하고 새로운 이론과 체계가 등장합니다. 청소년과 아이들을 대상으로 하는 책들이 쏟아져 나옵니다. 그러나 우리의 현실은 어떠합니까? 대부분의 자녀가 마땅히 받아야 할 교육을 받지 못하고 있습니다. 그러다가 성년이 되면 하나님을 떠납니다. 이런 현실을 어떻게 설명해야 합니까? … 부모 여러분! 이런 상황을 볼 때 자신이 부모로서 행해야 할 의무를 제대로 알고 있는지, 그 의무를 힘써 행하고 있는지 살펴봐야 합니다."[43]

위의 글은 1816년에 태어나 영국의 목회자로 사역했던 J. C. 라일의 『부모의 의무』라는 책 서문의 일부분입니다. 200년 전이나 지금이나 자녀 양

---

43 J.C.라일, 『부모의 의무』, 11.

육은 모든 부모의 최고 관심사입니다. 지금도 하루가 멀다 하고 새로운 이론과 방법을 말하는 양육서가 쏟아져 나옵니다. 너무 많아서 무엇을 선택하고 읽고 따라가야 하는지, 서로 다른 주장에 정신이 없을 정도입니다. 안타깝게도 수많은 자녀 양육의 정보 속에 있지만, 200년 전과 같이 자녀가 부모에게서 마땅히 행할 길을 교육받지 못하는 현실은 고통입니다.

이번 장에서는 자녀가 이 땅에 태어나면서부터 학령기 전까지(0-6세) 가장 중점을 두어야 할 권위와 순종에 대해 살펴보려고 합니다. 하나님께서 부모를 자녀의 권위자로 삼으시고, 자녀에게 부모를 공경하라고 명령하신 이유가 있습니다. 자녀가 부모에게 순종함으로 하나님을 알아서 이 땅만 아니라 영원까지 풍성한 생명을 누리도록 하기 위해서입니다. 부모를 통해 영혼을 구원할 복음을 전달하기 위해서입니다. 부모가 하나님이 주신 권위로 자녀에게 순종을 요구할 때 기억해야 할 것과 어떻게 자녀에게 순종을 훈련시킬지를 나누고, 예수님의 순종을 본으로 삼아 보려고 합니다.

권위에 대한 이해

현대 사회에서 권위를 좋아하는 사람은 찾아보기 어렵습니다. 권위라고 하면 우리의 머릿속에 타락한 권위, 불합리한 권위, 억압하고 군림하는 권위가 먼저 떠오릅니다. 실제로 우리 주변에 권위를 오용하고 악용하는 사람이 있습니다. 반면 개인의 평등과 존엄성을 내세우며 어떤 권위든지 일단 거부하고 반발부터 하는 사람도 있습니다. 혹은 권위가 싫지만 사회적 관계로 어쩔 수 없이 굴욕감을 참으며 복종을 선택하는 사람도 있습니다.

이 모든 것은 성경이 말하는 권위와는 다른 모습입니다.

권위는 하나님의 계획이다

하나님은 온 세상의 창조자이시며 모든 만물의 통치자이십니다. 창조자 하나님은 온 세상 피조물들을 다스릴 권리가 있고 모든 피조물은 하나님께 복종해야 할 의무가 있습니다. 이 땅의 모든 사람은 하나님의 형상으로 창조되었기에 가치와 존엄에 있어서 동등합니다. 하나님은 그분이 창조하신 사람들을 성별이나 출신, 피부색이나 그 어떤 것으로도 차별하지 않으십니다. 그러나 각 사람의 위치와 역할, 직책에 따라 권위와 책임은 구분해 주셨습니다. 하나님은 가정과 교회, 직장과 국가에 각각 권위를 가진 책임자를 세워주셨고 위계질서를 세우셨습니다. 테드 트립은 하나님이 세우신 질서에 대해 다음과 같이 말합니다.

> "성경은 권력을 가진 자들에게 권력 아래 있는 사람을 돌보고 그들의 필요를 채워주며 보호할 책임이 있다고 가르친다. 하나님은 바로 그런 권력자의 모델이시다. 그분은 피조물을 사랑하시고 그들의 필요를 채워주시며 보호하시고 위험으로부터 지켜주신다. … 권위 아래 있는 사람들은 위의 권위에 복종하고 그 지도를 존중하라고 성경은 요구한다. 복종이란 하나님이 권위를 주어 우리를 대표하게 하신 사람을 섬김으로써 우리가 주님을 섬기는 영광과 기회를 누리는 것이다."[44]

가정 안에서도 하나님이 부여하신 권위의 질서가 있습니다. 교회를 사랑하시고 교회를 위해서 자신을 내어 주신 그리스도께 복종해서 남편은 아

---

44 테드 트립 & 마지 트립, 『마음 교육』, 135-137.

내를 위해 자신을 내어 주며 사랑으로 인도합니다. 아내는 아내의 머리 되신 그리스도께 복종해서 남편을 가정의 인도자로 세우신 주님을 신뢰하고 (하나님께 소망을 두고), 남편의 인도를 받아들이고 남편에게 복종합니다. 부모는 하나님의 대행자로 그분의 자녀들을 양육하도록 권한을 위임받았으니, 자녀를 노엽게 하지 않도록 온화하고 부드러운 권위를 사용함으로 하나님께 복종합니다. 자녀는 하나님이 세우신 부모에게 순종하고 공경하는 것을 통해 하나님께 복종합니다. 가정 안에서 하나님이 세워주신 권위에 복종하는 것은 하나님께 복종하는 것입니다. 테드 트립은 말합니다.

> "사람은 서로 동등하지만, 자발적으로 권위에 복종하는 수직적 구조를 부모가 먼저 이해하지 못하면 자녀들에게 권위에 복종하는 법을 가르칠 수 없다."[45]

부모인 우리가 자녀에게 권위와 순종을 가르칠 때 하나님이 만드신 세상 안에 위계질서라는 큰 그림을 볼 수 있도록 도와야 합니다. 위계질서와 순종의 개념이 없는 수평적 세계에서 아이들은 제대로 성장할 수 없습니다. 하나님은 선하시기에 그분이 이 세상에 세워주신 권위도 선한 것입니다.

부모의 권위

하나님은 부모를 자녀의 권위자로 세우셨습니다. 하나님은 자녀들이 하나님을 알고 하나님께 순종하기를 원하십니다. 그래서 자녀가 하나님을 알기 전 부모를 주시고 부모의 권위 아래 자녀를 두셨습니다. 하나님은 부모에게 그리스도를 위해 자녀를 양육하도록 명령하셨고, 자녀에게는 부모

---

45 앞의 책, 137.

에게 순종하라고 명령하셨습니다.

자녀에게 권위에 순종하는 것을 가르치는 것은 대단히 중요합니다. 요즘 부모의 통제를 벗어나 제멋대로인 아이들을 곳곳에서 만날 수 있습니다. 자존감을 높여주는 육아법 때문에 많은 부모가 혼란스럽습니다. 사녀를 대우하느라 분명한 경계를 정해 주고 적절한 행동을 요구하는 일을 꺼립니다. 안타깝게도 우리가 살고 있는 이 세상은 권위에 대한 하나님의 계획을 받아들이지 않고 있습니다. 자녀에게 권위를 가르치지 않으면 자녀는 자기가 왕인 줄 압니다. 자기 인생의 모든 것을 스스로 결정할 수 있는 권리를 가지고 있다고 착각합니다.

대부분의 자녀에게 제일 먼저 일어나는 권위와 관련한 이슈는 자는 것과 먹는 것입니다. 아기 때부터 잠을 자야 하는 시간에 엄마가 잠자리에 아이를 내려놓으면 울기 시작합니다. 조금 더 자라면 잠자리에 드는 시간을 최선을 다해 늦추려고 합니다. 자지 않으려고 떼쓰는 것이 처음에는 작은 것으로 보입니다. 그러나 한 번 성공한 아이는 이 일이 매우 큰 문제가 될 때까지 같은 행동을 반복합니다. 식탁에서도 비슷한 일이 일어납니다. 새로운 음식이 나오면 뱉습니다. 자기가 좋아하는 음식만 먹으려고 합니다. 아이는 어떤 음식에 어떤 영양소가 있는지 알지도 못하면서, 아이를 위해 엄마가 정성껏 생각하고 골고루 영양소를 집어넣은 음식을 거부합니다. 물론 부모는 자녀의 입맛을 어느 정도 존중해야 합니다. 그러나 무엇을 먹고 먹지 않을지 자녀 스스로 결정하며 두세 가지 음식과 간식 외에는 다른 것은 먹지 않는다면 큰 문제가 됩니다. "아이들이 먹는 것과 자는 것에서 부모를 조종하는 능력을 얻으면 절대로 그 능력을 내려놓으려 하지 않습니다."[46]

이 모든 것은 단순한 싸움이 아닙니다. 권위에 대한 싸움입니다. 아직 아이들은 연약해서 부모를 신뢰하고 부모의 결정을 전적으로 따라야 함에도 아이들은 부모에게 순종하는 것이 자신에게 얼마나 유익한 것인지 잘 모릅니다. 자녀는 태어나면서부터 그 마음에 미련한 것이 얽혀 있고(잠 22:15), 어리석음이 가득하기에 자기 멋대로 결정하고 권위를 가져가려고 합니다. 폴 트립은 아이들의 이런 행동이 자신의 권위 이외에는 아무것도 인정하지 않으려는 마음에서 출발한 것이기에 부모는 자녀가 어릴 때부터 하나님이 허락하신 모든 작은 일(먹는 것, 입는 것, 취침 시간, 미디어 시청 등)에서도 권위를 세우라고 권면합니다.[47]

아이들이 어렸을 때 우리 집 식탁에는 몇 가지 규칙이 있었습니다. 아이들이 식탁을 지저분하게 만들어도 떠먹이지 않았습니다. 식탁 의자에 앉혀 놓으면 식사를 마칠 때까지 돌아다닐 수 없습니다. 식탁에 올라온 음식은 적어도 한 번은 먹어야 합니다. 아이 몫으로 준 적당량의 식사를 마치지 않으면 다음 식사 때까지 간식은 없습니다. 냉장고 문은 열지 못합니다. 어느 날 시댁에 갔을 때 큰아이가 식사를 마치지 않고 냉장고 문을 열었습니다. 큰아이를 불렀습니다. 안 된다고 말했더니 할머니 집이니 울고 떼를 부리기 시작했습니다. 우는 아이를 안고 말했습니다. 우리 집이나 할머니 집이나 밥을 다 먹지 않으면 냉장고 문을 열지 못하는 것은 똑같다고 말해 주

---

46 켄트 휴즈 & 바바라 휴즈, 「그리스도인 가족의 경건 훈련」, 158.
47 폴 트립, 「완벽한 부모는 없다」, 155.

었습니다. 밥을 잘 먹지 않으면 건강하게 자랄 수 없으니까 엄마는 아들을 사랑해서 간식으로 배를 채우게 할 수 없다고 말했습니다. 식탁에서 그리고 잠자리에서부터 부모의 권위를 세우십시오.

하나님의 권위 아래 있는 부모

하나님은 부모에게 자신을 대신해서 자녀를 양육할 권위를 주셨습니다. 부모는 자신의 권한을 가지고 자녀를 양육하는 것이 아니라 하나님의 권한 대행자입니다. 그렇다면 부모는 자기 뜻대로 권위를 사용하는 것이 아니라 하나님의 방법대로 주신 권위를 사용해야 합니다. 하나님이 우리에게 사용하시는 권위를 생각하면 어떤 단어가 떠오르십니까? 그리스도 안에서의 한량없는 사랑, 자비, 온유, 친절, 오래 참음, 은혜 이런 단어들이 떠오릅니다. 하나님이 부모에게 바라시는 권위는 하나님을 닮은 사랑과 인내의 온화한 권위입니다.

그런데 우리는 어떤 권위를 자녀에게 행사하고 있습니까? 때때로 우리가 자녀에게 보여 주는 화난 얼굴과 높은 톤의 목소리와 "엄마 아빠 말에 순종하지 않으려면 집에서 나가!"와 같은 위협과 협박은 하나님이 주신 권위가 아닙니다. 순종하라고 다른 집 아이와 비교하고, "네가 그래 가지고 뭐가 되겠니?"라며 비아냥거리는 권위도 하나님이 주신 권위가 아닙니다. 순종이라는 목적으로 부모의 편의와 유익을 위해 부모가 만들어 낸 권위입니다. 부모 안에 내재하는 죄성 때문에 부모는 자주 실수하고 죄를 저지르지만, 잘못된 권위를 사용하는 것은 심각하게 생각해야 합니다. 폴 트립은 이렇게 말했습니다.

"아이들은 태어나면서부터 권위를 거부하는 본성을 갖습니다. 그들은 권위에 복종해야 하는 이치를 받아들이지 않으려 합니다. 만약 당신이 모멸적이고 이기적인 방법으로 권위를 행사한다면 권위에 도전하려는 자녀의 본성을 더욱 강화시키는 결과를 낳게 될 것입니다. 당신은 매일 온화하고, 아름답고, 인내하는 하나님의 권위로 자녀를 대해야 합니다. 하나님의 도구로 사용되기를 원한다면 권위에 복종함으로써 생명과 자유를 발견할 수 있다는 사실을 아이들이 믿도록 도와야 합니다. 그럴 때 자녀는 자신의 부족함을 인정하고 잘못을 시인하며 구원자이신 하나님께 도우심을 구하게 됩니다."[48]

자녀에게 잘못된 권위를 보여 줄 때마다 부모는 자녀에게 용서를 구해야 합니다. 자녀를 그리스도께로 인도하려면 부모는 반드시 성경이 말하는 권위를 사용해야 한다는 것을 기억하십시오.

권위에 순종하는 부모의 본

부모는 자녀에게 권위에 순종하는 본을 보여야 합니다. 로마서 13장 1절과 2절은 다음과 같이 말합니다.

"각 사람은 위에 있는 권세들에게 복종하라 권세는 하나님으로부터 나지 않음이 없나니 모든 권세는 다 하나님께서 정하신 바라 그러므로 권세를 거스르는 자는 하나님의 명을 거스름이니 거스르는 자들은 심판을 자취하리라"_ 롬 13:1-2

하나님이 주신 권위에 순종하지 않는 것은 하나님의 명령을 어기는 것이고 그 결과는 심판이 따릅니다. 권위에 대한 본이 없는 문화 속에서 권위

---

48 폴 트립, 『위기의 십대 기회의 십대』, 153.

에 대한 순종을 가르치는 것은 매우 어렵습니다. 부모가 모델이 되어 권위에 대한 순종이 어떤 모습인지 부모의 삶을 보고 배울 수 있도록 도와주는 것이 제일 좋은 방법입니다.

혹 여러분의 부모님이 살아계신다면 그분이 여러분에게 상처를 준 부모라 할지라도 하나님께서 부모를 공경하라고 하셨기에 하나님을 경외함으로 말씀에 순종하는 본을 자녀에게 보여 주십시오. 아버지는 가정에서 아내와 자녀를 사랑하고 필요를 채워주고 위험으로부터 보호하는 하나님을 닮은 권위의 모습을 보여 주십시오. 어머니는 주께서 가정의 인도자로 세운 남편에게 주님을 신뢰함으로 복종하는 본을 보여 주십시오. 또 직장의 상사나 교회와 관계에서도 자녀에게 복종의 본을 보여 줄 수 있습니다. 때로 권위자들이 하는 일이 맘에 들지 않는다고 상스럽게 말하거나 함부로 대우하지 않도록 조심하십시오. 권위자에게 실망했을 때의 부모의 태도는 자녀가 부모의 권위에 실망했을 때 어떻게 처신해야 하는지도 보여 주는 것입니다.

하나님을 경외하는 권위의 모델을 보여 주는 일에는 하나님의 은혜가 필요합니다. 자녀에게 좋은 본을 보이고 싶지만, 원하는 모습이 아니라 원치 않는 모습을 보일 수도 있습니다. 그럴 때마다 우리의 잘못을 인정하고, 부모도 하나님의 은혜가 필요하다는 것을 자녀에게 고백하십시오. 자녀에게 기도를 부탁하고 함께 주님께 나아가면 잘못을 통해서도 좋은 본을 보여 줄 수 있습니다. 좋으신 하나님은 이렇게 겸손하게 도우심을 구하는 부모에게 풍성한 은혜를 베풀어 주실 것입니다.

부모를 공경하라는 의미

부모가 자녀에게 부모를 공경하고 권위에 순종하는 것을 가르칠 때 가장 중요한 말씀은 에베소서 말씀입니다.

"자녀들아 주 안에서 너희 부모에게 순종하라 이것이 옳으니라 네 아버지와 어머니를 공경하라 이것은 약속이 있는 첫 계명이니 이로써 네가 잘되고 땅에서 장수하리라"_ 엡 6:1-3

부모를 공경한다는 것은 부모를 존경하고, 부모에게 순종하고 예의를 갖추는 것을 뜻합니다. 우리가 부모를 공경하는 것은 부모가 공경받을 만한 자격이 있기 때문이 아니라 하나님이 부모에게 부여하신 권위의 역할 때문입니다.

자녀가 부모를 공경하는 것은 부모를 대하는 자녀의 말과 태도로 알 수 있습니다. 부모는 자녀의 권위자이기에 자녀는 부모에게 명령조로 말하거나 친구에게 말하듯 하게 해서는 안 됩니다. 예의 바르게 말하고 부모를 함부로 대하지 않도록 가르쳐야 합니다. 가능하면 자녀가 어렸을 때부터 부모에게 존대하도록 가르치면 일상에서 말을 통해 부모가 권위자임을 더 잘 인식하는 유익이 있습니다. 혹 자녀가 친구에게 말하듯 예의 없게 말하면 목소리를 높이거나 화를 내지 말고 "얘야, 엄마한테 그렇게 말하면 안 돼. 네가 엄마한테 호소는 할 수 있지만 명령할 수는 없어. 엄마는 네 친구가 아니라 네 엄마야. 하나님이 부모를 공경해야 한다고 하셨어. 이 명령은 너를 위한 거야. 다시 한번 이야기해볼래?" 이렇게 온유하고 부드럽게 그러면서도 단호하게 교정해 주십시오.

　가끔 자녀와 친구처럼 지내고 싶어 자녀에게 부모의 권위를 세우는 일이 불편하다는 부모를 만납니다. 자녀에게 권위를 세우는 것은 자녀와의 친밀함을 방해하지 않습니다. 사랑과 인내의 온화한 권위는 오히려 자녀에게 안정감과 보호를 주며 더욱더 친밀감을 느끼게 합니다. "굳이 권위를 세우지 않고 순종을 요구하지 않아도 아이가 크면 저절로 알아서 할 거야." 이렇게 안일하게 생각하지 말고, 훈련의 기회를 늦추지 마십시오. 아주 어렸을 때의 훈련과 습관이 평생 갑니다. 이제 하나님이 부모를 자녀의 권위자로 세우시고 자녀에게 부모를 공경하고 순종하라고 명령하신 이유를 살펴보겠습니다.

부모를 공경해야 하는 이유

　첫째, 부모를 공경하면 잘되고 땅에서 장수하는 하나님의 축복을 누리게 되는 약속이 있습니다. 테드 트립은 에베소서 6장 1절에서 3절을 "하나님의 커다란 축복의 원, 안전의 원"[49]이라고 말합니다. 이 명령은 부모를 위한 것이 아니라 자녀를 위한 명령입니다. 자녀가 부모를 공경하면 땅에서 잘되고 장수하는 풍성한 삶을 살게 되지만, 부모에게 순종하지 않고 반항한다면 반대의 상황이 벌어집니다. 그것은 축복의 원 밖에 있는 것입니다. 안전한 원 밖에서 멸망이라는 위험한 상태에 있는 것입니다. 부모의 권위에 반항하고 불순종하는 것은 단지 부모에게만 불순종하는 것이 아니라 하나님께 불순종한 것입니다. 그래서 부모는 훈계와 바르게 함으로 자녀

49　테드 트립, 『마음을 다루면 자녀의 미래가 달라진다』 (서울: 디모데, 2009), 212-213.

를 다시 안전지대인 축복의 원 안으로 구출해 와야 합니다.

잠언 30장 17절은 "아비를 조롱하며 어미 순종하기를 싫어하는 자의 눈은 골짜기의 까마귀에게 쪼이고 독수리 새끼에게 먹히리라"라고 말씀합니다. 이 말씀은 비유적인 표현이지만 부모에게 순종하지 않으면 잘될 수 없다는 삶의 원리를 말해줍니다. 두 말씀을 살펴볼 때 부모에게 순종하지 않는 자녀는 하나님의 축복이라는 약속을 누릴 수 없습니다. 자녀를 사랑하는 부모라면 자녀를 위해 순종을 요구해야 합니다.

둘째, 부모에게 공경하라는 이유는 복음을 전수하기 위해서입니다. 신명기 21장 18절에서 21절은 부모를 공경하는 것이 얼마나 중요한 것인지 말해줍니다.

"사람에게 완악하고 패역한 아들이 있어 그의 아버지의 말이나 그 어머니의 말을 순종하지 아니하고 부모가 징계하여도 순종하지 아니하거든 그의 부모가 그를 끌고 성문에 이르러 그 성읍 장로들에게 나아가서 그 성읍 장로들에게 말하기를 우리의 이 자식은 완악하고 패역하여 우리말을 듣지 아니하고 방탕하며 술에 잠긴 자라 하면 그 성읍의 모든 사람들이 그를 돌로 쳐죽일지니 이같이 네가 너희 중에서 악을 제하라 그리하면 온 이스라엘이 듣고 두려워하리라"_ 신 21:18-21

이 말씀은 부모의 말에 불순종하는 자녀를 완악하고 패역한 악을 행한 자라고 합니다. 이 부모는 불순종하는 자녀를 장로들 앞에 끌고 옵니다. 그 성읍의 모든 사람이 그를 돌로 쳐 죽여 자신의 무리 중에서 악을 제거합니다. 오늘날 이런 법은 존재하지 않습니다만 부모에게 순종하지 않는 죄가 얼마나 중대한 죄인지 보십시오. 왜 하나님은 부모의 권위를 이렇게 중요하게 여기실까요? 그것은 하나님이 부모를 통해 자녀에게 하나님이 누구신지, 복음이 무엇인지 전수하기를 원하시기 때문입니다. 하나님은 사회의 가장 기본 단위인 가정에 부모를 권위자로 세워서 부모의 울타리 안에서 자녀를 양육하고 그들에게 하나님이 누구신지 진리를 가르칠 계획을 가지고 계십니다.

만일 자녀가 부모에게 순종하고 공경하지 않는다면, 부모의 교훈을 배우려 하지 않고 부모가 가르치는 것을 비웃을 것입니다. 부모의 권위가 무너진다면 하나님이 누구신지, 하나님이 무슨 일을 행하셨는지를 부모가 자녀에게 전해도 귀를 막고 무시할 것입니다. 다음 세대인 자녀가 부모를 무시한다면 부모 안의 하나님을 무시하게 되고 하나님을 아는 길이 막히게 됩니다. 그러면 다음 세대가 복음이 무엇인지 모르기에 아무리 사회가 물질이 많고 형통해도 하나님 없는 저주입니다. 하나님의 계획은 부모를 통해 구원의 복음이 다음 세대에 전해져서 약속대로 자녀가 영원한 생명(장수)의 복을 누리는 것입니다. 자녀가 부모를 공경하고 순종하지 않는다면 이 구원의 복음이 막힙니다. 자녀가 영어 100점, 수학 100점을 받는 것으로 하나님을 기쁘게 하는 것이 아닙니다. 부모에게 순종하는 것은 하나님께 순종하는 것이며 하나님을 기쁘게 하는 것입니다. 그리스도인 자녀의 첫 번째 제자도는 부모에게 순종하는 것입니다.

부모가 권위자로서 자녀를 순종시킬 때 기억해야 할 세 가지

부모가 권위자로 자녀를 순종시킬 때 기억해야 세 가지가 있습니다.

첫째, 민주주의형 부모인가?

어떤 부모는 가족 다수의 의견을 바탕으로 집안일을 결정합니다. "애들아! 모여 봐. 우리가 무엇을 해야 할지 투표로 결정하자." 이렇게 자주 말합니다. 다수의 의견이 자녀를 기르는 가장 좋은 방법일까요? 결코 아닙니다. 부모는 다수의 의견에 따라 가정을 인도하거나 자녀가 규칙을 결정하게 만들어서는 안 됩니다. 하나님은 가정의 권위와 결정권을 부모에게 주셨지 자녀에게 주신 적이 없습니다. 물론 사소한 문제는 자녀에게 의견을 물을 수 있습니다. 예를 들어 외식하러 갈 때 "애들아! 오늘 뭐 먹고 싶니? 어떤 영화를 보고 싶니?"라고 의견을 물어 볼 수 있습니다. 그러나 자녀가 나이에 맞지 않게 아주 매운 떡볶이를 먹겠다고 하면 보호해야 합니다. 아주 폭력적이고 잔인한 영화를 보겠다고 하면 안 된다고 말해야 합니다.

자녀는 미숙하기에 분별하지 못합니다. 그러기에 민주주의형 부모가 되는 것을 조심하십시오. 성인이 되기 이전까지 자녀의 나이에 따라 부모는 선택하고 결정해야 합니다. 특별히 가정의 가치관이나 인생의 우선순위와 같은 중요한 문제는 가족들 다수의 의견이 아니라 권위자인 부모가 책임지고 인도해야 합니다. 물론 자녀가 중학생, 고등학생으로 성장할수록 의견을 더 많이 경청해야 합니다. 그러나 성인이 되기 전 가정의 모든 책임과 결정은 부모에게 있습니다.

예를 들면 우리 집에서 아이들이 어릴 때 가장 중요하게 여긴 규칙은 자고 일어나는 시간이었습니다. 이것이 중요한 이유는 삶의 우선순위 때문입니다. 매일 하나님 말씀을 먼저 묵상하고 제대로 일과가 돌아가기 위해서는 자고 일어나는 훈련이 중요합니다. 자녀가 어릴 때는 부모가 잠자는 시간을 정해야 합니다. 초등학교 때는 8시 30분에 취침했습니다. 그런데 중학생이 되어 아이들이 늦게 자려고 부모를 설득합니다. 그때 대화를 시작합니다. "좋아! 너희가 30분 늦게 자도 아침에 똑같이 6시에 일주일 동안 일어날 수 있으면 그렇게 해 줄게." 아이들은 신나서 9시에 자서 6시에 일어나는 연습을 합니다. 성공했습니다. 그런데 조금 지나서 다시 찾아와서 30분 늦추어 달라고 합니다. 같은 방법으로 자녀와 대화합니다. 자녀가 성장하면서 대화를 더 늘려가고 자녀와 소통해야 하지만 권위자인 부모가 책임지고 결정해야 합니다.

둘째, 일관성 있는 규칙이 있는가?

많은 경우 자녀 양육의 어려움은 가정에서 뚜렷한 규칙 없이 자녀의 행동을 고치려는 것입니다. 일관성이 없는 자녀 양육은 자녀의 마음의 문제를 다루기 어렵습니다. 저녁에 9시에 자는 규칙이 있는데 10시 넘었는데도 자녀가 거실을 돌아다닙니다. 어제는 이 문제로 "안 돼. 9시다 들어가라."라고 했는데, 오늘은 아무 말도 없습니다. 어제는 동생을 때렸다고 훈육을 받았는데, 오늘은 놀이터에서 친구를 때렸어도 부모는 훈육은 커녕 오히려 "너 안 맞았지?"라고 말합니다. 어떤 날은 금지된 인터넷을 몰래 보다가 꾸지람을 들었는데, 어떤 날은 부모가 바빠서 그냥 넘어갑니다.

이처럼 부모가 자신의 감정과 상황에 따라 일관성이 없이 행동하면 자녀는 혼란스럽습니다. 이렇게 일관성이 없을 때 가장 큰 문제는 자녀의 마음을 도와줄 수 없습니다. 그냥 "하지 마! 몇 번째야!"라며 행동만 고치려 하고 위협하기 급급합니다.

여러분 가정에 명확한 일관성이 있는 규칙이 있습니까? 만약 없다면 자녀 양육은 계속 위험한 현장이 될 수 있습니다. 부모가 명확한 규칙을 만들고 자녀에게 가정의 규칙을 정확하게 알려주십시오. 또 부모는 일관성 있게 이 규칙들을 지켜나가야 합니다.

셋째, 규칙이나 방법에 소망을 두지 않는가?

자녀에게 확실한 지침과 기준(법)이 필요한 이유는 무엇입니까? 자녀가 아직 미숙하여 옳고 그름을 구별할 수 없기에 부모의 지혜로운 규칙이 자녀에게 필요합니다. 자녀는 장난감을 사이좋게 나누어야 하는지, 혼자 독차지해야 하는지 무엇이 선한지 잘 모릅니다. 엄마 머리카락을 잡아 당겨 놓고 그것이 잘못된 것인지 모릅니다. 만화책이 좋은지, 위인전이 좋은지 구별을 못합니다. 자녀는 태어나면서부터 무엇이 신리인시 서짓인지, 무엇이 옳은지 그른지 구별하지 못합니다. 그래서 부모는 자녀를 양육할 때 확실한 지침과 법이 필요합니다. "9시면 자야 한다. 아침에 가정예배는 8시에 한다. 형제끼리 때리면서 싸우고 거짓말을 하면 약속대로 정해진 훈육을 받는다."와 같은 확실한 지침이 필요합니다.

물론 부모가 자녀에게 법과 규칙을 주어도 자녀는 잘 지키지 못합니다. 규칙이 옳고 바른 것이지만 이 규칙이 자녀의 마음과 행동을 변화시키지 않습니다. 어른도 마찬가지입니다. 수많은 규칙이 여러분의 삶을 변화시켰는지 생각해 보십시오. 그럼에도 우리는 계속 하나님의 명령과 규칙을 알려주어야 합니다. 그래야 자녀는 죄가 무엇인지 알고, 자신의 힘으로 하나님의 명령과 법을 지킬 수 없는 자신의 절망적인 상태를 보게 됩니다. 그리고 자신에게 예수님의 도움이 필요하다는 것을 알고 복음을 받아들이게 됩니다. 부모의 가장 큰 실수는 자녀를 변화시키기 위해 규칙이나 방법에 소망을 두는 것입니다. 성품훈련, 말씀암송, 가정예배가 자녀 양육에 중요한 도구이지만 이 방법으로 자녀를 바꾼다는 소망은 조심하십시오.

어떻게 순종을 가르칠까?

자녀에게 권위에 순종하도록 가르치는 것은 하나님을 알고 말씀에 순종하며 복음을 받아들이는 기초를 놓는 것입니다. 좋은 집을 지으려면 기초가 튼튼해야 하듯이 학령기 전 자녀에게 권위에 복종하며 순종하는 기초공사는 대단히 중요합니다.

어릴 때 순종 훈련 하기

감리교의 창시자 요한 웨슬리(John Wesley, 1703-1791)의 어머니 수산나 웨슬리(Susanna Wesley, 1669 - 1742)는 19명의 자녀를 두었습니다. 그중에 9명은 갓난아기 때 세상을 떠났습니다. 그녀가 친구에게 자녀를 양육하는 방법에 대해 편지를 적었습니다.

"자녀를 올바른 방향으로 양육하려면 먼저 그들의 의지를 정복하여 그들에게 복종하는 습관을 심어 주어야 한다. 이해력을 증진시키는 일은 시간이 많이 소요된다. … 그러나 의지를 복종시키는 일은 어릴 때 단번에 이루어져야 한다. 빠를수록 좋다. 왜냐하면 교정의 시기를 놓치면 마음이 강팍하고 나중에는 고집을 꺾기가 매우 어려워지기 때문이다. 어떤 부모들은 자녀의 의지를 존중해 준다는 이유로 온갖 뜻을 다 받아주며 친절하게 대한다. 나를 냉정한 부모라고 일컫는 사람들은 나중에 반드시 고치지 않으면 안 될 그릇된 습성을 자녀들에게 심어 주고 있을 것이다. … 나는 내 모든 자녀들의 의지를 늦기 전에 일찍부터 꺾어 놓아야 한다고 믿는다. 왜냐하면 나는 이것이 신앙 교육의 가장 강력하고도 합리적인 토대라고 생각하기 때문이다."[50]

수산나 웨슬리는 자녀의 의지를 꺾는 것이 자기 고집대로 하려는 죄성을 꺾는 것임을 알았습니다. J. C. 라일도 자녀의 고집을 꺾는 것이 올바른 자녀 양육의 첫걸음이라고 말합니다.[51] 자녀가 일찍 고집을 꺾고 가정의 통치자인 부모에게 순종한다면 하나님께 순종하게 되고 평생 평안하게 의와 평강의 열매를 맺는 기초를 놓게 됩니다. 자녀가 어릴 때부터 완고한 고집을 꺾고 순종하게 하십시오.

부모와 권위자들에게 순종하는 훈련

첫째, '안 돼!'를 이해하기.

아이의 안전을 위협하거나, 다른 사람들과 함께 살아가는 데 방해가 되는 행동들(돌아다니면서 밥 먹기, 소리 지르기, 공공장소에서 돌아다니기), 다른 사람을 해치는 행동들(발로 차거나, 때리거나, 무는 짓)에 부모는 "안 돼!"라고 낮은 목소리로 그러나 단호하게 이야기해야 합니다. 아이의 감정을 읽어주고 공감해야 한다는 이유로 위험한 곳에 올라간 아이에게 "궁금했어? 멀리 보고 싶었구나. 이제 내려와 줄래?"라고 말하는 것은 바람직하지 않습니다. "위험해! 내려와!" 이렇게 말해야 합니다.

---

50 조엘 비키, 『하나님의 약속을 따르는 자녀 양육』, 218-219.
51 J. C. 라일, 『부모의 의무』, 18.

둘째, 자기 절제의 기초 놓기.

잠언 25장 38절은 "자기의 마음을 제어하지 아니하는 자는 성읍이 무너지고 성벽이 없는 것과 같으니라"라고 합니다. 고대 사회에 성읍이 무너지고 성벽이 없다면 완전히 노출되어 적에게 공격받기 쉬운 상태가 됩니다. 즉 사단에게서 공격받기 쉬운 상태가 된다는 말입니다. 자녀가 어릴 때부터 자기를 절제하는 능력을 기르도록 도와주십시오. 공공장소에서 자기 뜻대로 되지 않는다고 뒤집어지면 안정될 때까지 잠시 기다려주십시오. 죄인인 자녀를 키우려면 부모는 때로 창피당할 각오를 해야 합니다. 징징거리고 울면서 이야기하면, "네가 울면서 말하면 엄마가 무슨 말인지 알아들을 수가 없어. 기다릴 테니 눈물을 그치고 말해."하고 아이가 안정될 때까지 곁에 있다가 아이의 이야기를 들어주십시오. 자녀가 절제하지 못하고 바르지 못한 행동을 했을 때 부모는 그것이 잘못된 것임을 알려주어야 합니다.

셋째, 부모를 공경하는 태도.

아이가 말귀를 알아듣고 소통이 되기 시작하면 "누구야"하고 부르면 "네"하고 부모에게 오게 합니다. 혹 아이를 불렀는데도 대답하고 오지 않으면 여러 번 반복 연습을 시킵니다. 또 부모의 지시를 좋은 태도로 받아들이도록 가르칩니다. 부모가 자녀에게 말할 때 부모의 눈을 보고, 무슨 말인지 알아들었으면 "네"라고 대답하게 하십시오. 부모와 이야기할 때는 다른 곳을 보거나, 화가 난 표정을 짓거나, 장난감을 가지고 딴청을 부리지 않도록 가르치십시오. 순종은 부모와 권위자의 지시에 즉시로, 온전히, 기쁘게 반응하는 것입니다. 예시를 참조하셔서 아이와 역할극을 하면서 순종에 대해서 함께 이야기를 나누고 함께 기도하는 시간을 가져 보기를 권합니다.

부모에게 순종하라

"자녀들아 모든 일에 부모에게 순종하라 이는 주 안에서 기쁘게 하는 것이니라"(골 3:20) "자녀들아 주 안에서 너희 부모에게 순종하라 이것이 옳으니라 네 아버지와 어머니를 공경하라 이것은 약속이 있는 첫 계명이 니 이로써 네가 잘되고 땅에서 장수하리라"(엡 6:1-3)

이 말씀은 자녀들이 부모에게 순종해야 한다고 말씀하고 있어요. 부모 님이 자녀들보다 커다란 분들이기에 순종해야 하는 걸까요? 아니면 자녀 들보다 훨씬 훌륭한 분들이기 때문일까요? 아니오. 그것은 하나님이 부모 에게 자녀를 돌볼 권위를 주셨기 때문이랍니다. 자녀가 부모에게 순종하 는 것은 하나님께 순종하는 것이고, 이것은 하나님을 기쁘시게 하는 것이 라고 성경은 말하고 있어요.

그럼 순종은 어떻게 해야 할까요? 하나님은 자녀들이 부모에게 즉시, 온전히, 기쁘게 순종하기를 원하신답니다.

엄마가 친구에게 방을 깨끗이 치우라고 말씀하셨다고 생각해 보세요. "네, 엄마." 이렇게 대답해 놓고 계속 놀았던 적이 있나요? 친구가 방을 깨 끗이 치우도록 엄마가 여러 번 "방 치워라" 하고 말해야만 하지 않았나요? 이렇게 해야 할 일을 미루는 것이 엄마에게 순종한 걸까요? 아니오. 순종 은 내가 하고 싶을 때 무엇을 하는 것이 아니랍니다. 순종은 엄마가 친구에 게 무엇을 하라고 말씀하시면 즉시 하는 것입니다.

아빠가 거실에 널려있는 장난감을 치우라고 말씀하셨어요. 그런데 친 구는 한두 가지 장난감만 치우고, 서너 가지 장난감을 거실에 늘어놓고, 나머지는 소파 아래에 밀어 넣은 채 간식을 먹으러 부엌으로 달려갔어요.

아빠에게 순종한 걸까요? 아니오. 순종은 해야 할 일의 일부만 하는 것이 아니랍니다. 순종은 말씀하신 일을 온전히 끝까지 마치는 거예요.

엄마가 식탁을 차리라고 말씀하셨어요. 접시를 꺼내서 식탁을 차리기 시작했어요. 그런데 식탁을 차리면서 처음부터 끝까지 투덜거리고 불평했어요. 엄마의 말씀에 순종한 걸까요? 아니오. 순종은 투덜거리거나 불평하는 일 없이 하는 거예요. 순종은 기쁘게 하는 겁니다.

하나님은 친구들이 부모님에게 순종하기를 원하세요. 단지 몇 가지만 아니라 모든 일에 항상 순종하기를 원하세요. 순종하는 일이 쉬운가요? 아니면 어려운가요? 쉽지 않아요. 그러나 우리 곁에는 우리와 늘 함께하시는 예수님이 계세요. 우리를 사랑하시는 예수님은 우리가 부모님께 순종하기 어려울 때마다 "예수님 도와주세요."라고 기도하면 언제든지 달려와서 우리를 도와주세요.

엄마 아빠와 함께 기도하세요. 부모님께 즉시, 온전히, 기쁘게 순종함으로 친구들이 하나님을 기쁘시게 할 수 있도록, 순종할 수 있는 마음을 달라고 간구하세요. 엄마와 아빠를 위해서도 기도하세요. 엄마 아빠가 친구들이 골로새서 3장 20절과 에베소서 6장 1절부터 3절 말씀을 잘 기억하고 순종할 수 있도록 도와달라고 하나님께 기도하세요.

넷째, 어른과 권위자를 향한 친절과 공경을 훈련하기.

자녀가 어른들에게 "안녕하세요!"라고 큰 소리로 적극적으로 인사하도록 격려해 주십시오. 인사하기도 집에서 역할극으로 연습해 보십시오. 그리고 집을 떠나기 전에, 교회 가기 전에 "오늘 밖에 나가서 어른을 만나면 어떻게 해야 할까?"라고 물으며 상기시켜 주십시오. 그리고 어른들이 이야기를 나누고 있을 때 방해하지 않도록, 엄마 옆에 와서 가만히 서 있으면 엄마가 기회를 봐서 이야기를 나눠주겠다고 말해 주십시오.

　다섯째, 순종하기 어려운 유혹이 어떤 것이 있는지 반복해서 미리 알려주기 (예방 교육).

　자녀에게 순종을 방해하는 유혹을 미리 알려주는 것은 죄를 피할 수 있도록 자녀를 준비시키고 사랑으로 권고하는 것입니다. 예를 들어 친구가 집에 온다면 장난감을 가지고 노는 것 때문에 갈등이 일어날 수 있습니다. 이런 갈등 상황에서 자녀가 어떻게 행동해야 하는지 자녀와 미리 이야기를 나누거나 역할극을 해보는 것도 좋습니다.

[예 1] 오늘 우리 집에 친구가 올 거야. 만약에 네가 좋아하는 장난감을 친구가 가지고 놀고 싶어 한다면 어떻게 해야 할까?" 만약에 아이가 나누어 가지고 놀 거라고 하면, "하나님이 우리 딸에게 나눌 수 있는 마음을 주셨네. 참 감사하다." 라고 이야기해 주십시오. 만약에 나누기 싫다고 하면, "맞아, 엄마도 엄마의 것을 누구랑 나누는 것이 참 어려워. 이렇게 나누어 주기 힘든 우리를 구해 내려고 예수님이 이 땅에 오신 거야. 우리 힘으로 할 수 없어서 우리를 도와주시려고 오셨단다. 예수님은 우리를 위해 우리의 죄를 용서해 주시려고 생명까지 내어 주신 분이란다. 예수님께 나눌 수 있는 힘을 달라고, 그래서 친구랑 재미있게 놀 수 있게 해 달라고 우리 기도할까?

[예 2] 만약에 네가 친구의 장난감을 가지고 놀고 싶다면 어떻게 해야 할까? 친구가 만약 장난감을 가지고 온다면 네 것이 아니니까 마음대로 만지면 안 되겠지? 친구의 장난감을 가지고 놀고 싶다면 친구에게 '이거 가지고 놀아도 돼?'라고 물어봐야 해. 친구가 '가지고 놀아.'라고 하면 가지고 놀 수 있지만, 만약 친구가 '싫어'라고 말하면 친구 것을 달라고 떼를 쓰거나 소리를 지르거나 울면 안 돼.

때때로 어떤 친구는 나누는 방법을 배워야 하는 친구도 있단다. 너는 그 친구가 즐겁게 나눠줄 때까지 기다려야 해. 나눔이 어려운 친구를 위해 그 친구가 예수님의 사랑을 알고 나누는 기쁨을 배우도록 예수님께 도와달라고 엄마랑 같이 기도하자.

여섯째, 정확한 경계와 규칙을 알려주기.

자녀에게 경계와 규칙을 알려줄 때는 구체적으로 무엇이 안 되는지 명확하게 알려주어야 합니다. "길거리로 뛰어 다니면 안 된다. 다른 사람의 물건은 묻지 않고 만지면 안 된다. 너의 장난감을 바구니 속에 넣어라(그냥 치워라가 아닙니다)." 자녀에게 이렇게 명확하게 규칙과 경계를 알려주십시오.

일곱째, 부지런히 격려하고 순종한 것을 칭찬하기.

자녀가 순종하는 것에 진보가 있을 때 그 일을 큰일로 만들어 칭찬하십시오. 우리 집 아이들이 어렸을 때, 누군가 우리 아이들을 칭찬하면 우리는 반드시 그 일을 아이들에게 말해 주었습니다. 그때마다 상금으로 약간의 용돈도 주었습니다. 부모는 부지런히 자녀의 삶에서 하나님이 일하시는 은혜의 증거들을 찾아 자녀에게 말해 주고 칭찬해야 합니다.

사춘기 자녀들의 순종 교육

십 대가 된 자녀에게는 순종 교육을 한다고 "누구야" 부르면 "예"하고 오라고 할 수는 없습니다. 만약 부모가 자녀에게 그때까지 권위에 순종하는 것을 교육하지 않았다면, 부모가 잘 알지 못해서 소중한 진리를 가르치지 못한 것을 자녀에게 회개해야 합니다. 그리고 에베소서 5장과 6장, 골로새서 3장의 말씀을 따라 하나님이 만드신 권위라는 위계질서와 순종 그리고 순종에 따르는 축복의 약속을 자녀에게 설명하고 가르쳐야 합니다.

먼저 하나님께 도움을 청하십시오. 그리고 자녀와 함께 말씀 앞에 앉고 사랑과 친절로 자녀를 대하고 자녀의 양심에 호소하십시오. 이 일을 성실하게 계속하십시오.

권위에 대한 호소

순종과 함께 우리는 권위에 어떻게 호소해야 하는지도 자녀에게 가르쳐야 합니다. 1) 우선, 부모가 명령하면 그 명령에 즉시, 온전히, 기쁘게 순종하도록 자녀를 가르쳐야 합니다. 그러나 완벽한 부모는 없습니다. 때로 자녀에게 두 가지 일을 동시에 시키기도 하고, 성급하게 합당하지 않은 것을 요구할 수 있습니다. 그때 자녀 쪽에서 호소할 수 있습니다. 자녀의 호소가 타당하다면 부모는 자존심이나 자기 편의를 위해 권위를 고집하지 말고, 자녀의 호소를 들어야 합니다. 2) 부모뿐 아니라 권위자에게 호소할 때 자녀는 불평하고 불만스러운 모습이 아니라 존경하는 자세로 호소해야 합니다. 3) 호소 후에 어떤 결정이 내려지든 결과를 기꺼이 받아들이고 순종하려는 마음이 있어야 한다는 것을 자녀에게 알려 주십시오.

순종의 본이 되신 예수 그리스도

예수 그리스도는 우리 모두에게 권위에 복종하는 최고의 본이 되셨습니다. 그분은 하나님과 동등하셨지만 겸손하게 종의 모습으로 이 땅에 오셨습니다. 하나님의 권위 아래 자신을 두고 우리를 구원하기 위해 십자가에 죽기까지 복종하셨습니다(빌 2:6-8). 이 땅에서 33년을 사시면서 하나님 아버지의 뜻에 다 순종하셨습니다(요 17:4). 우리는 모두 다 예수 그리스도의 제자입니다. 타락한 이 세상에서는 불순종이 오히려 자연스럽습니다. 그래서 순종은 하나님이 우리 삶에 역사하고 계시다는 은혜의 증거입니다. 예수님은 순종하지 못하는 우리 죄를 대신해서 십자가를 지셨습니다. 그리고 이 땅에서 그분이 순종한 모든 의를 그분을 따르고 믿는 자에게 주십니다. 그분의 순종은 우리의 것입니다. 그리고 우리가 순종하지 못해 예수님께 도우심을 구할 때 그분은 우리를 도와주실 것입니다. J. C. 라일은 말합니다.

"부모 여러분, 여러분의 자녀들이 행복하기를 바랍니까? 그렇다면 여러분의 말에 순종하도록 자녀를 훈련해야 합니다. 무엇을 시켰을 때 즉시 그대로 순종하는 자녀로 키워야 합니다. 우리는 자유로운 존재로 창조되지 않았습니다. 우리는 자유로운 존재가 아닙니다. 그리스도로 인해 자유롭게 된 것도 그리스도를 섬기기 위함입니다(골 3:24). 자녀들도 이 세상에 보냄 받은 것을 자기 뜻대로 살기 위함이 아니라 순종하기 위함이라는 사실을 속히 배워야 합니다. 빠를수록 좋습니다. 자녀가 아직 어릴 때 순종을 가르치십시오. 그때를 놓치면 일생 동안 하나님 앞에서 자기 멋대로 살아갈 것입니다."[52]

---

52 J. C. 라일, 『부모의 의무』, 50.

1. 하나님은 부모를 권위자로 세우셨습니다. 동시에 부모는 하나님의 권위 아래 순종하는 자녀이기도 합니다. 이 말에 담긴 의미를 따라 하나님의 권위를 부모는 어떻게 사용해야 합니까?

2. 자녀가 부모를 공경해야 하는 두 가지 이유는 무엇입니까? 신명기 21장 18절부터 21절에서 부모를 공경하지 않는 불순종한 자녀를 "돌로 쳐 죽여라."라고 하는 핵심적인 이유를 말해 보십시오.

3. 민주주의형 부모가 되는 것을 조심해야 하는 이유는 무엇입니까? 자녀 양육에 뚜렷한 규칙 없이 행동을 고치려는 위험은 무엇입니까?

4. 지금까지 부모로서 자녀에게 어떻게 순종을 가르쳤습니까? 자녀가 순종하는 훈련에서 여러분의 자녀에게 적용할 수 있는 서너 가지를 찾아보세요.

5. 자녀의 순종 교육을 효과적으로 실천하기 위해 배우자의 도움이 필요한 것은 무엇입니까?

07

훈계,
어떻게 할까?

훈계,
어떻게 할까?

 놀이터에서 나쁜 말을 하면서 서로 다투는 아이들이 있습니다. 아이들이 쏟아내는 말과 행동은 듣기에도 거북합니다. 지나가는 어른들은 이런 말썽꾸러기 아이들을 보면서도 훈계하지 않는 것이 일반적입니다. 왜입니까? 자기 자녀가 아니기 때문입니다. 만일 말썽꾸러기 아이 중에 자기 자녀가 있다면 어떻게 합니까? 부모는 아이를 집으로 데려와서 훈계할 것입니다.

 하나님은 사랑으로 우리의 잘못과 죄를 징계하십니다. 우리가 하나님 아버지의 자녀이기 때문입니다. 우리는 부모로서 자기 뜻대로 자녀를 징계하지만, 하나님은 우리의 유익을 위하여 거룩하게 하려고 징계하십니다 (히 12:10). 부모는 자녀를 하나님의 사람으로 온전히 양육하기 위해서 사랑으로 훈계해야 합니다. 때로는 부모의 죄와 약함으로 자녀에게 상처를 주기도 하지만, 하나님 아버지의 사랑이라는 양육을 받으며 자녀를 바르게 교육하고 훈계해야 합니다.

세상에는 훈계에 관한 많은 방법론이 있습니다. 그러나 우리는 성경이 말하는 훈계가 무엇인지 알아야 합니다. 부모로서 우리가 자녀를 훈계해야 할 이유가 무엇인지 살펴보겠습니다. 자녀를 성경의 가르침을 따라 훈계할 때 부모가 직면하게 되는 방해물이 무엇인지 확인할 것입니다. 그리고 성경이 말하는 훈계는 어떻게 하는지 함께 살펴보겠습니다.

자녀를 훈계해야 하는 이유

첫째, 하나님의 명령이기 때문입니다

히브리서 12장 6절과 7절은 "주께서 그 사랑하시는 자를 징계하시고 그가 받아들이시는 아들마다 채찍질하심이라 하였으니 너희가 참음은 징계를 받기 위함이라 하나님이 아들과 같이 너희를 대우하시나니 어찌 아버지가 징계하지 않는 아들이 있으리요"라고 말합니다. 하나님은 사랑하는 자녀를 가르치기도 하시지만 때로는 사랑 때문에 채찍으로 자녀를 징계하십니다. 하나님의 징계는 그 자녀를 사랑한다는 증거입니다. "매를 아끼는 자는 그의 자식을 미워함이라 자식을 사랑하는 자는 근실히 징계하느니라"(잠 13:24) 잠언에서도 자식을 사랑하는 자는 매를 아끼는 자가 아니라 성실하게 징계하는 자라고 말합니다. 그렇다면 부모인 우리도 사랑에 기초한 훈계를 배워야 합니다. 자녀를 성실하게 훈계하는 것은 하나님의 명령입니다.

둘째, 자녀들은 죄인이고 미숙하기에 훈계해야 합니다

잠언 22장 15절은 "아이의 마음에는 미련한 것이 얽혔으나 징계하는 채찍이 이를 멀리 쫓아내리라"라고 말합니다. 아이의 마음에 미련한 죄성과 자기 욕망을 따라가는 어리석음이 얽혀있습니다. 이것을 제거하기 위해 부모는 훈계로 마음에 얽힌 미련함을 몰아내어 자녀를 위험에서부터 구해내야 합니다. 자녀는 미숙한 죄인이기에 부모는 자녀가 원하는 대로 내버려 두면 안 됩니다. 히브리서 12장 8절은 "징계는 다 받는 것이거늘 너희에게 없으면 사생자요 친아들이 아니니라"라고 말합니다. 자녀가 망가지는데도 그냥 내버려 두면 부모 역할을 하지 않는 것입니다. 우리가 하나님을 대신하는 부모라면 훈계로 자녀를 바로 잡아야 합니다.

셋째, 훈계는 자녀를 유익하게 합니다

훈계는 자녀의 영혼을 구원합니다.

"아이를 훈계하지 아니하려고 하지 말라 채찍으로 그를 때릴지라도 그가 죽지 아니하리라 네가 그를 채찍으로 때리면 그의 영혼을 스올에서 구원하리라"(잠 23:13-14) 훈계는 구출 작전입니다.

훈계는 지혜를 가져다줍니다.

"채찍과 꾸지람이 지혜를 주거늘 임의로 행하게 버려 둔 자식은 어미를 욕되게 하느니라"(잠 29:15) 부모가 자식을 마음대로 하도록 내버려 두면 자기 욕망과 욕심 때문에 자녀도 고생하고 부모도 욕되게 합니다. 채찍과 꾸지람은 하나님의 법을 버렸던 어리석음을 버리고 지혜를 받아들이도록 합니다. 테드 트립도 『마음을 다루면 자녀의 미래가 달라진다』에서 매가 지혜를 가져다준다고 말했습니다.

"바로 잡기 위해 드는 매는 자녀에게 지혜를 가져다준다. 그것은 반항의 어리석음에 대해 즉각적인 실감나는 효과를 눈으로 준다. 적절한 징계는 아이의 마음을 겸손하게 하며 부모의 교훈에 순종하게 한다. 매를 가하는 것은 아이를 생명을 주는 말을 받아들일 수 있도록 준비시킨다."[53]

훈계는 평안과 기쁨을 줍니다.

네 자식을 징계하라 그리하면 그가 너를 평안하게 하겠고 또 네 마음에 기쁨을 주리라"(잠 29:17) 징계를 바르게 하면 부모와 자녀는 평안과 기쁨을 누리게 됩니다.

훈계는 의와 평강의 열매를 맺게 합니다.

"무릇 징계가 당시에는 즐거워 보이지 않고 슬퍼 보이나 후에 그로 말미암아 연단 받은 자들은 의와 평강의 열매를 맺느니라"(히 12:11) 징계는 부모도 가슴이 아프고 자녀도 아프고 싫습니다. 처음에는 고통입니다. 그러나 사랑이 담긴 훈계 후에는 의와 평강의 열매를 얻습니다. 테드 트립은 말합니다.

"매를 사용하는 것은 믿음의 행위다. 하나님은 매를 사용할 것을 명령하셨다. 부모는 그 매가 얼마나 효과적인지 완전하게 이해해서가 아니라 하나님이 명령하셨기 때문에 순종해야 한다. 매를 사용하는 것은 하나님의 지혜와 탁월한 권고에 대한 깊은 신뢰의 표현이다. 매는 아이를 위한 신실한 행동이다. 그것은 사랑과 헌신의 표현이다. 나는 때리고 싶지 않았지만 자녀에 대한 사랑 때문에 그 일을 해야 했다. 매를 대지 못하는 것은 결국 그들의 영혼에 대해 성실하지 않다는 것

---

53   테드 트립, 『마음을 다루면 자녀의 미래가 달라진다』, 175.

을 의미하기 때문이다."[54]

여러분은 이 놀라운 약속이 있는, 자녀를 훈계하라는 명령을 어떻게 실천하고 계십니까? 우리는 하나님의 이 명령에 순종함으로 미숙한 죄인인 자녀를 구원으로, 지혜로, 의와 평강으로 인도하기를 소망합니다. 그런데 부모로서 부르심을 감당하기 힘들게 하는 부모의 분노라는 죄와 세상의 도전이 있습니다.

성경이 말하는 훈계의 방해물

부모의 분노

부모의 분노(화)가 성경이 말하는 사랑 안에서 훈계를 방해합니다. 대부분의 부모가 가장 많이 저지르는 죄는 자녀에게 화와 분노를 쏟아내는 것입니다. 간혹 자녀가 잘못하면 무섭게 혼내는 충격요법을 사용해야 자녀가 정신을 차린다고 생각하는 부모를 만납니다. 그러나 성경은 그 말에 찬성하지 않습니다. 갈라디아서 6장 1절 상반절은 "형제들아 사람이 만일 무슨 범죄한 일이 드러나거든 신령한 너희는 온유한 심령으로 그러한 자를 바로잡고"라고 말합니다. 복음을 아는 신령한 부모는 온유한 심령으로 자녀를 바로 잡아야 합니다.

부모가 화를 내면 자녀는 부모의 화만 기억합니다. 부모가 자녀에게 정

---

54 앞의 책, 177.

작 전달하고 싶었던 메시지는 들리지 않습니다. 우리 집 큰아이가 초등학교 3학년 때 친구 집에서 게임을 하느라 집으로 오라는 말을 의도적으로 무시하고 불순종했습니다. 아들의 태도에 화가 나서 집에 돌아온 아이에게 매를 댔습니다. 물론 아이는 자신이 불순종해서 맞아야 한다는 것을 알고 있었습니다. 정해진 수대로 정해진 곳인 엉덩이를 때렸는데 매를 맞은 아이가 할 말이 있다고 말했습니다. "엄마는 나를 사랑해서 매를 들었다고 하는데 나는 엄마의 사랑은 조금도 느껴지지 않고 엄마의 화만 느껴져요." 아이의 말이 맞았습니다. 그날 아이에게 용서를 구했습니다.

화를 내는 것은 하나님의 의를 이루지 못하기에 설 곳이 없습니다. 야고보서 1장 19절과 20절은 "내 사랑하는 형제들아 너희가 알지니 사람마다 듣기는 속히 하고 말하기는 더디 하며 성내기도 더디 하라 사람이 성내는 것이 하나님의 의를 이루지 못함이라"라고 말합니다. 사람은 마음이 감동해야 움직입니다. 혹 누군가 화내는 것을 보고 감동하신 적이 있습니까? 화내고 잔소리하고 신경질을 부려서는 자녀를 바꿀 수 없습니다. 관계가 깨어지고 악순환이 계속될 뿐입니다. 예수님이 어떻게 우리를 그분께 이끄셨는지 생각해 보십시오. 그분은 십자가에서 아무 조건 없이 죄인인 우리를 먼저 사랑하셨습니다. 자신의 모든 것을 우리를 위해 내어 주셨습니다. 그분의 한없는 인내와 온유와 친절이 우리를 변화시켜 회개하게 만드셨다는 것을 기억하십시오.

이대목동병원 정신건강의학과 김수인 교수는 화는 반복해서 표현할수록 분노를 조절하는 전두엽의 기능이 약화되어 작은 자극에도 쉽게 화를 낸다고 합니다. 분노 호르몬은 15초면 가라앉는다고 합니다.[55] 그러면 그동안 우리는 모두 15초를 못 참고 화를 낸 것입니다.

만일 화가 나거든 그 자리를 피해 기도하십시오. 린다 딜로우(Linda Dillow)는 화가 날 때 화장실로 달려가서 10까지 세고 기도하고 나서 자녀를 도와주었다고 합니다. "주님, 아이들 때문에 화가 납니다. 제 마음을 가라앉혀 주십시오. 제가 온유하게 지혜롭게 이 상황을 잘 다룰 수 있도록 도와주십시오."[56] 이렇게 기도하고 자녀를 도와주십시오. 부모가 화를 내고 표출하는 일이 반복되면 자녀는 부모에 대한 존경심이 사라집니다. J. C. 라일은 이렇게 말했습니다.

"자녀의 사랑을 잃어버리지 않도록 노력하십시오. 자녀가 여러분을 두려워하지 않게 하십시오. 이것은 아주 위험한 일입니다. 자녀에게 윽박지르거나 자녀를 움츠러들게 해서도 안 됩니다. 겁에 질린 자녀는 더이상 자기 마음을 열지 않고 속내를 숨기기 시작합니다. 두려움은 위선을 불러오고 결국 거짓말로 이끕니다. 이 권고를 가볍게 여기지 마십시오."[57]

그럼에도 혹 여러분이 자녀에게 화를 냈다면 자신의 죄를 인정하고 빨리 용서를 구하십시오. 단순히 "미안해!"가 아니라 구체적으로 자녀에게 용서를 구하십시오. "엄마가 하나님의 방법대로 너희를 돌보지 못하고 화를 내어서 하나님과 너한테 죄를 지었어. 이런 엄마를 용서해 줄 수 있겠

55 우먼센스, "분노 왕국, 화를 풀어라! (1) 당신이 진짜 화내는 이유".
56 린다 딜로우, 『너의 남자를 진정으로 사랑하려면』 (서울: 홍성사, 1994), 109.
57 J. C. 라일, 『부모의 의무』, 22.

니?" 이렇게 용서를 구하라고 하면 많은 분이 온종일 수도 없이 자녀에게 용서를 구해야 하니 위신이 서지 않는다고 말합니다. 세상에 완벽한 부모는 없습니다. 자녀에게 용서를 구하는 일은 쉬운 일은 아닙니다. 자존심이 상하고 혀가 말리고 차라리 죽고 싶은 생각이 들 정도로 고통스럽습니다. 한 번도 쉽게 되지 않습니다. 그러나 우리에게는 복음이 있습니다. 자녀는 부모의 좋은 모범을 통해서도 배우지만 실패한 부모의 겸손한 반응을 통해서도 배웁니다. 자신도 실패했을 때, 죄를 지었을 때 용서를 구해야 한다는 것도 배웁니다. 또 용서를 구하면 언제나 주께서 우리를 용서해 주시는 것처럼 용서해야 한다는 복음의 은혜도 함께 누리게 됩니다(엡 4:32, 골 3:13).

화내는 일이 줄어들 때 점진적으로 자라고 있다는 것을 기억하십시오. 많은 부모가 자녀를 향한 화를 다스리려고 열심히 기도하는데도 잘되지 않는다고 호소합니다. 화를 내지 않는 것도 점진적으로 자랍니다. 하루에 10번 화내던 사람이 화내는 횟수가 줄었다면 이것은 자란 것입니다. 그러나 우리는 여전히 화를 내고 있기에 자라지 않았다고 생각합니다. 어떤 분은 성령 충만을 받으면 내일 당장 화를 내지 않는 거룩한 사람이 되는 것으로 압니다. 그런 일은 일어나지 않습니다. 하루아침에 바뀌는 사람은 없습니다. 화를 낼 때마다 "너는 구제불능이야. 달라지지 않아." 생각한다면, 이런 사단의 고소에 속지 말고 여러분 안에 사시는 성령님을 의지하며 그분이 양심을 찌르실 때마다 순종하여 부지런히 용서를 구하며 자라가십시오. 배우자와 협력해서 서로 자라고 있는 부분을 보고 격려하고, 교회 지체들에게 삶을 열어놓고 기도해 달라고 부탁하고, 적극적으로 화와 싸우십시오. 성령님께서 신실하게 여러분을 도우실 것입니다.

성경의 지혜 VS 세상의 지혜

자녀 훈육과 관련해서 세상의 매스컴과 전문가의 지혜가 우리를 혼란스럽게 합니다. 사실 지난 50년 가까이 세상의 심리학자들과 교육학자들은 부모가 자녀를 체벌하는 것을 찬성하지 않고 있습니다. 우리나라를 포함 현재 61개국이 가정에서 체벌을 법으로 금지하고 있습니다.[58] 세상의 교육 전문가와 매스컴은 폭력적인 부모들의 행동과 잘못된 체벌을 통계로 조사해서 체벌이 자녀를 망친다고 주장하고 있습니다.

대한민국 육아 멘토로 불리는 정신건강의학과 의사인 오은영 박사도 체벌을 금지하라고 합니다. 그분은 어떤 상황에서도 절대 자녀를 때리지 말라고 말합니다. 체벌은 '진짜라고 착각한 자식 사랑이고 자녀에게 상처만 준다'고 합니다. 그래서 자기 아들에게도 회초리를 들지 않았다고 합니다.[59] 오은영 박사가 말하는 부모 십계명의 4번째는 이렇습니다. "때리지 마세요. 부모에게 맞으면 아이는 세상이 안전하지 않은 곳이라고 느끼게 돼요. 체벌의 90% 이상은 부모가 자기감정을 다스리지 못한 결과랍니다."[60] 그녀가 체벌을 금지하는 이유는 부모의 90% 이상이 자기감정을 다스리지 못하기 때문입니다.

세상의 전문가들이 말하는 체벌 금지론은 하나님의 자녀 양육 방법이 아닙니다. 우리는 이 문화적 도전 앞에 있습니다. 세상 전문가

58 한겨레신문, "'아동 체벌 더이상 허용되지 않는 나라' 한국은 61번째".
59 매일경제, "'육아의 신' 오은영 박사 "진짜라고 착각한 자식 사랑, 자녀에겐 상처"".
60 오은영, 『못 참는 아이 욱하는 부모』 (서울: 코리아닷컴, 2016), 겉표지 뒷면 날개.

들이 체벌을 반대하는 이유는 감정을 조절하지 못하는 체벌이 아동학대로 발전할 수 있다는 이유 때문입니다. 이 말에 동의합니다. 자기감정을 다스리지 않고 분노로 체벌하는 것은 하나님도 금하신 것입니다. 그러기에 부모는 먼저 감정과 분노를 다스리고 자녀를 훈육해야 합니다. 하나님의 지혜와 세상의 지혜가 충돌하지만 우리는 하나님의 방법 위에 서야 합니다.

하나님이 명령하신 징계는 세상 전문가들이 말하는 아동학대와 관계가 없습니다. 성경이 말하는 체벌은 부모의 분노를 분출하는 것이 아닙니다. 홧김에 자제력을 잃어 부모의 감정을 쏟아내는 징계가 아닙니다. "내가 너의 권위자다."라고 말하며 강압적이고 두려움을 주는 징계가 아닙니다. 이것은 하나님의 청지기가 아니라 폭군 행세를 하는 것입니다. 이런 분노와 감정을 무자비하게 쏟아내는 부모의 징계는 절대로 자녀를 하나님께로 인도할 수 없습니다. 오히려 자녀에게 불쾌감을 주고, 거부감을 주고 하나님으로부터 멀어지게 합니다.

자녀에게 매를 사용하여 훈계할 때는 정말 신중해야 합니다. 하나님은 성경 어디에도 자녀에게 자기감정과 상처를 폭발시키는 권리로 징계할 권한을 주신 적이 없다는 것을 기억하십시오. 이것은 부모의 분노라는 죄입니다. 잠언에 채찍 체벌이라는 말이 등장할 때 어느 구절도 자녀를 무자비하게 때려 훈계하라는 말은 아닙니다. 하나님이 자녀인 우리를 징계하실 때 사랑 안에서 하십니다. 그처럼 육신의 부모도 사랑 안에서 성실하게 훈육해야 합니다. 그리스도인 부모는 세상 전문가의 지시를 하나님의 지혜보다 더 크게 보면 안 됩니다. "매를 아끼는 자는 그의 자식을 미워함이라 자식을 사랑하는 자는 근실히 징계하느니라"(잠 13:24) 성경은 사랑이 전제

된 체벌을 포기하지 말라고 명령하십니다.

성경적 훈계의 방법 – 사랑으로 마음을 다루는 도구 '매'

성경이 말하는 훈계의 방법은 사랑으로 마음을 다루는 매와 대화입니다. 큰 원리는 사랑이 담긴 매와 마음을 다루는 대화를 균형 있게 사용해서 자녀의 양심에 호소하는 것입니다. 먼저 어떻게 지혜롭게 매를 사용해야 하는지 훈계의 과정을 살펴보겠습니다.

1단계 규칙 정하기
먼저 부부가 함께 규칙을 정하십시오. 자녀에게 무엇을 가르칠지, 어떤 상황에서 어떻게 사랑으로 훈계할 것인지 서로 의견을 나누고 대화하십시오. 부부가 같은 규칙을 가지고 있어야 합니다. 자녀 앞에서 부모의 규칙이 서로 다르거나 의견 차이로 다투면 안 됩니다. 자녀는 아주 영리합니다. 자녀가 부모의 다름을 이용하려는 것을 꿈도 꾸지 못하도록 해야 합니다. 규칙은 자녀의 나이에 맞게, 실천할 수 있어야 합니다. 부부가 규칙을 만드셨다면 아이의 눈을 보고 천천히 규칙을 말해 주십시오. 그리고 부모의 지시를 이해했는지 확인하십시오.

우리 집에서 매를 사용하는 이유는 세 가지였습니다. 자녀가 정확한 지시 사항을 인지하고 있는데 1) 의도적으로 불순종을 했을 때 2) 다른 사람에게 해를 입혔을 때(때리거나, 물거나, 발로 찰 때) 3) 거짓말이나 도둑질을 했을 때입니다. 하나님 앞에서 정직하게, 하나님을 두려워하며 살아야 하기에 거짓말과 도둑질은 정해진 매보다 두 배로 맞았습니다.

자녀가 음식을 흘리거나 쏟거나, 자녀가 어리고 미숙해서 물건을 잃어 버렸거나, 그릇을 떨어뜨려 깨뜨리는 일은 순종하지 않았다고 매를 들지 않습니다. 한번은 어떤 분이 물병을 다섯 번이나 학교에 두고 오고 잃어버 린 아이를 불순종했다고 매를 댈 수 있는지 질문했습니다. 이런 일은 매를 들 일이 아닙니다. 아이 스스로 용돈으로 잃어버린 물건을 사게 하는 것이 훨씬 더 효과적입니다.

2단계 훈계하기

자녀를 훈계할 때는 단호하고 공정하게 일관된 태도로 사랑으로 해야 합니다. 자녀를 꾸짖고 책망할 때 조심할 점은 단호해야 하지만, 절대로 모 욕을 주거나 비아냥거리거나 위협하면 안 됩니다. "너 엄마 말 안 들으면 이 집에서 나가. 너 자꾸 말 안 들으면 버리고 간다." 이런 말은 부모가 하 면 안 되는 말입니다.

자녀가 십 대 일 때 "집에서 나가."라고 하면 자녀는 집을 나가고 싶은 유혹을 느낍니다. 혹 가출하게 되면 자녀는 부모가 의도하지 않은 여러 가 지 위험에 노출됩니다. 부모는 자녀에게 하나님의 대리인입니다. 하나님 은 엉망진창으로 망가진 우리를 십자가로 구원하시고, 우리가 그분의 자녀 라는 이유 하나로 우리를 절대로 버리지도, 떠나지도 않으시고 세상 끝날 까지 항상 함께한다고 약속하셨습니다(히 13:5; 마 28:20). 부모는 자녀가 어 떤 모습이든지 아무리 망가져도 하나님이 우리를 대하시는 동일한 메시지 를 자녀에게 주어야 합니다.

자녀를 훈계할 때 분노의 감정이 올라온다면 훈계를 중단하시고 잠시 방으로 들어가 기도하십시오. 대부분 부모가 화가 나는 이유는 부모 마음 안의 우상 때문입니다.[61] 조용히 여러분 안에 어떤 우상들이 있는지 살펴보십시오. 그리고 부모 마음의 죄가 들통났다면 자녀에게 진심으로 용서를 구하는 것이 먼저입니다. 그래야 자녀가 부모의 말에 귀를 기울입니다. 분노 섞인 말로 감정을 상하게 하는 것은 아무 효과가 없습니다. 오히려 자녀의 마음을 노엽게 하고 자녀의 마음을 잃게 됩니다.

훈계해야 하는 상황에 아버지가 함께 있다면 아버지가 훈계하기를 권합니다. 아버지는 가정의 인도자이기에 자녀의 훈계 상황에 주도권을 가지고 도와주십시오. 훈계 상황에 아버지가 함께 있지 않는다면 어머니가 하십시오. 아이들은 자기 잘못을 금방 잊어버립니다. 다 잊어버렸는데 아버지가 퇴근하고 오셔서 지난 사건을 끄집어내서 훈계를 들으면 자녀는 억울한 생각이 듭니다. 자녀가 잘못을 기억할 때 곧바로 훈계하는 것이 효과적입니다.

3단계 죄 고백과 사랑으로 매를 사용하기

부모는 훈계하는 시간을 아름다운 드라마가 되도록 만들어야 합니다. 증오의 드라마가 아니라 사랑의 드라마, 화해의 드라마가 되게 하십시오. 훈계의 목적은 "처벌이 아니라 바로잡는 것"입니다.[62] 훈계를 통해서도 자녀의 마음을 만지고 감동을 주려면 후다닥 서둘러 끝내면 안 됩니다. 기도

---

61   본서 4장의 〈부모 마음의 우상〉 부분을 참고하십시오.
62   테드 트립, 『마음을 다루면 자녀의 미래가 달라진다』, 77.

하면서 하나님의 지혜를 구하면서 하십시오.

자녀를 훈계할 때 자녀의 문제를 확실하게 알려주십시오.

자녀는 어떤 규칙을 어겼고 왜 맞아야 하는지, 무엇을 잘못했는지 알고 있어야 합니다. 혹 매를 맞아야 하는 잘못이라도 자녀에게 그 일이 매를 맞아야 하는 일이라고 미리 알려주지 않았다면, 다음에는 매를 맞게 될 거라고 이야기하고 매를 드는 일을 미루어야 합니다.

훈계할 때 손으로 체벌하지 마십시오.

정해진 매를 사용하시고 횟수도 1-3회 정도로 정하셔야 합니다. 마음이 상한다고 정해진 횟수보다 더 때리거나 더 세게 때리거나, 정해진 곳(엉덩이)이 아니라 등짝이나 머리 쥐어박거나 발로 차거나, 뺨 등 아무 데나 때리면 자녀에게 큰 상처를 남깁니다. 혹 그런 일이 생각나거든 자녀에게 용서를 구하고 다시는 그런 일이 일어나지 않도록 주의해야 합니다.

정말 중요한 한 가지는 일대일로 훈계해야 합니다.

동생 앞이나 다른 사람 앞에서 훈계를 받으면 자녀는 수치심을 느끼고 자존심이 상합니다. 자녀가 알고 있는 훈계하는 방으로 들어가야 합니다. 체벌하기 전에 자녀에게 사랑을 확인시켜주십시오. "아빠는 널 사랑해. 아빠는 너에게 회초리를 드는 것을 좋아하지 않아. 네가 매 맞고 아프면 아빠도 마음이 아파. 아빠가 너를 징계하는 것은 너를 사랑하기 때문이야. 하나님도 사랑하는 사람을 징계하셔. 너를 사랑하기에 네가 죄를 짓는 것을 그냥 둘 수는 없단다. 네가 순종하면서 복을 누리기 원하기 때문에 아빠가 너를 훈육하는 거야."

잘못했을 때 사랑의 매를 기꺼이 받아들이도록 기회를 잡아 자녀와 대화하십시오.

자녀는 부모의 훈계를 화를 내거나, 소리 지르거나, 변명하거나, 트집 잡지 않고, 평온하게 받아들여야 합니다. 우리 집에서는 적절하게 은혜도 베풀었습니다. 은혜를 베풀었다고 훈계를 하지 않은 것은 아닙니다. 충분히 대화를 나누고 엉덩이를 맞아야 하는데, 이번에는 그냥 넘어가거나 베개가 자녀들을 대신해서 맞은 적도 있습니다.

4단계 서로 용서하고 화해하기

서로 용서하고 화해하게 하십시오.

훈계의 과정에서 이 단계가 중요합니다. 용서를 구할 일이 있으면 상대에게 가서 용서를 구하게 하고, 상대도 "뭘 그런 걸 용서를 구해."라거나 단순히 "알았어. 괜찮아." 이렇게 반응하지 않아야 합니다. 죄는 괜찮은 것이 아닙니다. "예수님이 나를 용서해 주신 것처럼 나도 너를 용서해 줄게." "진심으로 나에게 사과해서 고마워. 용서할게."라고 말하도록 가르쳐 주십시오.

화해 이후 함께 기도하십시오.

기도할 때 무엇을 잘못했는지 죄를 고백하며 회개하고, 복음을 기억하는 시간이 되도록 도와주십시오. 자기 잘못을 고백하고 하나님께 용서를 구하는 회개의 기도를 하라고 하면 자녀는 자기 죄를 고백하는 것을 힘들어하고 대충 얼버무립니다. 그때 자녀와 함께 요한일서 1장 9절 말씀을 나눌 수 있습니다. "만일 우리가 우리 죄를 자백하면 그는 미쁘시고 의로우사 우리 죄를 사하시며 우리를 모든 불의에서 깨끗하게 하신다"라고 했습니다.

죄를 고백하고 용서를 구하는 일은 부끄러운 일이 아닙니다. 용기 있는 일입니다. 겸손한 일입니다. 용서를 구하지 않는 것이 부끄러운 일입니다. 예수님이 우리의 모든 수치를 십자가에서 가져가셨기에 우리는 감사함으로 서로에게 용서를 구할 수 있습니다. 자녀와 함께 예수님이 우리를 위해 이 땅에 오시고, 십자가에서 우리를 위해 죽으시고, 예수님이 하신 일로 모든 죄가 용서받고 의롭다고 여김을 받은 것에 감사하고, 이 복음을 믿고, 말씀에 순종하도록 도와달라고 부모가 기도를 이끌어주십시오.

훈계의 과정이 다 마치면 용서와 사랑, 용납의 확신을 주십시오.

부모가 자녀를 여전히 사랑하고 있음을 말해 주십시오. 훈계를 잘 받아들인 것을 고맙다고 이야기하고 하나님의 용서를 확인시켜주며 안아주십시오. 매를 맞고도 금방 아무 일도 없는 듯이 행농하는 아이를 보면서 '애가 생각이 있는 아이인가? 징계를 바르게 한 것인가?'라고 생각하는 부모들이 있습니다. 부모인 우리가 자녀를 징계하는 것은 자녀 마음에 얽힌 미련함을 제거하고 바르게 해서 자유를 주려고 한 것입니다. 자녀를 죄책감에 빠지게 하는 것은 바른 징계가 아닙니다. 하나님은 우리를 용서해 주시고, 우리가 죄책감에 빠지는 것을 원하지 않으십니다. 그 죄책감에서 구하려고 십자가 복음을 주셨습니다. 행복하고 즐거운 아이의 모습으로 곧바로 되돌아가게 한 것이 바른 징계를 한 것입니다.

5단계 책임 지불

어떤 경우는 책임을 지불하게 해야 합니다. 어디엔가 낙서를 했다면 자녀가 지우게 하십시오. 다른 사람에게 잘못했다면 입으로 용서를 구하게 하십시오. 다른 사람에게 손해를 끼쳤다면, 책을 망가뜨렸거나 장난감을 망가뜨렸다면 자기 용돈으로 보상하도록 하십시오.

성경적 훈계의 방법 – 사랑으로 마음을 다루는 도구 '대화'

부모가 자녀를 훈육하는 것은 자녀의 마음을 목양하는 것입니다. 자녀가 자랄수록 부모는 풍성한 대화를 통해 자녀의 마음을 목양해야 합니다. 테드 트립은 부모와 자녀의 대화 유형이 다양하고 풍성할수록 좋고, 대화에는 "격려와 바르게 함, 책망, 간청, 지도, 경고, 가르침과 기도"가 포함되고, 이 모든 것은 부모와 자녀의 관계에서 생활화되어야 한다고 말합니다.[63]

부모인 우리가 주의해야 할 것은 잘못했을 때만, 문제가 발생했을 때만 대화하고 가르치는 기회로 삼지 않는 것입니다. 문제가 일어나기 이전에 자녀를 훈련하고 예방하는 것이 더 중요합니다. 신명기 6장 6절부터 9절 말씀처럼 정기적으로 가정예배를 하며 말씀을 통해 자녀를 가르치고, 또 삶의 모든 상황에서—길거리를 지나가다가 광고의 문구를 보거나, 신문 기사를 접할 때, 영화를 함께 보며 가르쳐야 할 이슈들이 등장할 때마다—자녀를 가르치며 풍성하게 대화해야 합니다.

자녀가 자라갈수록 부모는 마음을 살피는 대화를 나누어야 합니다. 대화는 혼자 말하는 독백이 아닙니다. 부모는 질문하고 자녀가 말해야 합니다. 자녀와 대화를 나눌 때 부모가 보고 느낀 것을 일방적으로 쏟아내지 않

---

63 앞의 책, 144.

도록 조심하십시오. 대화의 목적은 자녀의 행동에 대해 부모의 느낌을 말하는 것이 아닙니다. 자녀의 마음속에 무슨 일이 일어났는지 부모가 이해하는 것입니다. 먼저 잘 듣는 부모가 되어야 합니다. 그래야 자녀의 마음에 얽힌 미련한 것과 죄악된 동기를 보고 자녀의 행동을 바로 잡아 줄 수 있습니다. "사람의 마음에 있는 모략은 깊은 물 같으니라 그럴지라도 명철한 사람은 그것을 길어 내느니라"(잠 20:5)

자녀의 성장 과정에 따라 대화하기

부모가 자녀와 대화에서 염두에 두어야 할 것은 자녀의 이해 수준과 나이에 따라 시간과 에너지를 다르게 사용해야 합니다. 이해력이 짧은 8살 이하의 자녀와는 길게 대화를 할 수 없습니다. 단지 1-2분 짧은 대화면 충분합니다. 그리고 규칙대로 바르게 훈육하면 됩니다. 8살 이상 초등학생이 되면 대화는 조금씩 늘어갑니다. 10-20분 정도면 충분합니다. 그리고 매는 줄어듭니다. 자녀가 10대가 되면 자녀마다 다르겠지만 대화가 더욱 필요하고 매는 더 줄어야 합니다. 중학생 이상이 되면 30분에서 한 시간 정도 깊은 대화가 필요합니다. 이때는 대부분 대화로 훈육하고 중요한 잘못이나 죄에 대해 매를 드는 경우는 아주 가끔입니다. 몸의 성장이 다 이루어진 고등학생 때까지 체벌을 계속하는 것은 자녀를 수치스럽게 하고 반항하게 합니다. 자녀를 바르게 훈육하기 위해 이렇게 성장 과정에 따라 대화와 매를 다르게 사용한다는 것을 부모들은 이해해야 합니다.

자녀가 잘못해서 훈육이 필요할 때 부모는 자녀에게 설교하고 일방적으로 대화하는 것이 아닙니다. 부모는 듣기와 질문에 치중해야 합니다. 예를 들어 한 아이가 다른 아이를 놀렸습니다. 여러분이 그 상황을 먼발치에서 보고 들었습니다. "너. 그런 말 하면 되니, 안 되니? 엄마가 놀리는 말을 하면 안 된다고 했지? 얼른 미안하다고 해!" 이런 일방적인 대화는 자녀 마음을 다루지 못합니다. 자녀의 마음을 살필 수 있도록 아래와 같은 질문을 해야 합니다.

1. "무슨 일이 있었니?"라고 물으면 일반적으로 자녀는 자기 잘못을 먼저 이야기하지 않습니다. 상대방의 잘못을 이야기하고 탓을 합니다. 자신의 잘못은 이야기하지 않거나 축소하고 자기에게 유리하게 말합니다. 그래서 부모는 자녀의 마음에 숨겨진 죄가 무엇인지 드러내야 합니다. 자녀들이 자랄수록 매는 줄어들지만, 대화하는 시간이 더 필요하기에 부모의 시간과 에너지, 인내가 요구됩니다.

2. 아래와 같은 질문들을 사용해서 자녀가 자기 마음의 죄를 볼 수 있도록 도와주십시오.

"동생을 때렸더니 너의 기분이 어떠니?" "동생과 싸웠더니 더 잘된 것이 있었니? 더 나빠진 것은 무엇이니?" " 말로 공격하고 몸으로 공격하는 것 외에 네가 할 수 있는 것은 무엇이니?" "네가 이 상황 속에서 하나님을 생각했니?" "너는 이 상황에서 이웃을 사랑했니?" "그 반응을 하기 전에 하나님께 도움을 구했니?" "그 상황에서 네 잘못은 무엇이니?"

양심에 호소하기

부모인 우리는 매와 대화라는 성경이 말하는 훈육의 두 가지 방법을 균형 있게 사용하며 자녀의 양심에 호소해야 합니다. 매와 대화는 균형 있게 일관성을 가지고 사용하는 지혜가 필요합니다. 대화보다 매를 사용하는 것이 더 편하다고 생각하는 부모는 무섭고 엄한 권위주의 부모가 될 수 있습니다. 매는 전혀 사용하지 않고 대화만 사용하는 부모는 너무 허용적인 부모, 자녀를 제멋대로 키울 수 있습니다. 성경이 말하는 2가지 자녀 양육의 도구인 매와 대화를 부모는 사랑 안에서 지혜롭게 사용해야 하며 자녀의 이해력과 나이에 따라 균형 있게 사용해야 합니다.

그리고 나서 자녀의 양심에 호소해야 합니다. 매는 자녀의 주의를 끌 수는 있지만, 자녀의 마음을 이끌어내지 못합니다. 자녀가 마음을 닫아 버리면 매는 자녀를 노엽게 합니다. 그러기에 부모는 자녀가 성장할수록 마음의 양심에 간절히 호소해야 합니다.

"교회에서 찰리라는 아이가 헌금함에서 돈을 훔치는 것이 발각되어 목사님 앞으로 왔습니다. 찰리는 2달러를 내어놓으며 눈물을 흘리며 용서를 구했습니다. 목사님은 찰리에게 '찰리, 나는 누군가 네가 한 것을 보게 되어 참 다행이라고 생각해. 네 행동을 그대로 두지 않으신 하나님의 자비가 참으로 크시구나! 하나님은 죄를 지어 마음이 강퍅하게 되지 않도록 이렇게 너를 보호하셨구나. 너는 하나님이 너에게 베푸신 그 큰 은혜를 알 수 있겠니?'라고 했습니다. 찰리는 눈을 맞추며 고개를 끄덕였습니다. '찰리, 그게 바로 예수님이 오신 이유란다. 예수님이 오신 것은 너나 네 아빠 그리고 나 같은 사람들이 훔치고 싶은 마음을 갖고 있기 때문이야. 봐라, 우리는 너무 대담하고 뻔뻔스러워서 하나님께 드린 헌금도 훔치지 않니? 그렇지만 하나님은 그렇게 나쁜 소년이나 어른을 참으로 사랑해서 우리 마음을 바꾸시고, 우리를 훔치는 사람이 아니라 주는 사람으로 만들기 위해 아들을 보내셨단다.' 그러자 찰리는 목이 메어 울음을 터트리며 주머니에서 20달러를 꺼냈습니다."[64]

---

[64] 앞의 책, 196-197.

처음에 그는 마지못해 뉘우치는 시늉을 하다가 양심에 찔렸습니다. 악한 죄인에게 베푸시는 복음의 은혜가 양심을 찌른 것입니다. 우리는 이처럼 자녀의 양심에 예수 그리스도께서 행하신 일, 복음으로 호소해야 합니다.

자녀를 훈계하는 모든 과정은 하나님의 구원에 초점이 있다

부모가 날마다 자녀를 훈계할 때 부모의 위치는 두 가지입니다. 부모는 자녀의 권위자로 자녀 위에서 자녀를 바르게 인도하는 역할을 합니다. 그러나 동시에 자녀의 말이나 태도와 반응, 짜증과 분노에 다양한 죄를 지을 가능성을 가지고 동료 죄인으로 자녀 옆에 있는 자입니다. 부모인 우리는 자녀 양육의 수많은 기회 속에서 자주 넘어지고 실패합니다. 부모인 우리 안에 끊임없이 일어나는 극심한 죄의 본성을 보게 됩니다. 이 실패에서 부모가 반드시 기억해야 할 것은 우리 아버지 하나님이 부모와 자녀 안에서 신실하게 일하신다는 것입니다.

자녀 양육의 모든 시간은 부모와 자녀가 얼마나 큰 죄인인지 계속 발견하는 시간이며, 얼마나 우리가 큰 용서의 은혜를 받은 자인지 확인하는 시간입니다. 부모는 자녀를 양육하며 먼저 자기 마음을 살피며 자기 마음의 우상을 제거하기를 원하시는 하나님을 경험하게 됩니다. 부모는 자기 마음의 우상을 볼 때마다 하나님께 죄를 고백하고 자녀에게도 마음의 우상이 드러나면 용서를 구해야 합니다. 이 과정에서 부모는 하나님의 신실하심으로, 하나님의 측량할 수 없는 사랑과 은혜의 복음에 감격해서 성령의 다스리심을 받고 죄를 제거하며 자랍니다.

"우리 아이가 달라졌어요." 전에 부모가 먼저 복음으로 변해야 합니다. 복음의 은혜 안에 말과 태도가 달라지는 부모의 모습을 보며 자녀는 하나님의 사랑을 경험해 갑니다. 그리고 부모의 도움으로 자기 마음의 죄를 발견해 갑니다. 부모의 훈계를 통해 자신이 죄인임을 알고, 십자가의 은혜가 필요하고, 구원자 예수님이 필요함을 발견해 갑니다. 자녀 양육을 위한 훈계의 모든 과정은 구원을 경험하고 거룩해져 가는, 하나님이 디자인하신 놀라운 시간입니다. 이 은혜가 각 가정에 넘치기를 소망합니다.

1. 가정에서 훈계를 어떻게 했는지 나누어 보십시오. 누가, 어떻게, 어떤 원리를 가지고 했는지도 나누어 보십시오.

2. 자녀를 훈계해야 한다고 성경이 말하는 이유는 무엇입니까? 말씀(히 12:6-7; 잠 22:5; 23:13-14; 히 12:11)을 중심으로 대화하세요.

3. 자녀를 훈계할 때 가장 큰 방해물은 부모의 분노입니다. 자녀에게 화를 낼 때 죄를 인정하고 용서를 구하는 부모입니까? '분노'라는 방해물을 통제하는 여러분만의 지혜로운 방법이 있다면 나누어 보십시오.

4. 성경이 말하는 첫 번째 훈육 방법은 "마음을 다루는 사랑의 매"입니다. 지혜롭게 매를 사용하는 다섯 가지 과정은 1) 규칙 정하기 2) 훈계하기 3) 죄 고백과 사랑으로 매를 사용하기 4) 서로 용서하고 화해하기 5) 책임지불입니다. 이 다섯 가지 과정에서 배운 것은 무엇입니까? 여러분의 자녀 훈육에 적용할 것은 무엇입니까?

5. 성경이 말하는 두 번째 훈육 방법은 "마음을 다루는 대화"입니다. 대화는 자녀의 성장에 따라 다릅니다. 대화를 지혜롭게 사용하는 부모입니까? 여러분이 사랑의 대화로 훈육할 때 성장해야 하는 것은 무엇입니까?

08
성령으로 심는
부모

성령으로 심는
부모

SBS 스페셜 〈아빠의 전쟁〉이라는 방송에서 한국 가정의 아빠 모습을 보여 주었습니다.[65] 이 방송에서 스웨덴 아빠들과 한국 아빠들을 비교하는 실험을 했습니다. 스웨덴 아빠들은 자녀와 저녁 식사를 일주일에 5회에서 7회 한다고 합니다. 스웨덴 초등학교 5, 6학년 아이들에게 아빠를 그려 보라고 했습니다. 아이들은 도화지에 '사랑, 하트, 아빠와 함께 손잡은' 그림을 그렸습니다. 한국 초등학교 5, 6학년 아이들은 아빠와 저녁 식사를 일주일에 1회에서 2회 한다고 했습니다. 그들은 아빠를 어떻게 그렸을까요? 아이들은 '술병, 담배, 텔레비전, 컴퓨터, 뒹굴며 잠자는 아빠의 모습'을 그렸습니다. 스웨덴 아빠는 한국 아빠보다 좋은 아빠가 되는 선천적인 기질이 있는 것일까요? 아닙니다. 이것은 한국 사회에서 아빠 자리가 무너진 것을 말해 주는 슬픈 이야기입니다. 한국의 자녀들이 그린 아빠 그림은 아

---

65 SBS 스페셜 "아빠의 전쟁"(3부작) 3부, 2017.

빠가 매일 자녀와 함께 한 시간과 노력이 어떠한지 현실을 보여 줍니다. 이 것은 부모의 마음에 있던 자녀 양육에 대한 가치가 어떤지 보여 줍니다.

우리는 그리스도를 대신하는 사신으로서 자녀를 하나님께로 인도하는 영광스러운 사명을 받았습니다. 여러분은 날마다 무엇으로 성실하게 심는 부모입니까? 다음 세대에 무슨 열매를 맺기를 원하십니까? 이를 위해서 자녀 양육에서 심은 대로 거두는 원리가 무엇인지 살펴보겠습니다. 심은 대로 거두는 원리가 왜 일반적인 행동주의와 차이가 나는지를 확인할 것입니다. 또한 자녀 양육 과정에서 심은 대로 거두는 원리를 어떻게 적용할 것인지 간단한 예를 살펴보겠습니다. 부모는 어떻게 성령으로 심으며 이 아름다운 사명을 신실하게 감당할 수 있는지 함께 살펴보겠습니다.

심은 대로 거두는 원리 알기

심은 대로(뿌린 대로) 거두는 원리를 알려주는 말씀은 갈라디아서 6장 7절과 8절입니다.

"스스로 속이지 말라 하나님은 업신여김을 받지 아니하시나니 사람이 무엇으로 심든지 그대로 거두리라 자기의 육체를 위하여 심는 자는 육체로부터 썩어질 것을 거두고 성령을 위하여 심는 자는 성령으로부터 영생을 거두리라."_ 갈 6:7-8

심은 대로 거두는 원리는 온 땅을 창조하신 하나님의 원리이며, 일반적인 삶의 원리입니다. 하나님은 이 땅을 기적의 원리가 아니라 심은 대로 거두는 원리로 다스리십니다. 하나님은 자연을 심은 대로 거두는 원리로 다스립니다. 하나님은 사람들의 도덕적, 영적 세계도 심은 대로 거두는 원리로 통치하십니다. 부모는 자녀를 양육하는 과정에서 이 심은 대로 거두는 원리를 이해하고 적용해야 합니다. 테드 트립은 이렇게 말합니다.

"성경은 심고 거두는, 뿌리는 대로 거두는 원리를 강조한다. 콩을 심으면 콩을 수확하게 된다. 때로 우리 자녀들은 죄를 심고서 죄의 열매를 거두지 않게 해달라고 기도하지만 그런 일은 일어나지 않는다. 하나님은 반드시 뿌린 대로 거두도록 인생을 설계하셨다. 부모가 먼저 '추수의 사고방식'을 지니고 살면서 자녀들도 그런 삶을 살도록 훈련해야 한다. 그들은 늘 씨를 뿌리고 그대로 거두고 있다. 이 과정은 하루에도 수십 차례 반복된다. 자녀들은 오늘 심는 것을 내일 추수하게 될 것이다. 심은 대로 거둔다는 성경의 원리이다."[66]

그리스도인 부모는 심은 대로 거두는 성경이 말하는 원리를 따라 자녀를 양육합니다. 심은 대로 거두는 원리는 '자녀들이 자기 행동에 책임을 지고 대가를 치른다'는 원리입니다. 우리는 먼저 일반적인 행동주의와 심은 대로 거두는 원리가 어떻게 다른지를 확인하겠습니다.

일반적 행동주의

행동주의는 무엇입니까? 행동을 교정하는 것이 목표입니다. 상벌 제도를 사용하여 행동을 수정하고 통제합니다. 부모는 자녀의 행동을 바꾸기 위해서 물질적 보상이나 자녀가 요구하는 약속을 합니다. 예를 들어 "네가

---

66 테드 트립 & 마지 트립, 『마음 교육』, 108.

수학에서 90점을 획득하면 로봇 장난감을 사 줄게. 네가 자기 방을 청소하면 용돈 5,000원을 받을 것이고, 하지 못하면 용돈도 없고, 자유 시간도 없어." 부모는 자녀의 행동을 바꾸기 위해 '당근과 채찍'을 사용합니다.

이 행동주의는 효과가 약간 있지만, 약점이 있습니다. 이것은 행동에 초점을 맞추기에 자녀의 마음을 보지 못합니다. 부모는 자녀의 행동을 교정하기 위해서 용돈으로 유도하기도 하고, 뜻대로 되지 않으면 위협을 주거나 창피를 줄 가능성도 있습니다. 오히려 자녀의 마음을 잘못된 방법으로 훈련하게 되는 위험이 있습니다. "부모가 위협해서 창피를 주면서 행동을 바꾼다면 자녀들은 수치심에 영향을 받으며 성장할 수 있습니다. 부모가 죄책감을 건드려 자녀들을 통제할 때 죄책감에 취약한 성인으로 성장할 수 있습니다. 자존심을 동기 부여의 방법으로 사용한다면 사람들의 인정을 받기 위해 지나친 에너지를 소비할 수 있습니다. 부모의 분노를 통해 억지로 복종시키는 가정에서 자란 자녀들은 성장해서 쉽게 분노를 표출할 위험성이 높습니다."[67]

이처럼 부모가 위협이나 수치심, 용돈과 같은 수단에 의지한다면 복음으로 자녀의 마음이 변하기 어렵습니다. 먼저 부모의 마음을 살펴야 합니다. 부모가 자녀의 행동만을 바꾸기 위해서 위협하고 분노하는 것은 부모의 마음에 통제하고 싶은 욕구가 있든지, 사람에게 인정받으려는 우상이 있을 수 있습니다. 자녀 양육의 목표는 단지 행동만을 바꾸는 것이 아니라, 자녀의 마음을 변화시키는 것입니다.

---

[67] 앞의 책, 260.

심은 대로 거두는 원리

심은 대로 거두는 성경의 원리는 무엇입니까? 마음을 변화시키는 것이 목표입니다. 출발은 성경의 진리를 따라 뿌리고 심어야 합니다. 부모는 아무것이나 가르치는 것이 아니라, 말씀의 진리를 가르칩니다. 부모는 먼저 말씀의 원리를 알아야 합니다. 이 말씀을 자녀에게 가르치고 행동을 지도해야 합니다. 그러나 자녀는 말씀을 배우지만, 잘못된 것으로 심고 불순종합니다. 이때 부모는 심은 대로 거두는 원리를 따라서 자녀의 행동에 책임을 지게하고 훈육합니다. 훈육으로 자녀를 어리석음에서 구출하여 보호해야 합니다.

하나님은 행동의 원인인 마음에 관심을 두시기 때문에 자녀를 가르치고 훈육할 때 하나님의 말씀대로 살도록 격려하면서 마음의 변화가 일어나기를 원하십니다. 그러나 부모는 자녀의 마음을 변화시킬 수는 없습니다. 자녀의 마음을 바꾸시는 분은 하나님이 하실 일입니다. 부모의 임무는 말씀의 진리를 반복적으로 자녀에게 알려주면서, 우리가 죄인인 것을 깨닫게 하고 복음으로 인도하는 것입니다.

두 아들이 있습니다. 첫째 아들은 영어 점수를 95점을 받았고, 둘째 아들은 영어 점수를 70점 받았습니다. 두 아들은 심은 대로 거두는 일반 원리를 따라 점수를 받았습니다. 그런데 첫째가 높은 점수로 인하여 우쭐해서 낮은 점수를 받은 둘째를 비웃습니다. 둘째는 수치심을 느끼며 기가 죽었습니다. 이럴 때 부모는 어떻게 심은 대로 거두는 원리로 양육해야 합니까?

단지 행동이 아니라 마음의 변화를 위해서 어떻게 도와야 합니까? 부모는 먼저 성경의 진리를 따라 가르쳐야 합니다. 두 아들은 심은 대로 거두는 원리를 따라 하나님이 주신 은사와 지혜로 공부에 최선을 다했습니다. 높은 점수를 받은 아들은 자기를 자랑하는 것이 아니라 지혜를 주신 하나님께 감사해야 합니다. 점수로 형제를 비난한 죄를 회개해야 합니다. 자기 마음이 변해야 하고, 복음의 은혜가 필요하다는 진리를 알아야 합니다. 낮은 점수를 받은 아들은 어떤 상황일지라도 하나님이 사랑하신다는 진리를 알고 수치심에 빠지지 않아야 합니다. 자기 마음이 변화를 받아 최선을 다할 수 있도록 하나님의 도우심을 구해야 합니다. 부모는 자녀의 행동만을 바꾸는 것이 아니라 마음의 변화를 목표로 해야 합니다. 훈육 과정에서 자신이 죄인인 것을 알게 해야 하며, 복음의 은혜가 필요함을 깨닫게 해야 합니다. 마음을 변화시키시는 하나님을 보게 해야 합니다.

심은 대로 거두는 원리를 자녀 양육에 적용하기

심은 대로 거두는 원리는 자기 행동과 선택에 책임을 지는 것입니다. 부모는 자녀가 하나님의 말씀 원리를 따라서 성실하게 씨를 뿌리고 거두는 것을 배우며 책임감을 키우도록 도와줍니다. 자녀는 하나님과 관계에서, 이웃과 관계에서 자기 일에서 성실하게 책임감을 길러갑니다.

첫째, 날마다 하나님과 관계에서 말씀을 자기에게 심을 수 있도록 하십시오.

육신을 가진 사람에게 일용할 양식이 필요한 것처럼, 하나님의 자녀에게 일용할 말씀이 필요합니다. 부모인 우리에게 하나님의 말씀이 날마다 필요한 것처럼, 자녀도 날마다 하나님과 교제가 필요합니다. 자녀는 자기 마음에 말씀을 심는 일을 즐거워하지 않습니다. 자녀는 여러 가지 핑곗거리를 만들어 도망갑니다. 그러나 부모는 자녀가 세상의 악한 꾀에 빠지지 않고, 죄인의 길에 서지 않고, 오만한 자의 자리에 앉지 않는 복 있는 사람으로 살도록 하나님의 말씀 묵상을 도와야 합니다(시 1:1-2). 자녀는 하나님의 말씀을 묵상하는 중요성을 부모를 통해 배웁니다. 하나님의 말씀을 묵상하며 하루를 시작하는 것이 얼마나 인생에 큰 유익이고 힘인지를 경험할 수 있습니다. 부모는 주의 말씀이 자녀의 발에 등이요 자녀의 길에 빛이라는 진리를 알기에 날마다 하나님의 말씀이 자녀에게 심어지도록, 하나님의 말씀이 자녀의 길을 비출 수 있도록 도와야 합니다(시 119:105).

둘째, 다른 사람과 건강한 관계를 심을 수 있도록 하십시오.

가정은 자녀가 이웃과 함께 살아가는 것을 배우는 현장입니다. 다른 사람과 함께 사는 삶을 배울 때 가정만큼 안정적인 환경은 없습니다. 자녀는 가정에서 이웃과 어떻게 건강한 관계를 심을 수 있는지 배웁니다. 예를 들어 아침에 잠자리에서 일어날 때 이불을 누가 정리하는가? 심부름은 누가 하는가? 청소는 어떻게 나누는가? 등 여러 가지 상황으로 자녀는 갈등을 일으킵니다. 자녀는 자기가 쏟아낸 말과 행동이 다른 사람과 관계에 영향을 미친다는 것을 가정에서 배웁니다. 자녀는 어떻게 서로를 용납할 것인지, 어떻게 섬길 것인지, 어떻게 이기심을 내려놓고 서로를 사랑할 것인지를 가정에서 배웁니다. 부모는 심는 대로 거두는 원리를 따라서 자녀에게 자기가 쏟아낸 말과 행동을 책임지게 하고, 서로 덕을 세우는 말을 훈련하며 다른 사람과 건강한 관계를 세우도록 돕습니다.

부모로서 두 아들에게 자주 한 말이 있습니다. "아들들, 가정에서 서로 사랑하는 것을 배워야 세상에서 다른 사람을 사랑할 수 있는 거야." 이때마다 한 아들이 말합니다. "아빠, 도저히 동생을 참을 수 없어요. 도저히 친절할 수 없어요. 억울해요." 다른 아들은 이렇게 말합니다. "아빠, 도저히 형을 사랑할 수 없어요. 한두 번도 아니고 어떻게 나만 손해 보고 양보해요." 가정의 현실은 이와 같습니다. 이때마다 자녀들과 함께 나누는 말은 "그래! 우리 모두 자기 힘과 능력으로 이웃을 사랑할 수 없는 죄인들이다. 우리 모두 하나님의 은혜가 필요하다. 하나님께 이웃을 사랑할 수 있는 마음을 주시기를 기도하자."입니다. 부모는 자녀에게 복음의 진리를 따라서 이웃을 섬기고 사랑하는 삶을 어떻게 심을지 알려주어야 합니다.

셋째, 자기 일을 성실히 심고 결과에 책임지게 하십시오.

자녀가 매일 공부를 약속한 만큼 책임지도록 하는 것은 심고 거두는 원리를 배우는 중요한 방법입니다. 작은 일에 성실히 온 힘을 다해 책임지는 훈련을 가르치십시오. 부모는 자녀에게 "너희가 매일 하나님을 기쁘시게 하는 방법이 세 가지 있다. 하나, 부모에게 순종하는 것이다. 둘, 너희에게 주어진 공부를 성실하게 하는 것이다. 셋, 형제가 서로 사랑하는 것이 하나님을 기쁘게 하는 것이다."라고 가르쳐야 합니다.

가능하면 자녀가 떼를 쓴다고 장난감이나 갖고 싶은 것을 공짜로 사주지 마십시오. 자녀가 심고 뿌린 대로 성실하게 책임을 다한 것으로 용돈을 주고 자기 돈으로 필요한 것을 사도록 도와주십시오. 부모가 조심해야 하는 것은 자녀가 성실하게 책임을 다하지 못할 때 비교나 험담을 하지 말아야 합니다. 이것은 전혀 도움이 되지 않습니다. 어떤 상황일지라도 부모는 자녀가 하나님의 자녀인 것을 존중하고 격려하며 친절하게 가르쳐야 합니다. 심은 대로 거두는 원리는 하나님의 법칙입니다. 우리는 이 원리를 따라 자녀가 하나님이 기뻐하는 것을 날마다 심을 수 있도록, 반드시 거두실 하나님을 의지하도록 도와야 합니다.

부모가 꼭 기억할 것이 있습니다. 심고 거두는 원리로 양육할 때 자녀의 불성실과 책임을 지지 않으려는 태도로 인하여 부모의 마음이 무너질 수 있습니다. 부모도 온전하지 않은 죄인이기에 과격한 분노와 독한 말로 자녀를 훈육할 수 있습니다. 그러나 이때 부모는 복음을 경험하는 기회로 삼아야 합니다.

이때 부모는 두 가지 반응을 보일 수 있습니다. 하나는 자신의 잘못된 분노와 독한 말을 합리화하고 변명합니다. 부모는 자기 죄를 변명하고 다른 사람 탓을 하거나 핑계를 대고 도망갈 수 있습니다. 이것은 고통을 더욱 쌓는 것입니다. 다른 하나는 부모가 자기 죄를 인정하고 하나님과 자녀 앞에서 죄를 고백하는 것입니다. 만일 부모가 겸손하게 자녀에게 죄를 고백할 수 있다면 바로 이 순간이 자녀에게 그리스도의 복음이라는 은혜를 가르칠 수 있는 시간입니다. 이 순간 십자가의 죄 사함의 능력이 무엇인지, 우리가 어떻게 용서를 받았는지 복음을 가르칠 기회입니다. 또한 우리는 이 순간 자녀가 불성실하게 심고 책임지지 않는 연약함을 도와줄 수 있습니다. 자녀의 마음이 심은 대로 거두는 원리를 싫어하고 게으름과 이기심으로 넘어지는 죄인인 것을 알려줄 수 있습니다. 심은 대로 거두는 원리로 자녀 양육을 할 때 이와 같은 상황은 계속됩니다.

이 모든 과정에서 부모는 자신과 자녀의 마음을 살피며 부모와 자녀 모두 죄인인 것을 발견합니다. 또한 자녀 양육의 현장에서 부모와 자녀 모두 하나님의 은혜와 복음의 필요성을 함께 배웁니다.

당신은 무엇으로 심는 부모입니까?

그리스도인 부모는 자녀를 양육하는 모든 과정에서 혼자가 아닙니다. 성령 하나님과 함께하는 새사람입니다. 오늘날 그리스도인 부모의 심각한 무지는 우리 안에 계신 성령 하나님이 자녀를 양육하는 모든 과정에 함께 하신다는 진리를 잊어버리는 것입니다. 부모의 무지는 자녀 양육을 혼자 한다고 생각합니다. 자녀 양육의 한순간도 부모는 혼자 분투하는 고아가 아닙니다. 하나님은 다음 세대인 자녀에게 하나님의 말씀을 가르치기 위해서 인생 최고의 동행자 성령님을 부모의 동반자로 보내셨습니다(요 14:16-18). 바울은 두 종류의 성도가 있다고 합니다.

> "자기의 육체를 위하여 심는 자는 육체로부터 썩어질 것을 거두고 성령을 위하여 심는 자는 성령으로부터 영생을 거두리라"_갈 6:8

바울은 세상 사람들에게 말하는 것이 아니라 갈라디아 성도에게 말합니다. 바울은 복음을 경험한 성도 안에 육체를 위하여 심는 자가 있고, 성령을 위하여 심는 자가 있다고 합니다. 이와 같이 자녀를 양육할 때 두 종류의 부모가 있습니다.

자기 육체를 위하여 심는 부모

그리스도인 부모는 거듭난 성도로서 성령님이 계시지만, 자기 육체를 위하여 심는 사람이 있습니다. 바울은 성도의 삶을 '싸움'에 비유합니다. 그리스도인의 마음에 육체의 소욕과 성령이 서로 대적하여 싸운다(갈 5:17)고 합니다. 성도의 마음 안에서 육체의 소욕이 성령을 대적해서 육체의 일을 맺으려고 하고, 성령은 육체의 소욕을 죽이고 성령의 열매를 맺으려고 합니다. 그리고 바울은 그리스도인의 삶을 '밭'에 비유합니다(갈 6:8). 어떤 사람은 마음의 밭에 육체를 위하여 심어 육체로부터 썩어질 것을 거두고 어떤 성도는 성령을 위하여 심어 성령으로부터 영생을 거둔다고 합니다.

이것을 그리스도인 부모에게 적용해 보십시오. 그들은 성령이 내주하시지만, 그분과 교제하지 않고 자기 육체의 욕심을 소중히 여깁니다. 부모가 자녀를 변화시키기 위해 자주 사용하는 방법은 자녀에게 두려움을 주는 것입니다. "한 번만 더 불순종하면 일주일 자유 시간 없다." "한 번만 더 나쁘게 행동하면 컴퓨터 부순다." "다시 큰 소리로 떼쓰면 집에서 나가!" "차에서 내리게 할 거야." 이것은 부모가 육체의 소욕을 따라 행하는 방법입니다. 물론 부모가 자녀에게 두려움을 주면 일시적 효과는 있습니다. 특히 자녀가 어릴 때 이런 위협과 두려움을 주는 방법은 자녀의 행동을 바꾸는 것처럼 보입니다. 그러나 자녀의 마음이 움직여서 순종한 것이 아닙니다. 두려워서 순종한 것입니다. 만일 자녀가 중학생, 고등학생이 된다면 이런 위협과 두려움을 주는 방법은 소용이 없습니다. 부모보다 키가 크고 힘도 센 아이들은 오히려 부모의 팔을 잡고 눈을 크게 뜨고 가시 돋친 말로 부모를 공격합니다. 이것은 부모가 자기 육체를 따라 행한 결과일 수 있습니다.

그리스도인 부모가 자기 육체를 따라 심는 또 다른 방법은 자녀에게 수치심을 주는 것입니다. "네가 이런 짓을 하다니 창피한 줄 알아라. 넌 정말 쓸모없는 아이야." "너는 엄마 말을 10번, 20번 듣고도 못하니 평생 망가질 거야. 거지로 살 거야." "그렇게 나쁜 말, 더러운 욕을 하다니 너는 하나님의 진노를 받을 거야." 부모의 동기는 자녀에게 충격을 주어서, 정신 차리고 올바로 행동하라는 의미입니다. 그러나 부모의 비아냥거리는 말과 수치심을 주는 것은 자녀에게 죄책감을 쌓을 뿐 아무 도움이 되지 않습니다. 자녀는 하나님의 형상대로 지어진 존귀한 존재입니다. 수치심을 주는 가혹한 말은 자녀에게 큰 상처로 남습니다. 자녀가 중학생, 고등학생이 되면 부모의 조롱과 모욕의 말에 수치심을 견디지 못하고 더 날카로운 말로 공격하고 더 독한 말로 반항합니다. 자녀의 마음은 메마른 땅이 되고 부모와 대화는 단절됩니다. 부모가 하나님이 주신 권위를 대신해서 온유하고 친절한 말로 양육하지 못하고 자기 육체를 따라 심을 때 열매는 고통입니다.

부모가 성령님께 순종하지 않고 자기 정욕을 죽이지 않는다면 가정은 고통스러운 현장으로 변합니다. 부모가 자녀를 행위로 판단하고 지적하고 분노와 희롱의 말을 쏟아낸다면 가정은 온통 혼란의 전쟁터가 됩니다. 부모가 자기 욕심을 따라 두려움과 수치심을 주는 양육으로 심는다면 가정은 끔찍한 아픔이 찾아올 것입니다. 자녀 양육에서 자기 육체를 따라 심는 것이 반복된다면 가정이라는 정원은 육체로부터 썩어질 것을 거두게 됩니다.

성령을 위하여 심는 부모

그리스도인 부모로서 성령을 위하여 심는 자들이 있습니다. 이들도 날마다 죄의 욕심과 싸움이 있습니다. 자녀 양육의 예상치 못한 상황 속에서 부모는 분노의 감정이 밀려올때 자기 욕망과 치열하게 싸웁니다. 그러나 이들은 육체의 욕심을 소중히 여기지 않습니다. 자기 분노의 감정을 심지 않고 죽입니다. 그들은 자신 안에 계신 성령님과 교제하며 은혜를 구하고 그분의 다스림에 순종합니다.

때로는 부모에게 자녀를 향한 염려가 산더미처럼 밀려옵니다. 부모는 성령께서 알게 하신 말씀인 "너희 염려를 다 주께 맡기라. 이는 그가 너희를 돌보심이라."(벧전 5:7)를 기억하고 자기 생각에 진리를 심어야 합니다. 밀려오는 염려를 돌보시는 주님께 맡겨야 합니다. 때로는 자녀의 미래에 대한 두려움으로 밤잠을 설칩니다. 부모는 "하나님이 우리에게 주신 것은 두려워하는 마음이 아니요 오직 능력과 사랑과 절제하는 마음이니"(딤후 1:7)라는 말씀을 묵상합니다. 이때 성령이 주시는 마음을 따라 쏟아지는 두려운 마음을 버리고 사랑으로 자녀를 섬길 수 있습니다.

때로는 자녀에게 험한 말과 분노를 쏟아내고 부모는 깊은 죄책감에 잠깁니다. 부모로서 자격 없는 모습으로 고통스러운 날을 보냅니다. 그때 성령께서 "만일 우리가 우리 죄를 자백하면 그는 미쁘시고 의로우사 우리 죄를 사하시며 우리를 모든 불의에서 깨끗하게 하실 것이요."(요일 1:9)라는 말씀을 생각나게 하십니다. 부모는 죄책감을 죽이고, 어른이라는 자존심을 버리고, 성령의 다스림에 순종하여 자녀에게 자신의 죄를 고백합니다. 이와 같이 부모는 자기 마음 안에서 육체의 소욕을 죽이고, 성령으로 심어야 합니다.

성령으로 심어서 거두는 열매는 무엇입니까? 성령으로부터 거두는 것은 자녀의 성공이 아닙니다. 좋은 점수가 아닙니다. 성령으로부터 거두는 것은 가정이라는 동산에서 "사랑과 희락과 화평과 오래 참음과 자비와 양선과 충성과 온유와 절제"(갈 5:22, 23)라는 열매를 맺습니다. 이것은 부모가 육체의 욕심을 죽이고 성령으로 심은 결과입니다. 만일 부모로서 성령을 따라 행한다면 가정은 긍휼과 자비, 서로 용납하고 용서하는 열매를 거둘 것입니다(골 3:12-13).

날마다 가정에서 무엇을 심는 부모입니까? 부모는 자신 안에 동행하시는 성령님과 일상에서 교제하며 순종해야 합니다. 이것은 한 번의 순종이 아니라 반복적인 순종입니다. 단번에 열매를 거두려는 사람은 요행을 바라는 사람입니다. 부모의 일시적인 온유와 친절로 자녀는 바뀌지 않습니다. 부모가 잠시 보이는 자비와 용납으로 자녀는 변하지 않습니다. 다음 세대를 제자 삼기 위해서 부모는 일상에서 성령으로 심는 연습을 해야 합니다. 사실 부모는 육체의 욕심을 따라 행하기가 쉽고 익숙합니다. 성령을 따라 행하는 일은 힘들고 어렵습니다. 부모는 자녀의 행동을 보고 판단하고 비교하는 것이 익숙하지, 긍휼과 자비는 익숙하지 않습니다. 부모는 자녀의 다툼에 큰소리로 짜증을 내고 지적하는 것이 익숙하지, 성령으로 심어 화해시키고 격려하는 말은 익숙하지 않습니다.

그러나 우리는 복음을 경험한 새사람입니다. 부모는 하나님을 대신하는 청지기입니다. 그리스도를 대신하여 섬기는 종입니다. 성령으로 심는 것이 익숙하지 않지만, 우리의 정체성을 따라 성령님께 순종해야 합니다. 우리는 자녀의 잘못을 들추어내는 것을 버리고 친절과 온유의 근육을 키워야 합니다. 날마다 성령과 교제하며 굳어버린 용납의 근육을 단련해야 합니다. 날마다 성령의 은혜를 힘입어 용서의 근육이 자연스러울 때까지 훈련해야 합니다. 이것은 잠깐의 순종으로 되지 않습니다. 부모는 항상 성령으로 행하기를 사모해야 합니다.

성령으로 심는 부모가 기억할 것

부모는 그리스도를 대신하는 영광스러운 사명을 수행할 때 기억해야 할 것이 있습니다.

첫째, 성령과 동행하며 심을 때 낙심하지 말아야 합니다.

바울은 "우리가 선을 행하되 낙심하지 말지니 포기하지 아니하면 때가 이르매 거두리라."(갈 6:9)라고 합니다. 성도가 선을 행하다가 낙심하는 것처럼, 부모도 자녀를 양육하다가 자주 낙심할 수 있습니다.

부모는 언제 낙심합니까? 자녀 양육의 열매가 보이지 않을 때 낙심합니다. 부모는 성령의 은혜를 힘입어 친절하게 돕고 사랑과 인내로 양육했지만, 아이는 변하지 않습니다. 부모의 눈에 열매가 보이지 않습니다. 이때 부모는 좌절합니다. 부모는 포기하고 싶을 정도로 자주 지칩니다. "내가 이렇게 수고하고 희생하는데, 왜 빨리 바뀌지 않는 거야." 소리치며 자신을 자녀 양육에 실패한 부모라고 생각합니다.

저는 교회 성도들을 돌보며 자주 낙심한 목사였습니다. 저의 마음에 가장 자주 찾아오는 것은 '왜 성도들이 빨리 바뀌지 않지? 내가 얼마나 복음을 외치고 온 힘을 다해 섬겼는데, 저렇게 반응이 더디고 열매가 없지?' 였습니다. 이런 마음이 들 때마다 낙심이 밀려왔습니다. 자주 평안을 잃고 혼란스러웠습니다. 낙심이 반복되면서 알게 된 불편한 진실이 있었습니다. 내 안에 자기 의와 교만이 있었다는 것을 알게 되었습니다. "내가 이 정도 했으니 성도들은 이 정도 변화는 있어야 해!"라고 한 것은 내가 행한 것을 자랑하는 '자기 의'였습니다. 또한 내 힘으로 성도들을 변화시킬 수 있다는 '교만'이 숨어 있었습니다. 성도들을 변화시키는 것은 내 몫이 아니라 하나님이 하실 일입니다. 목사인 저의 몫은 성령과 교제하며 성령께서 주시는 힘으로 성도들을 온 힘을 다해 섬기는 도구일 뿐입니다. 그런데 도구에 불과한 종이 할 수 없는 일인 사람을 변화시키겠다고 하니 교만이었습니다. 부모인 우리는 자녀를 바꿀 능력이 없습니다. 우리의 힘과 수고로 자녀가 변화된다고 생각하는 것은 교만입니다. 부모는 할 수 없는 일을 하겠다고 할 때 자주 낙심합니다. 부모의 역할은 자녀를 변화시키실 하나님을 의뢰하고 신실함으로 자녀 옆에서 선을 행하는 것이 최선입니다.

바울은 신음하는 성도들과 교회 안의 부모들을 격려합니다. 선을 행하되 낙심하지 마십시오. 포기하지 않으면 때가 되면 거둘 거라고 말합니다 (갈 6:9). 부모의 눈에 자녀의 삶에 열매가 없고 더디 변화되어도 성령으로 심고 선을 행하는 일을 묵묵히 하라고 합니다. 성령으로 심는 부모의 몫은 자녀 양육의 순간마다 성령과 교제하며 그리스도를 대신하여 섬기는 것입니다. 하나님이 때가 되면 거둔다고 하십니다. 하나님께서 때가 되면 무한한 능력으로 자녀를 변화시키십니다.

둘째, 성령으로 심을 때 하나님의 선하신 은혜가 함께 하신다는 진리를 기억해야 합니다.
성경은 하나님의 선하심과 자비를 끊임없이 외칩니다.

"내 평생에 선하심과 인자하심이 반드시 나를 따르리니"_시 23:6a
"그러나 여호와께서 기다리시나니 이는 너희에게 은혜를 베풀려 하심이요 일어

나시리니 이는 너희를 긍휼히 여기려 하심이라"_ 사 30:18a

"긍휼이 풍성하신 하나님이 우리를 사랑하신 그 큰 사랑을 인하여"_ 엡 2:4

부모는 자녀를 양육하는 모든 과정에서 자신의 연약함에도 불구하고 하나님의 선하신 은혜가 풍성한 것을 경험합니다.

부모로서 가장 큰 문제는 성령님이 동행하시고 매일 은혜와 자비를 주신다는 사실을 잊어버리는 것입니다. 이것은 가장 심각한 건망증입니다. 부모로서 우리는 자주 실패하고 넘어질 것입니다. 이때 변함없는 하나님의 선하심과 인자하심을 붙잡아야 합니다. 우리는 자녀에게 항상 지혜롭게 반응하지 못하고 옳게 행동하지 못합니다. 이때 부모는 긍휼히 여기시고 은혜 베풀기 위해서 기다리시는 하나님을 향하여 일어나야 합니다. 부모로서 지혜가 바닥나고 모든 힘이 소진되어 그만 포기하고 싶을 때도 있습니다. 이때도 긍휼에 풍성하신 하나님이 나와 우리 자녀를 사랑하신다는 진리를 굳게 의지해야 합니다. 양육 현장에 부모의 연약함이 계속될지라도 하나님의 쉬지 않는 은혜와 긍휼을 경험할 때 이것을 자녀에게 흘려보낼 수 있습니다. 폴 트립은 이렇게 말합니다.

당신은 부모로서 실패를 맛볼 것입니다. … 당신에게 소명을 주신 분은 단순히 당신을 보내신 분이 아니라 구원자이심을 명심해야 합니다. 그의 십자가는 더이상 당신의 부끄러운 실수를 감출 필요가 없고, 죄책감 때문에 당신의 마음이 혼돈스러울 필요가 없다는 것을 보여 줍니다. 이것을 기억하는 것이 중요합니다. 예수님께서 당신이 부모로서 저지르는 실수와 실패에 대한 모든 값을 지불하셨기 때문입니다. 그러므로 실패하는 순간에 하나님이 진노하실까봐 두려워할 필요가 없습니다. 오히려 용서받고 도움을 구하기 위해 그분께 달려가야 합니다.

하나님께서 주시는 용서의 위로를 통해 하나님 앞에서뿐 아니라 당신의 자녀 앞에서도 당신의 연약함을 인정하고 고백할 수 있어야 합니다. 구세주는 당신과 항상 함께하십니다.[68]

셋째, 성령으로 심을 때 부모는 더욱 그리스도를 의지해야 합니다.

부모로서 조심해야 하는 것은 부모가 온 힘을 다해 자녀 양육을 하면 하나님을 영화롭게 할 수 있다고 생각하는 것입니다. 한 치의 빈틈도 없이 완벽한 자녀 양육에 성공할 수 있다고 생각하는 것은 잘못된 것입니다. 자녀 양육의 성공은 부모가 쏟은 수고로 인하여 자녀의 반듯한 성공이 아닙니다. 부모가 최선을 다해도 자녀의 반응은 실패와 반항일 수 있습니다. 이것은 부모를 좌절시킬 수 있지만, 자신이 얼마나 연약한 부모인지 알게 되고 그리스도를 더욱 의지하는 은혜의 자리입니다. 자녀 양육의 성공은 어떤 상황일지라도 그리스도를 의지하는 것입니다. 내 힘으로 성공했다는 것을 내려놓고 오직 그리스도의 은혜가 필요함을 배우며 그리스도를 알아가는 것입니다. 우리는 순종적이고 반듯한 자녀로 인해 하나님께 영광을 돌릴 수 있지만, 다루기 힘든 자녀를 양육하는 수많은 고통스러운 상황으로 인해 더욱 하나님을 기쁘시게 할 수 있습니다. 그래서 성령으로 심을 때 자녀 양육의 현장에서 쓰러지고 넘어져도 괜찮습니다. 성령의 은혜를 힘입어 우리를 양육하시는 그리스도를 더욱 의지해야 합니다.

부모로서 사는 것은 세상에서 가장 고귀하고 영광스러운 부르심입니다. 자녀를 양육하는 모든 순간마다 우리의 주인이신 하나님이 함께 하시고,

---

68 폴 트립, 『완벽한 부모는 없다』, 245.

그리스도께서 은혜를 주십니다. 자녀 양육의 모든 시간은 우주의 가장 강력한 은혜가 임하는 시간이며 성령님이 모든 과정에 친히 일하십니다. 우리는 이 아름다운 하나님의 사역에 기쁨으로 동참하는 도구입니다.

1. '일반적 행동주의'의 목표는 무엇입니까? 성경의 '심은 대로 거두는 원리'의 목표가 무엇입니까? 이 두 가지의 차이점을 말해 보십시오.

2. 심은 대로 거두는 원리를 우리 가정에서 잘 적용하고 있는 것은 무엇입니까? 더욱 더 자라야 하는 영역은 무엇인지 나누어 보십시오.

3. 부모로서 자녀 양육을 할 때 육체의 욕심을 따라 심은 적이 있습니까? 여러분이 자주 넘어지는(자기 욕심. 감정) 영역은 무엇인지 나누어 보십시오.

4. 성령으로 심는 부모로서 여러분 마음에 꽉! 붙잡아야 하는 것은 무엇입니까?

5. 성령으로 심은 부모로서 성장하기 위해서 아버지(어머니)로서 성장해야 하는 것 두세 가지를 나누어 보십시오. 부부(또는 교회 동료)가 함께 이것을 위해 은혜 주시기를 기도하십시오.

2부

자녀
양육의
실제!

09

하나님을
사랑하는
자녀

하나님을 사랑하는
자녀

NH투자증권 100세시대연구소는 한국보건사회연구원의 2012년 가족보건복지실태조사 결과를 토대로 2017년 자녀 1명을 대학 졸업시키기까지 드는 양육비가 4억 원에 육박한다는 분석을 내놓았습니다. 자녀 양육에 이처럼 큰 비용이 들어가는 주된 요인을 사교육비로 꼽았습니다. 사교육비를 제외하고 당시 최소 예산은 대학까지 3,800만 원이지만 사교육을 최소한으로 시킨다고 해도 9,000만 원이 더 필요하다고 합니다. 최고 수준으로 시키면 자녀 교육 예산은 3억 1,400만 원까지 불어난다고 합니다.[69] 대체 무엇을 가르치기 위해 이렇게 엄청난 투자를 하는 것일까요?

세상 사람들이 4억 원씩 투자해서 자녀를 양육하는 것은 자녀가 좋은 직업을 가지고 성공한 사람이 되어 이 땅에서 행복하게 살기를 바라기 때문

---

69 국제신문. "대학 졸업까지 자녀 1명 양육비 4억".

입니다. 그리스도인 부모도 세상과 다를 바 없이 자녀가 세상 속에서 행복하고 편안한 삶을 살기를 바랍니다. 좋은 비전입니다. 그러나 너무 작은 비전입니다. 노옴 웨이크필드(Norm Wakefield)는 그리스도인 가정의 자녀 양육 비전은 "우리 자녀들이 하나님의 영광을 위해 영적으로 강하고(하나님과의 관계), 사랑하고 섬길 줄 알며(이웃과의 관계), 일에 능숙한 성인 남녀(가족을 부양하고 세상을 섬기는 훈련을 받는 것)가 되는 것이다."[70]라고 말했습니다.

4억을 투자한 세상 교육이 이 비전을 향한 것은 아닙니다. 그렇다면 이 일은 누가 해야 합니까? 자녀가 하나님을 알아가며 그분을 사랑하고, 이웃을 섬기고 사랑하도록 학교나 학원은 가르치지 않습니다. 기독교 학교와 교회에서 조금 감당해 주기는 하지만 충분하지 않습니다. 하나님은 부모에게 자녀를 제자 삼는 책임을 주셨습니다. 이 자녀 양육의 비전을 어떻게 세워 갈 것인지 살펴보겠습니다.

앞으로 세 장에 걸쳐 우리 가정에서 경험한 열두 가지 실천 전략을 소개하겠습니다. 이것을 소개하는 목적은 모든 가정이 그대로 따라 하기를 바라는 것이 아니라 몇 가지 아이디어를 제공하는 것입니다. 부모로서 우리가 가진 그리스도인의 자녀 양육에 대한 성경이 말하는 원리는 같지만, 그것을 적용하고 실행하는 방법들은 가정마다 다를 수 있습니다. 부부가 함께 이 책을 읽고 기도하면서 어떻게 이 사례들을 여러분 가정에 맞게 적용할 수 있을지 대화해 보십시오. 이번 장에서는 하나님을 사랑하는 자녀로

70　노옴 웨이크필드, "Rising to the Call" 강의 중에서. 강의는 아래 주소에서 유료로 내려받을 수 있다.

양육하는 것에 대해 함께 생각해 보겠습니다.

일찍 자고 일찍 일어나기

자녀를 영적으로 강한 아이로 훈련해야겠다고 생각하면 제일 먼저 성경을 읽고 묵상하고 암송하는 것이 떠오를 것입니다. 매일 말씀 묵상이 가능하게 하려면 일정한 시간에 자고 일어나야 합니다. 아침에 조금 늦게 일어나면 일상은 언제나 물밀듯 밀려옵니다. 그렇게 되면 정말 해야 하는 중요한 일을 뒷전으로 미루게 됩니다. 우리 집 아이들의 취침 시간은 초등학교 때는 8시 30분, 중학교 때는 9시, 고등학교 때는 10시였습니다. 일찍부터 푸욱 잤습니다. 그래서 아침에 깨울 일이 거의 없었습니다.

많은 가정에서 자녀가 자는 시간이 불규칙한 것을 봅니다. 자녀에게 자고 일어나는 일정한 습관을 만들어 주는 일은 중요합니다. 우리 가정에서는 저녁 식사가 마치고 나면 잠자리에 들기까지 일정한 습관이 있었습니다. 저녁 식사를 마치면 자녀들은 잠시 자유 놀이를 하고 잠자리에 들 준비를 합니다.

즐거운 잠자리 습관
1. 씻고, 잠옷으로 갈아입고 화장실에 다녀옵니다.
2. 자녀의 침실에 모여 하루 동안 있었던 일에 대해 잠시 이야기합니다.
3. 15-20분 책을 읽어줍니다. 잠자기 전에 뭔가 재미있는 일이 남아 있다는 기대는 잠을 잘 준비를 하는 아이들을 즐겁게 합니다. 학령기 전

에는 주로 어린이 성경을 읽어주고 아이들이 자라면서 신앙 위인전이나 고전을 읽어주었습니다. 읽어주는 책은 자녀의 수준보다 조금 높은 것이 좋습니다. 자녀는 부모가 책을 읽어주는 시간을 좋아합니다. 우리 가정에서는 자녀가 대학을 졸업하고 직장에 취직하기 직전 21살, 19살까지 책을 읽어주고 토론했습니다.

4. 하루 동안 지켜주심에 감사하고 기도합니다.

5. 잔잔한 찬양이나 위인전, 성경 테이프를 틀어놓고 자녀 방에서 나옵니다.

잠자리에 든 후에는,

1. 잠자리에 든 후에는 형제에게 말을 걸거나, 장난치시 않고 곧바로 자야 합니다.

2. 일단 잠자리에 들면 비상사태가 아니고는 잠자리에서 나올 수 없습니다. 소리를 지르고 울고 떼를 쓴다고 부모가 양보하면 자녀는 자기 마음대로 할 수 있다고 생각합니다. 취침 규칙을 알려주고, 일관성을 가지고 자녀를 도와주십시오.

우리 가정은 아이들에게 새로운 것을 가르칠 때 역할극을 자주 했습니다. 어릴 때부터 잠자리에 드는 일정한 습관이 없다면 초등학교 저학년 자녀까지 위의 순서를 역할극으로 해보면 좋습니다. 실제 상황이라 가정하고 순서대로 두세 번 반복해서 해보십시오. 역할을 바꾸어서 하면 자녀는 더 재미있어합니다. 아침에 일어나는 것도 마찬가지입니다. 일찍 재우면 일찍 일어나지만 놀면서 다른 일로 시간을 보낼 수 있습니다. 일어나기, 침

대 정리, 옷 갈아입기, 말씀 읽을 책상으로 가기까지 연습했습니다. 때로
는 타이머로 시간이 얼마나 걸리는지 재보기도 하며 시간을 단축하는 게임
을 하면 역할극 시간이 즐겁습니다.

두 살 난 아이를 키우는 한 자매님이 상담을 요청했습니다. 자녀와 함께
자는데 수도 없이 깨서 온종일 피곤하고, 또 아침에 말씀 묵상할 시간을 찾
기 어렵다고 호소했습니다. 자녀들은 자다가 뒤척이고 가끔 끙끙거리거나
우는 소리를 내기도 합니다. 본성적으로 모성이 뛰어난 엄마가 자녀 옆에
자면 아이가 움직일 때마다 잠을 깨고 푹 잘 수 없어 대단히 피곤합니다.
그리고 그 피곤은 온종일 자녀를 돌보며 짜증으로 반응하게 되어있습니
다. 아기 때부터 다른 방에 재우는 것이 좋습니다. 유아 자녀와 함께 자고
있다면 부모가 한두 주 안에 자녀가 혼자 자야 하는 시점을 정하십시오. 마
음의 준비를 하도록 매일 언제부터는 혼자 자야 한다고 말해 주십시오. 그
리고 약속한 날부터는 혼자 자도록 도와주십시오. 옆방에 자도 엄마 아빠
는 언제나 네 곁에 있고, 하나님은 주무시지도 졸지도 않고 돌봐주신다는
것을 자녀에게 알려주십시오.

또 어느 정도 말귀를 알아듣는 자녀라면 부모가 아침에 일어나서 말씀
을 읽고 기도하는 시간을 갖고 방에서 나올 때까지 자기 방이나 거실에서
장난감을 가지고 놀고 부모의 경건 시간을 방해하지 말라고 자녀에게 일러
주십시오. 몇 주 뒤 좋은 소식을 들려왔습니다. 엄마와 떨어진 첫날부터 자
녀가 잘 자고 아침에 일어나면 안방 방문 앞에 앉아 책을 읽는 시늉도 하고
장난감을 가지고 놀며 엄마가 나올 때까지 기다린다고 했습니다. 부모의
생각보다 자녀는 많은 것을 할 수 있고, 또 이렇게 부모를 돕는 것을 기쁘

게 생각합니다.

매일 성경 말씀 읽기와 묵상 – 인생 최고의 우선순위

자녀가 성경 읽기와 묵상 습관을 갖게 하는 것은 인생 최고의 우선순위를 가르치는 것입니다. 부모는 자녀의 마음에 하나님을 아는 지식이 커가고, 세상의 가치가 아니라 하나님의 가치가 심어지기를 소망합니다. 그런데 그 가치는 그냥 저절로 심어지는 것이 아닙니다. 영어 단어를 하나 외우려고 해도 수십 번 쓰고 중얼거리고 문장을 만들어야 합니다. 잊어버리면 또다시 외우고 연습하고, 틀리면 고치기를 반복하면서 익힙니다. 하나님의 말씀 또한 읽고, 외우고, 쓰고, 말하고, 묵상하기를 반복하고 삶에 적용하면서 자녀의 마음에 새겨집니다.

우리는 자녀가 시편 1편 말씀처럼 복 있는 사람이 되기를 원합니다. 시절을 쫓아 과실을 맺는 사람이 되기를 바랍니다. 자녀의 걸음이 하나님이 인정하시는 복된 삶이 되기를 간절히 소망합니다. 그렇다면 다른 길은 없습니다. 진리의 말씀이 자녀 마음에 풍성하게 거하도록 자녀 스스로 말씀을 펼쳐 읽게 하고, 가까이 하게 하고, 쓰게 하고, 또 외우게 해야 합니다. 매일 이 훈련을 열심히 해야 합니다.

매일 말씀을 묵상하는 것은 저희 자녀에게 우리 부부가 포기하지 않고 붙잡았던 습관입니다. 아이들이 초등학교 저학년일 때 말씀 묵상을 마치기 이전에는 아침을 먹지 않았습니다. 인생 최고의 우선순위인 말씀을 삶의 습관으로 갖게 하고싶은 몸부림이었습니다. 우리 아이들이 성인이 될 때까지 하나님을 알아가도록 도왔던 성경 읽기와 말씀 묵상의 단계입니다.

어린이 성경책 읽어주기

아이들이 태어나고 유치원에 다니기까지는 주로 아침, 저녁으로 어린이 성경을 한 장씩 읽어주었습니다. 큰아이 혼자 있을 때는 매일 성경을 읽어 주는 일은 어렵지 않았습니다. 둘째가 태어나니 이야기가 달라졌습니다. 때로는 육아에 지쳐 힘들어서 넘어가고 싶었지만, 아이들이 어김없이 "엄마, 성경 읽어주세요!"라고 소리 지르는 바람에 읽어 준 날이 많았습니다. 되돌아보니 말씀을 즐거워하는 마음을 주시고 소리 지르며 요구하게 하신 것은 아이들의 영혼을 긍휼히 여기신 하나님의 은혜였습니다.

성경 읽기와 묵상 쓰기

J. C. 라일 목사님은 부모가 진심으로 자녀를 사랑한다면 성경을 자녀들의 영혼을 훈련시키는 유일한 수단으로 삼으라고 말합니다. "다른 모든 책은 내려놓으십시오. 혹시 사용하더라도 부차적인 수단으로 여기십시오. 자녀를 교리문답을 달달 외우는 아이로 만들기보다 성경에 능통한 아이로 만드십시오. 하나님께서 복을 주시는 자녀 양육이란 바로 이런 것입니다."[71]

---

71 J. C. 라일, 『부모의 의무』, 30.

우리 가정은 일단 쉬운 번역본으로 성경(표준새번역) 한 장을 큰 소리로 읽고, 마음에 와닿는 한 구절을 옮겨 적고 그림을 그리는 것으로 시작했습니다. 초등학교 저학년 때 그림일기를 쓰는 것과 같은 방법입니다. 이 과정은 아이들마다 다르겠지만 길게 하지 않아도 됩니다. 우리 가정은 한 달만 하고 다음 단계로 옮겨갔습니다.

2단계 배운 점 10줄 이상 적기

성경 읽기 분량을 두 장으로 늘리고 그중 한 장의 내용을 선택해서 배운 점을 10줄 이상 적게 했습니다. 그랬더니 재미있는 일이 벌어졌습니다. 아래는 초등학교 1학년 때 작은 아이의 묵상 글입니다.

"나는 오늘 마태복음을 읽었다. 거기에서 예수님이 수고하고 무거운 짐을 진 사람은 예수님에게로 모두 오라고 하셨다. 예수님에게로 오는 사람이 많겠다. 나도 오고, 엄마도 오고, 형도 오고, 아빠도 오고, 친할머니도 오고, 친할아버지도 오고, 외할아버지도 오고, 이모들도 오고, 숙모도 오고, 작은아버지도 오고, 큰아버지도 오고, 이모부도 오고, 고모부도 오고, 고모도 오고, 동생들도 친구들 등등 아주 많이 오겠다. 예수님의 인기가 많아지겠다. 예수님 고맙습니다. 고맙습니다. 고맙습니다. 우리를 가르쳐 주셔서 고맙습니다."

줄 채우려는 아이들의 꼼수가 보입니다. 귀여운 반란이지만 성경 묵상이 자라는 것이 보입니다.

3 단계 하나님은 누구신지 무엇을 적용할 것인지 묵상 쓰기

1. 줄거리 5줄

2. 하나님은 누구신가? 5줄

   (하나님의 성품, 하나님의 명령, 하나님이 금하신 것, 하나님이 하신 일 찾기)

3. 무엇을 적용할 것인가? 5줄

   (감사한 것, 회개할 것, 믿어야 할 것, 삶의 적용 등)

우리 가정은 맥체인 성경 읽기표에 따라 온 가족이 같은 말씀을 읽고, 그중 한 장을 선택해서 묵상을 적었습니다. 아이들이 자라가면서 묵상하는 방법도 조금씩 달라지고 묵상의 내용이 깊어졌지만 때때로 위기도 있었습니다. 어느 날 아이들은 매일 하나님은 인자하시고, 사랑이 많으시고, 자비하신 분이라고, 다른 하나님을 찾기 힘드니까 묵상을 적지 않으면 안 되냐고 물었습니다. 아이들에게 말했습니다. "말씀을 읽기만 하면 수도관에 물이 지나가는 것처럼 휙 지나가 버린단다. 매일 똑같은 내용을 써도 괜찮아. 똑같은 것이라도 한두 문장이라도 묵상한 것을 적어야 해. 그래야 말씀이 머리에서부터 가슴으로 내려오고, 말씀을 삶에 적용하게 되는 거야." 부모인 우리는 힘들다고 눈물 흘리는 아이들을 격려하며 친절하게 돕고 양보하지 않았습니다. 정말 중요한 것은 부모가 결정권을 가지고 자녀가 믿고 따르도록 가르쳐야 합니다. 또 말씀 묵상을 적은 것으로 끝나는 것이 아니라 가정예배 시간에 함께 나누고 적용점을 찾고 온 가족이 함께 하나님을 아는 데에 자라갔습니다.

가정예배 – 정기적으로 자녀를 제자화 하는 장

자녀 양육에서 중요한 것은 문제가 생겼을 때만 자녀와 대화하고 훈계하는 것이 아니라 미리 예방하고 훈련하는 것입니다. 이 일이 이루어지려면 정기적으로 자녀를 제자 삼는 장이 필요합니다. 지금 기독교 가정에서 잃어버린 거룩한 땅이 있다면 그것은 가정예배입니다. 이것을 속히 되찾아야 합니다. 가장인 아버지가 먼저 이 가정예배에 참석해야 하고 말씀 앞에 겸손히 서야 합니다. 그리고 말씀으로 자녀를 양육해야 합니다.

대한민국처럼 바쁜 사회에서 가정예배를 회복하는 일은 쉽지 않습니다. 많은 부모가 시간이 없다고 이야기합니다. 진짜 시간이 없을까요? 우리는 모두 24시간을 가지고 있습니다. 그 시간을 선부 나 일로 채우고 있다면 자녀를 제자 삼기 어렵습니다. 부모가 스포츠 체크하고, 뉴스 체크하고, 드라마 보고, SNS하고, 게임 할 시간은 있는데 아이의 영혼을 준비시켜줄 시간이 없다면 생각해 보아야 합니다. 아이는 엄마 아빠 곁에 계속 있지 않습니다. 곧 떠날 것입니다. 그리고 그 시간은 아주 빨리 옵니다. 함께 있을 때 부모는 자녀의 영혼을 준비시켜야 합니다. 바쁘더라도 일주일에 한두 번이라도 정규적으로 가정예배 시간을 가진다면 자녀에게 많은 것을 가르칠 수 있습니다. 우리 집은 초등학교까지는 15-20분, 중학교 이후로는 하루에 30분씩 일주일에 네 번 (화요일부터 금요일까지) 가정예배를 드렸습니다.

가정예배는 늘 나눔과 대화가 있습니다. 아이들이 초등학생일 때 처음에는 성경 한 장을 읽는 것으로 시작했습니다. 그냥 읽고 기도하고 마치지 않았습니다. 기억나는 내용 이야기하고, 마음에 와닿는 구절을 말하고 이유를 설명하게 했습니다. 조금 지나니 아이들이 꾀가 생겼습니다. 생각하기 싫으니 제일 첫 번째 구절 아니면 마지막 구절을 마음에 와닿는다고 했습니다. 그래서 첫 번째와 마지막 구절은 안 된다고 했더니 이제는 제일 가운데 절을 꼽습니다. 우리 아이들의 수준이 이렇습니다. 괜찮습니다. 부모가 잘 인도해 주면 됩니다. 초등학교 저학년 때는 때때로 성경을 읽고 성경의 상황을 역할극으로 표현하기도 했습니다. 바벨론 포로가 되어 줄넘기로 손이 묶인 채로 아침을 먹어보기도 하고 이삭을 번제단에 드리는 장면도 재현해 보기도 했습니다.

어린 자녀와 가정예배 할 때 가장 중요한 것은 부모의 적극적인 참여입니다. 자녀는 부모가 배우고 느낀 진지한 나눔을 통해 어떻게 말씀을 이해하고 적용하는지 배워갑니다. 자녀와 함께 나눔을 할 때 자녀의 이야기를 잘 들어주십시오. 조금 부족해도 부끄럽게 만들지 마십시오. 기대치를 내려놓고 많이 격려해 주십시오. 아이들은 자랍니다. 시간과 인내가 많이 필요합니다.

가정예배는 자녀의 마음에 하나님에 관한 생각이 어떻게 자라고 있는지 살펴보고 돕는 시간입니다. 우리 가정의 가정예배의 형태는 아이들의 필요에 따라 조금씩 달라졌습니다. 1) 온 가족이 같은 말씀을 읽고 묵상을 적고, 그날 묵상한 내용과 무엇을 삶에 적용하며 실천할 것인지 이야기를 나누고 기도했습니다. 2) 주일 설교를 들은 것을 발표하고, 혹 질문은 없는지 묻고 적용점을 찾았습니다. 3) 아이들이 자라가며 다툼이 많아질 때는 성경 말씀 묵상을 나누고, 청소년 피스메이커 책을 함께 공부했고, 교리 책도 한두 페이지씩 함께 읽고 토론했습니다. 4) 고등학생이 되어서는 웨인 그루뎀의 조직신학 수업을 팟캐스트(podcast)로 한과씩 듣고 내용을 정리해서 15분씩 발표도 했습니다.

가정예배에 관한 강의를 할 때 많이 받는 질문 중 하나는 "어떻게 하면 자녀가 즐겁게 가정예배에 참여할까요?"입니다. 죄송하지만 경험상 그런 날은 오지 않습니다. 자녀가 어릴 때는 역할극을 하고 놀이도 하니 가정예배를 좋아할 수 있지만, 자녀가 자라가고 배워야 할 지식의 단계가 올라가면서 교리와 조직신학과 같은 단단한 것을 먹이려 들면 별로 좋아하지 않습니다. 물론 부모는 가정예배를 율법적이고 지루하고 지겹게 만들지 않도록 조심해야 합니다.

우리 집은 남편이 아침에 6시에 일어나면 곧바로 교회로 갑니다. 개인 묵상을 하고 기도하고 8시면 집으로 돌아옵니다. 집으로 돌아오면 첫 마디가 "모이자!"입니다. 큰아이는 자주 "아이고, 모이자! 또 왔네. 또 왔어."하며 툴툴거리며 묵상 노트를 좌우로 흔들면서 왔습니다. 간혹 남편에게 갑자기 전화가 왔거나 긴급한 일이 생겨서 귀가 시간이 8시 10분을 넘으면 그날 가정예배는 없습니다. 그래서 8시 5분이 되면 아이들이 시계에 집중합니다. 10분이 가까워지면 문 앞에 서서 남편이 집에 들어오지 못하도록 문고리를 꼭 잡고 있다가 10분이 지나면 환호성 소리가 들립니다.

자녀가 중생하기 이전에 하나님 말씀의 달콤함을 모르는데 정기적으로 드려지는 가정예배를 못마땅해 하는 것은 어쩌면 당연합니다. 투덜거림에 반응하여 "예배 시간에 자세가 그게 뭐야? 똑바로 앉아!" 이렇게 이야기하다가는 부모도 자녀도 감정이 상해서 정작 함께 나누어야 할 하나님의 말씀은 나누지도 못하게 됩니다. 아이들이 툴툴거리든, 삐딱한 자세이든 화내지 않고 다독거리고 격려하며 일주일 네 번 가정예배를 계속 드렸습니다. 가끔씩 "애들아, 아빠는 이 세상에서 제일 중요한 것을 너희에게 알려주고 싶어. 너의 마음을 아빠한테 줘."라고 자녀들의 양심에 호소도 했습니다. 가정예배가 어떠해야 하는지에 대한 모든 종교적인 이상을 버리십시오. 성령님은 매일 엉망진창인 우리의 가정예배 가운데서도 일하십니다.

부모 중에 가끔 "나도 아이에게 하나님이 누구신지 가르치고, 복음을 가르치고, 성경을 가르치고 싶어요. 그런데 아이가 진짜 싫어해요. 그래서 강요하기가 어려워요."라고 말합니다. 공감이 갑니다. 그런데 질문이 있습니다. 자녀가 학교에 가기 싫어한다고 억지로 강요하면 역효과가 난다고 학교에 보내지 않으실 겁니까? 아파서 약을 먹어야 하는데 쓰다고 먹기 싫다고 하면 내버려두십니까? 그런 부모는 없습니다. 자녀가 공부를 싫어해도 자녀의 미래를 위해 적어도 학교에 보내고 공부를 시킵니다. 약을 싫어해도 건강회복을 위해 먹입니다. 우리는 자녀의 영원한 구원을 가져다주는 하나님의 말씀을 자녀가 배우기 싫어한다고 해도 그 시간을 양보할 수 없습니다. 자녀의 반응에 흔들리지 않고, 주께서 아이에게 친히 말씀의 비밀을 보여 주시는 날을 바라며, 신실하게 전하고 나누는 것이 부모의 몫입니다.

가정예배에 활용할 수 있는 교재들

아래의 교재들은 대부분 우리 가정에서 아이들과 함께 가정예배 시간에 그리고 때로는 잠들기 전 책 읽기 시간, 또는 개인 묵상 시간에 읽었던 신학과 세계관 교재입니다. 우리 가정에서 사용했던 교리 책들과 가정예배에 활용할 수 있는 구속사 중심의 보물같은 책들을 추천합니다.

유아, 유치 이상

- 『큰 그림 이야기 성경』(데이비드 헬름, 게일 쉰메이커)
- 『스토리 바이블』(셀리 로이드 존스)
- 『컬러 스토리 바이블』(마티 마쵸스키)

초등 이상

#가정예배
- 『복음, 그 길고도 짧은 이야기』(마티 마쵸스키)
- 『복음, 늘 새로운 옛 이야기』(마티 마쵸스키)

#교리
- 『어린이들이 꼭 알아야 할 교리 문답 77』(싱클레어 퍼거슨)
- 『하나님을 알아가는 아이』(마리안 M. 스쿨랜드)
- 『세상에서 배울 수 없는 하나님을 아는 지식』(마티 마쵸스키)

중등 이상

교리
- 『부모와 함께하는 청소년 교리교실』(브루스 웨어)
- 『기독교의 기본 진리』(존 스토트)
- 『기독교의 핵심진리 102가지』(R.C 스프롤)

세계관
- 『그리스도인의 세상 바로보기』(DCTY)

고등 이상

교리
- 『조직신학』(웨인 그루뎀)

변증론
- 『누가 예수를 종교라 하는가?』(조쉬 맥도웰, 션 맥도웰)
- 『순전한 기독교』(C.S 루이스)

#세계관
- 『충돌하는 세계관』(데이빗 A. 노에벨)
- 『세상과 나를 위한 하나님의 디자인』(본 로버츠)

다시 말씀드리지만 위에 나열한 책들을 자녀와 함께 공부하는 데 많은 시간이 들지 않았습니다. 꾸준히 하루 20분에서 30분 정도로 주 4일 정도면 충분했습니다. 어떤 책은 두세 번 반복했습니다. 이 모든 것을 부모가 미리 공부해야 한다는 부담감을 느끼지 않으셔도 됩니다. 오히려 자녀와 함께 일정한 시간을 정해서 (아침 출근 전이든지, 퇴근 후 식사하고 나서) 예배하며 자녀와 함께 읽고 생각을 나누면 됩니다.

『크리스천 부모를 위한 자녀의 영적 성장 가이드』에서는 자녀들이 말씀을 읽고, 묵상하고, 공부하는 영적 탐구 활동의 중요성을 이렇게 말합니다.

> "날마다 접하는 반 기독교적 사상과 신랄한 공격에 적절히 대처할 수 있는 신앙의 기초가 없으므로 학창 시절 동안 참담한 영적 패배를 경험하는 젊은이들이 많다. 아이들에게 어릴 적부터 규칙적으로 하나님의 말씀을 읽고, 묵상하며, 공부하도록 가르치는 것은 각종 의문과 문제 신앙을 위협하는 인본주의적 사상들을 진리에 입각해 해결할 수 있도록 준비시키는 것이다."[72]

실제적으로 우리 집 두 아이도 대학에 가서 하나님과 반대되는 세상 철학과 사상들을 공부하며 대단히 혼란스러웠다고 했습니다. 그리고 당시에는 귀찮았는데 성경과 조직신학, 변증론과 세계관을 공부하고 대학에 간 것이 분별할 수 있는 힘이 되었다고 크게 감사했습니다. 지금은 후배들에게 이것들을 꼭 배우고 대학에 갈 것을 자주 권합니다.

---

72 존 트렌트 & 릭 오스본 & 커트 부르너, 『자녀의 영적성장 가이드—자녀에게 신앙유산 물려주기 3』 (서울: 미션월드라이브러리, 2002), 220.

주일예배 – 교회의 영광에 참여하기

남편이 큰아이에게 물었습니다. "아빠가 너희를 키우면서 양보하지 않은 것 다섯 가지가 뭐가 있을까?" 큰아이는 조금도 주저하지 않고 다섯 가지를 말했습니다.[73] 그중의 하나가 바로 주일성수입니다. 부모는 자녀가 하나님이 주신 은혜의 방편인 주일예배에 부지런히 참여하는 습관을 갖도록 해야 합니다. 마태복음 18장 20절에 "두세 사람이 내 이름으로 모인 곳에는 나도 그들 중에 있느니라"라고 합니다. 하나님의 백성이 모인 곳에 하나님은 특별하게 임재하십니다. 하나님을 높이는 예배 가운데 그리고 선포되는 말씀을 통해 하나님은 망가진 죄인인 우리의 영혼을 새롭게 하시고 거룩하게 자라가게 하십니다.

자녀들이 자라가며 주일을 지키는 문제로 부딪침이 생기기 시작했습니다. 자녀들이 가고 싶어 하는 무료 해외 봉사 체험의 면접날이 주일이었습니다. 국제기구에서 여러 나라 사람들과 지방으로 봉사 가는 일정에 주일이 끼어 있었습니다. 직장도 주일예배 시간이 근무일 때가 있고, 중요한 시험도 주일이었습니다. 검정고시와 같이 피할 수 없는 시험은 어찌할 도리가 없지만, 그렇지 않은 것은 최선을 다해 조정하고 어떤 것은 포기하게 했습니다. 또 해외나 지방에 갈 때 미리 주일성수를 할 것을 약속받고 보냈습니다.

자녀들에게 주일성수와 교회 소그룹 모임에 참여하는 일을 강조한 것은

---

[73] 길미란, "아빠가 자녀들에게 양보하지 않은 다섯 가지".

자녀에게 교회 공동체의 중요성을 심어주기 위함입니다. 하나님은 그리스도인들을 한 사람으로 부르신 것이 아니라 그분의 몸인 교회 공동체로 부르셨습니다. 주님의 몸으로 부르셨기에 한 몸인 교회 공동체 속에서 서로 돕고 섬기고 자라가면서, 사랑과 선행을 격려하며 서로를 건강하게 세우는 일은 대단히 중요한 일입니다(히 10:25).

J. C. 라일은 "주일을 지키지 않는 것이 자기 영혼을 살해하는 일"이라고 자녀에게 분명히 말하라고 합니다.[74] 당신은 주일예배를 중요하게 여기는 부모입니까? 자녀는 그 중요성을 알지 못한다 해도, 그래서 이해하기 어려워해도 부모인 우리는 알기에 자녀와 함께 하나님 앞에 나가 예배하는 일에 부모는 양보할 수 없습니다.

주일예배는 토요일부터 준비합니다. 특별히 어린 자녀를 둔 가정은 다음날 챙겨가야 할 것을 미리 준비해야 합니다. 주일 아침에 이것저것 준비하다 시간이 늦으면 짜증이 나고, 많은 전쟁을 치르고 예배하러 와야 합니다. 마음에 불편한 것이 있다면 예배 전에 미리 화해하고, 부어주실 은혜를 사모하고 기대하고 주님 앞에 나와야 합니다. 교회를 향하는 차 안에서 자녀들과 함께 오늘 교회에서 어른들을 만나면 반갑게 인사하고, 친구들과 사이좋게 지내고, 또 어떻게 교회를 섬길 수 있을지 함께 이야기하는 것이 좋습니다. 그리고 예배를 위해 온 가족이 돌아가며 한마디씩 기도하는 것은 기쁨입니다. 예배를 준비하는 모든 과정도 주님께 감사함으로 예배하는 시간입니다.

---

[74] J. C. 라일, 『부모의 의무』, 40.

세대 통합 예배

우리가 섬기는 주님의 은혜교회는 유아유치부 예배에 참여하는 아이들 (3-7세)을 제외하고 모든 세대가 함께 예배합니다. 온 세대가 함께 하나님의 은혜의 영광을 예배하기 위해서는 부모들이 몇 가지 생각해야 할 것이 있습니다.

부모가 먼저 예배의 본을 보여 주십시오. 자녀와 함께 예배하는 일을 기뻐해 주십시오. 부모가 예배하는 것을 그 무엇보다 소중히 여기지 않고 형식적이고 간절함이 없는 예배 습관에 빠진다면, 부모가 예배의 가장 큰 걸림돌이 될 수 있습니다. 자녀는 부모의 모습을 모두 관찰하고 예배가 얼마나 중요하고 가치 있는 것인지 배우고 있습니다. 자녀는 예배 전에 부모가 어떻게 준비하고 교회에 오는지 배웁니다. 찬양 시간에 부모의 얼굴에 기쁨과 열정을 봅니다. 말씀을 경청하는지 대충 듣는지 봅니다. 초등학교에서부터 고등학교를 졸업할 때까지, 12년 동안 성인이 되기 전까지 부모들은 600번의 예배의 본으로 자녀들을 가르치고 있습니다. 자녀의 삶의 모양을 형성하는 시기에 부모는 예배에 임하는 자세와 하나님을 어떻게 경외하는지 소중한 모델이 되고 있다는 것을 기억하십시오.

자녀가 예배에 적극적으로 참여할 수 있도록 부모가 몇 가지를 도와주십시오. 부모는 자녀가 예배 시간인 60분에서 90분 정도를 조용히 앉아 있도록 훈련해야 합니다. 이것은 예배를 드리기 전에 집에서 어느 정도의 훈련이 필요합니다. 어린 자녀의 경우 교회에 가면 예배 시간에 돌아다닐 수 없고, 가만히 앉아서 예배해야 한다는 것을 자녀에게 알려주십시오.

자녀가 예배에 조용히 참석하도록 순종 훈련을 했지만 어린 자녀가 징징거리고 큰 소리로 울 때가 있습니다. 부모가 주의를 시켜도 소용이 없을 때가 있습니다. 우리는 함께 예배하기를 기뻐합니다. 그러나 자녀가 울음을 그치지 않고 고집을 부린다면 부모는 곧바로 훈육을 위해 자녀를 데리고 나가야 합니다. 예배당 안에서 부모님이 큰소리로 야단치지 마십시오. 자녀는 인격입니다. 밖으로 데리고 나가서 일대일로 훈육해야 합니다. 밖에 나가서 자녀를 훈육하고도 들어올 수 없는 상황이라면, 아이가 돌아다니게 두지 말고 예배당에 있는 것처럼 조용히 의자에 앉아 있게 하십시오. 만일 예배당 밖에서 마음껏 뛰어놀게 두면 다음에도 자녀는 밖에서 놀고 싶어 고집을 부릴 수 있습니다.

자녀가 말씀에 경청할 수 있도록 도와주십시오. 자녀에게 어른 설교는 쉽지 않습니다. 자녀가 이해하기 힘든 단어와 가치들로 인해 이해하기 어려울 수도 있습니다. 그러나 여러 해 경험을 통해 알게 된 것은 자녀가 부모의 생각보다 더 많은 설교 내용을 이해하고 복음에 반응한다는 것입니다. 우리 교회에서는 자녀에게 괄호가 포함된 설교 줄거리를 주보에 제공합니다. 예배를 마치면 담당 선생님에게 설교 노트를 점검받고 오늘 말씀에서 가장 인상 깊었던 것을 한마디로 나눕니다.

한 가지 간절한 부탁은 주일 말씀을 교회에서 들은 것으로 끝나지 말고, 부모가 주일 설교로 가정예배를 드리는 것입니다. 교회 주보에는 주일 설교로 가정예배를 드릴 수 있는 질문이 있습니다. 우리 가정은 매주 화요일 가정예배 시간에 자녀들이 주일 설교내용을 어떻게 이해했는지 전부 말로 설명하게 했습니다. 일부는 이것을 '하브루타'(havruta)라고도 하고, '내레이

션'(narration)이라고도 합니다. 설교를 듣고 그 내용을 정리하고 말로 할 수 있는 것만이 자녀가 이해한 것입니다. 그리고 말씀에 대해 질문하고 아이의 질문도 받고 또 적용할 것을 한 가지 찾습니다. 이 일을 하려면 부모가 먼저 말씀을 잘 경청해야 합니다. 이것이 습관으로 자리 잡기는 쉽지 않습니다. 그러나 만일 이것이 여러분의 가정에 자리 잡을 수만 있다면 엄청난 유익이 있습니다. 부모가 특히, 아버지가 이 일을 5년, 10년 규칙적으로만 할 수 있다면 가정을 영적으로 책임지고 자녀와 배우자를 돌보고 건강하게 세우는 통로가 됩니다. 여러분 가정의 소중한 유산과 보물이 될 것입니다.

모든 세대가 함께 예배하는 모델은 출애굽한 이스라엘이 시내산에서 예배하는 광경입니다. 이스라엘의 부모 세대와 자녀 세대는 시내산에서 하나님의 영광과 위엄을 함께 보며 불 가운데 임재하시는 음성을 들었습니다. 신명기 5장에 보면 모든 세대가 함께 예배하는 장면이 나옵니다.

"우리 하나님 여호와께서 그의 영광과 위엄을 우리에게 보이시매 불 가운데에서 나오는 음성을 우리가 들었고 하나님이 사람과 말씀하시되 그 사람이 생존하는 것을 오늘 우리가 보았나이다"_24절
"육신을 가진 자로서 우리처럼 살아 계시는 하나님의 음성이 불 가운데에서 발함을 듣고 생존한 자가 누구니이까"(26절)
"다만 그들이 항상 이 같은 마음을 품어 나를 경외하며 내 모든 명령을 지켜서 그들과 그 자손이 영원히 복 받기를 원하노라"_29절

얼마나 장엄한 예배의 장면입니까! 솔직히 말하면 주일학교 예배는 쉽고 재미있어야 하기에 하나님의 거룩하심과 장엄함을 경험하기 어렵습니다. 우리는 부모와 함께 하는 예배를 통해 자녀가 때로는 잘 이해하지 못하

지만, 부모와 어른 회중을 통해 예배의 영광스러움을 경험하기 원합니다. 찬양 안에 임재하시는 하나님의 위로와 회복을 경험하기 원합니다. 설교를 통해 복음의 능력과 하나님의 사랑과 능력을 경험하기 원합니다. 때로는 기도의 흐느낌에서 하나님의 임재를 알기 원합니다.

물론 모든 교회가 온 세대가 함께 예배할 수 있는 상황은 아닌 것을 압니다. 그렇다면 적어도 부모는 자녀가 주일날 무엇을 배웠는지 노트를 주고 적어오게 하고 함께 이야기 나누기를 부탁합니다. 또 오후 예배든지 수요예배이든지, 자녀와 함께 예배하고 들은 말씀을 나눌 수도 있습니다.

기도하는 습관 – 하나님을 의지하는 삶

예수 그리스도의 십자가로 죄사함과 의롭다고 함을 받은 우리가 누리는 특권 가운데 하나는 하나님의 은혜의 보좌 앞에 담대히 나아갈 수 있는 것입니다(히 4:16). 자녀가 어릴 때부터 부모는 하나님의 은혜의 보좌 앞에 나가는 것을 모든 삶의 순간마다 보여 주고 자녀를 인도해야 합니다.

자녀에게 처음 기도를 가르치는 것은 부모의 모범을 통해서입니다. 아기 때부터 아침에 일어나자마자, 잠자리에 들기 전에, 매끼 식사 전에, 아플 때, 유치원에 갈 때 수시로 자녀를 위해 기도해 주십시오. 자녀가 어느 정도 말을 하기 시작하면 부모의 기도를 따라 하며 기도를 가르칠 수 있습니다. 예를 들어 잘못했을 때 훈계하고 나서 부모를 따라 자기 잘못을 말하고 회개하고 용서를 구하는 기도를 할 수 있습니다. "하나님 제가 동생을 때렸어요. 화내고 동생을 때린 저의 죄를 용서해 주세요. 제가 잘못한 것 때문에 예수님이 십자가를 지시고 제 죄를 용서해 주셔서 감사합니다. 다음부터는 동생을 때리지 않고 사랑할 수 있도록 예수님 저를 도와주세요."

우리 가정에서는 아이들이 유치원에 다닐 때부터 다른 사람을 위한 중보 기도를 시작했습니다. 잠자리에 들기 전에 성경을 읽고, 어떤 친구를 위해 기도할지 이야기를 나누고 기도했습니다. 청년들을 데리고 중국에 선교 가신 아빠를 위한 기도, 항암 치료를 받는 친구가 꼭 낫게 해 달라는 기도, 유치원 친구들이 아무도 다치지 않고 모두 건강하게 지내게 해달라는 기도, 이사 간 친구, 미국에 간 친구 등등 그칠 줄 모르는 아이들의 중보 기도에 감동해서 눈물을 흘린 적이 한두 번이 아닙니다. 이때 아이들만 기도하게 한 것이 아니라 저희도 한두 가지 기도 제목을 더해서 간절히 기도했습니다.

이렇게 부모와 함께 하는 중보기도는 아이의 개인 기도로 이어졌습니다. 태권도 승급 심사가 있기 전날 큰아이는 태권도 격파를 잘해 낼 수 있는지 걱정이 되어 떨린다며, 내일 심사 잘 받게 해달라고 안방에 가서 기도할 거니까 아무도 들어오지 못하게 해달라고 부탁했습니다. (안방은 아내가 주로 기도하는 방입니다.) 심사하는 날 아침에도 안방에 가서 기도했습니다. 기도하는 큰아이를 보고 작은 아이도 자기도 기도하겠다고 안방에 들어갔다 나왔습니다.

아이들이 자라가면서 우리 집 식탁 위에는 커다란 화이트보드가 생겼습니다. 그 보드는 암송 구절과 함께 중보 기도 제목을 적는 곳이었습니다.

어느 날은 며칠 전부터 기도 제목이 있다고 적어놓고 기도해야 한다고 했는데 게을러서 미루었더니 그 기도 판에 아이들이 직접 빨간 글씨로 "긴급 기도 제목 : 여러 나라에 퍼진 괴질이 빨리 없어지도록"이라고 적었습니다. 무슨 일만 있으면 기도해야 한다고 즉시 펜을 가지고 와서 적어놓고 기도하면서 기도 응답을 받으면 함께 기뻐하고 다른 기도 제목으로 바꾸어 놓았습니다.

가깝게 지내는 목사님 한 분이 투병 중에 주님의 부름을 받았을 때 아이들은 왜 하나님이 우리가 열심히 기도했는데 들어주지 않느냐고 물었습니다. 그때 우리는 아이들에게 하나님은 우리의 기도에 응답하지 않는 적이 한 번도 없다고 말해 주었습니다. "하나님의 기도 응답은 세 가지가 있는데, 그래! 아니! 기다려!"라고 알려주었습니다. 그리고 그 예도 설명해 주었습니다. 하나님은 아들까지 우리에게 내어주신, 사랑이 많으시고 선하신 아버지이기에(롬 8:32) 그분이 우리에게 "아니야. 혹은 기다려라."라고 하실 때는 반드시 우리의 유익을 위해서 그렇게 하신다는 것을 믿어야 한다는 것도 말해 주었습니다.

가족들 사이에서 아이들이 기도 제목을 적어놓고 기도한다는 소식이 알려져서 기도해야 할 일이 더 많아졌습니다. 그래서 생긴 것이 가족 중보 기도 리스트입니다. 식사 시간마다 그날 중보해야 할 일을 먼저 기도하고 식사 기도로 이어졌습니다.

"이웃을 위해 기도해요"

아침 – 가족

월: 친 할아버지 할머니 건강, 새로운 사업지.

화: 외할아버지 할머니 건강과 재정, 할머니가 하나님을 더 알아가시도록.

수: 빈이가 건강을 회복하도록.

목: 두 이모 결혼, 일자리.

금: 삼촌 신대원 준비, 아기 가질 수 있도록.

토: 새로운 교회를 이끌어 가는 아빠와 엄마에게 지혜를 주세요.

일, 우리 가족 모두 교회 식구들 잘 섬기게 해주세요.

점심 – 이웃 (우리나라, 하나님 나라)

월. 대통령과 모든 국회위원들이 나라를 공의롭게 잘 다스릴 수 있도록.

화: 이 땅의 신학교들이 바른 신학을 가르치고, 하나님을 사랑하고, 사람을 사랑하는 목회자들을 길러낼 수 있도록.

수: 선교사님들 위해, 온 세상에 주님의 복음이 전해지게 하시고 복음 때문에 고통받는 사람들을 위해서.

목: 북한 땅에 배고픈 이웃들을 도와주시고 복음이 자유롭게 전해질 수 있는 날이 오도록, 통일을 준비시켜주시도록.

금: Sovereign Grace Churches들이 처음 마음이 변질되지 않고 주의 뜻대로 사용되도록.

토. 교회 장소를 빌려주시는 어학원이 주님을 드러내는 기업이 되도록.

저녁 – 주님의 은혜교회

월: 복음이 중심이 되는 교회, 서로 사랑하고 세워주는 공동체가 되도록.

화: 교회에 리더 그룹이 잘 세워져서 아빠와 함께 일할 수 있도록.

수: 복음에 목말라 하는 사람들을 교회에 보내주세요.

목: 아픈 사람들을 치료해 주세요.

금: 한 사람 한 사람이 예수님을 닮아가는 수고를 기쁨으로 감당하도록.
토: 우리의 예배와 모임 가운데 성령님의 임재와 일하심이 가득하도록.

– 강 가족 중보 기도 리스트 –

한번은 우리 가정에 어려운 문제가 생겼습니다. 어려운 형편에 중고로 구입한지 6개월밖에 되지 않은 차가 고장이 났습니다. 엔진 고장이라 큰 돈이 들어가야 하는 상황이었습니다. 남편은 아이들을 불러 이 모든 상황을 말하고 함께 기도하자고 했습니다. 차를 수리해서 받기까지 일주일 동안 우리는 매일 기도했습니다. 그리고 놀라운 일이 일어났습니다. 하나님이 수리하는 사람의 마음을 움직이셔서, 마지막에 리콜 부속 문제로 벌어진 고장이라는 것이 인정되어 수리비가 무상이라는 소식을 전해 들었습니다. 우리는 함께 소리 지르고 감사의 기도를 하나님께 드렸습니다. 성인이 된 아이들은 아직도 그때의 일을 생생히 기억합니다. 하나님은 살아서 역동적으로 일하시는 분입니다.

1. 하루를 시작할 때 자녀와 기도하십니까?
2. 하루의 마지막 시간 자녀의 방에 가서 기도하십니까? 몸은 피곤하지만 빼앗길 수 없는 소중한 시간입니다.
3. 가정예배를 하면서 종종 기도하면서 우는 모습을 보여 주십니까?
4. 교회 지체들의 아픔과 질병을 들었을 때, 자녀의 친구들 가운데 어려운 상황을 들으면 자녀들과 곧바로 기도하십니까?
5. 자녀가 집을 떠날 때, 수련회를 갈 때, 시험 보러 가는 길에 함께 기도합니까?

6. 여행을 떠날 때 안전을 지켜 주시기를, 교회에 갈 때 차 안에서 하나님의 도움을 구합니까?

7. 인생의 고통의 골짜기에서, 가정의 어려움이 있을 때, 하나님을 신뢰하고 기도하자고 가르쳐 주십니까?

부모는 어떤 상황이든 무엇이든 하나님을 의지하며 자녀와 함께 기도하는 문화를 만들어야 합니다. 어릴 때부터 기도의 씨앗을 심고 삶의 모든 상황 속에서 자주 기도하며, 살아계신 하나님을 경험하도록 자녀를 도와주십시오. 그래서 우리의 자녀가 평생 하나님을 의지하며 기도하는 것이 삶의 습관이 되기를 바랍니다.

본 로버츠((Vaughan E. Roberts)는 『세상과 나를 위한 하나님의 디자인』이라는 책에서 장 칼뱅(Jean Calvin, 1509-1564)의 글을 인용하여, 자녀가 무엇보다 하나님을 사랑하는 아이로 자라가며 하나님을 알아가는 것의 중요성에 관해 이야기했습니다.

"존 칼빈은 이렇게 썼다. '모든 인간은 하나님을 알기 위하여 태어났다.' 인간됨에 있어서 하나님과의 관계는 본질적인 요소다. 그런데 이 세상에는 배우자를 만나서 가정을 꾸리고 자신과 가족들을 먹여 살리느라 이 땅에만 시선을 두고 살아가는 사람들이 많다. 자식을 낳고 먹고 사는 일도 분명히 중요하지만 그게 우리 삶의 전부라면 동물과 다를 바 없지 않을까? 우리는 그보다 훨씬 더 위대한 존재로 창조되었다. … '인간의 기본적인 관계는 아래나 수평이 아니라 위를 향해 맺어진다. 인간은 다른 피조물과는 다르게 하나님과 관계 맺도록 창조되었다.' 이 진리가 우리 삶의 목적과 시간 사용, 교육과 다른 이들을 훈련하는 데 반영되어야 한다. 다음 세대가 가정과 학교에서 그저 경제적으로 잘 살도록 준비되면 그

것으로 만족하는가? 그렇다면 우리는 그들을 동물보다 못한 존재로 단지 생산의 단위로만 취급하고 있는 것이다. 우리는 그들이 하나님을 아는 자들이 되도록 힘써야 한다."[75]

그리스도인 가정이라면 우리의 다음 세대를 세상이 4억을 투자해서 길러내는 생산의 단위로만 취급하지 말아야 합니다. 부모는 자녀가 매일 아침을 깨우고 말씀과 예배, 기도 속에서 하나님과의 관계를 맺으며 하나님을 알아가는 자가 되도록 힘써야 합니다. 하나님은 그분의 자녀에게 하나님 사랑하기를 가르치는 부모에게 필요한 모든 은혜를 공급해 주실 것입니다.

---

75 본 로버츠, 『세상과 나를 위한 하나님의 디자인』(서울: IVP, 2010), 57-58.

1. 여러분 가정의 자녀 양육의 비전을 소개해 보십시오. 부모로서 자녀에게 가장 중요하게 여기는 원리가 있다면 나누어 보십시오.

2. "하나님을 사랑하는 자녀"로 양육하기 위한 다섯 가지 전략은 무엇인지 말해 보십시오.

3. 다섯 가지 전략 중에서 여러분의 가정에서 잘하고 있는 것은 무엇입니까? 이것을 중요하게 생각하는 이유가 무엇입니까?

4. 다섯 가지 전략 중에서 여러분의 가정이 성장해야 하는 것은 무엇입니까? 한두 달 안에 가정의 문화로 세우기 위해 부모로서 내가 해야 하는 것을 나누어 보십시오.

5. 하나님을 사랑하는 자녀로 양육하기 위해 배우자의 도움이 필요한 것은 무엇입니까? 부부가 우선적으로 해야 할 것을 나누어 보십시오.

10

이웃을 사랑하며
섬기는 자녀

이웃을 사랑하며
섬기는 자녀

가정은 사회의 작은 단위입니다. 자녀는 가정 안에서 하나님 나라의 일꾼으로, 사회의 건강한 구성원으로 준비됩니다. 이 땅에서 제일 가까운 이웃은 가족입니다. 만약 자녀가 가족관계 안에서 부모에게 순종하고 가족을 사랑하고 섬기는 것을 배우지 못한다면 나중에 성인이 되어 결혼 생활과 자녀 양육, 사회생활에서 큰 어려움을 겪을 수 있습니다. 이 장에서는 가족 관계 속에서 어떻게 사랑하고 섬기며 가족 간에 친밀감을 세울 것인지 살펴보겠습니다. 이웃을 섬기는 자녀로 준비시키고, 미래의 결혼 생활을 위해 부모의 결혼 생활의 본을 통해 성경이 말하는 남성성과 여성성을 배우는 것의 중요성을 언급할 것입니다. 마지막으로 건전하고 영적으로 충만한 삶을 사는 그리스도인 성인이 되기 위한 성교육에 대해서도 살펴보겠습니다.

가족관계 속에서 사랑하기

일반적으로 가족은 서로에게 친절하지 않습니다. 세상에서 가장 예의 없게 대하는 사람들이 어쩌면 가족일지도 모릅니다. 부모는 자녀에게 소리치는 것처럼 그 누구에게도 소리치지 않습니다. 자녀는 그 어떤 어른에게도 부모에게 대드는 것처럼 버릇없게 행동하지는 않습니다. 그런데 실제로 가족은 우리가 가장 사랑하고, 가장 친절하고, 가장 인내해야 하는 사람들입니다. 먼저, 가족 관계 속에서 서로 사랑하기 위해서는 자녀는 부모를 공경하고, 부모는 자녀를 노엽게 하지 말아야 합니다.

부모에게 순종하기

이미 6장에서 우리는 자녀가 부모를 공경해야 하는 이유를 살펴보았습니다. 자녀가 부모를 공경하는 것에는 잘되고 풍성한 생명을 누리는 하나님의 약속이 있습니다(엡 6:1-3). 또 하나님은 부모를 통해 다음 세대인 자녀에게 하나님이 누구신지, 복음이 무엇인지 전하기 원하시기에 자녀는 부모에게 순종해야 합니다. 자녀의 권위자로 세움 받은 부모는 하나님의 뜻대로 자녀를 양육해야 합니다. 부모는 항상 성경이 말하는 목표를 세우고 성경이 말하는 방법으로 자녀에게 순종을 요구하는지, 부모 마음속의 우상을 따라 자녀에게 순종을 요구하는지 살펴보아야 합니다. 자녀가 부모에게 순종하기 쉽게 만드는 것은 부모가 자녀를 사랑하고 자녀를 노엽게 하지 않는 것입니다(엡 6:4).

가족끼리 사랑하기

우리 부부는 자녀에게 "지금 너의 형제를 사랑하지 않으면, 집 밖의 사람들을 사랑할 수 없어. 집에서부터 끊임없이 연습하는 거야."라고 이야기 했습니다. 그러나 이것이 얼마나 어려운 줄 압니다. 날마다 실패하며 연습을 거듭거듭 해야 했습니다. 우리 두 아들은 중고등학교 때 자주 부딪치고 하루에도 여러 번 싸웠습니다. 동생 핸드폰에 형의 번호는 이름 대신 "잔소리 대마왕"이었습니다. 다툴 때 중재하면 두 아들의 하소연은 같았습니다. "도저히 사랑할 수 없어요. 어떻게 참아요, 한두 번도 아니고 어떻게 양보해요." 두 아들은 자기 힘으로는 서로를 사랑할 수 없고 친절할 수 없다는 것을 뼈저리게 배웠습니다.

부모도 좌충우돌하는 십 대를 보내는 자녀를 돕다가 지치고 분노할 때가 많습니다. 결국 부모 자신에게 자녀를 사랑할 힘도 없고, 친절하고 온유하게 도울 수 있는 능력이 없음을 알게 됩니다. 이 일을 수없이 반복하면서 부모도 자신이 얼마나 완고하고 자기 의에 푹 빠진 죄인인지 깨닫습니다. 부모도 자녀도 우리의 힘으로는 도저히 서로를 사랑할 수 없습니다. 그래서 우리는 하나님의 은혜가 필요합니다. 복음이 필요합니다. 예수님이 행하신 일로 용서받고 사랑받은 자임을 기억해야 다시 일어나서 서로를 사랑할 기회를 얻을 수 있습니다.

매일 용서를 구하고 용서하기

용서는 부모 죄인과 자녀 죄인이 함께 살며 누리는 복음의 열매입니다. 우리는 평생 죄와 싸우면서 주님을 닮아가기에 수없이 실수하며 넘어지고 일어서고를 반복할 것입니다. 자주 넘어지고 실패하는 것을 두려워하지 마십시오. 오히려 부모가 죄를 짓고도 죄를 고백하지 않고, 용서를 구하지 않음을 두려워하십시오. 부모의 자존심, 체면, 창피함 때문에 용서를 구하지 않는다면 그것은 복음의 은혜를 막는 장애물입니다. 하나님의 은혜가 흘러가는 것을 방해하는 것은 부모의 연약함이 아닙니다. 오히려 부모 자신이 강하다고 생각하는 착각과 용서를 구하지 않는 강퍅한 마음이 장애물입니다. 자신의 의를 증명해 보려고 잘못한 것을 덮으려고 하지 마십시오. 복음은 이미 그리스도께서 십자가의 죽으심으로 우리 죗값이 지불되었고, 그리스도의 의가 나의 의가 되었음을 말합니다. 복음을 삶에 적용하는 그리스도인 가정은 날마다 죄 고백과 용서의 은혜가 넘치는 곳입니다.

자녀들도 서로 잘못하면 서로 용서를 구하도록 도와주십시오. 자녀들은 다툼이 일어나 부모에게 오면 일반적으로 자신의 잘못을 먼저 이야기하지 않습니다. 우리는 본성상 이기적이고 지극히 자기중심적이기에 자기 죄는 축소하고, 때로는 자기 잘못은 잘 보지 못하고 상대방의 잘못을 보는데 빠릅니다. 아이들도 어김없이 상대방의 잘못을 들추기에 바쁩니다. 서로 탓합니다. 상황 탓 사람 탓을 하며 잘못을 뒤집어씌울 곳을 찾습니다.

그때마다 부모인 우리는 무슨 일이 있었는지 묻고 사태를 파악합니다. 그리고 자녀에게 그 상황에서 각자 잘못이 무엇인지 묻습니다. 원인이 무엇이든 혹 상대가 내게 죄를 저질렀을 때도 그 죄에 대한 반응의 책임은 반응한 사람의 것입니다. 만약 죄에 대해 죄로 반응했다면, 죄로 반응한 나의 몫에 대해 회개하고 서로 용서를 구해야 합니다. 이것이 갈등을 해결하는 원리입니다. 무엇이든 내 죄로부터 시작해야 합니다. 그리고 상대의 죄에 대해서는 하나님은 원수 갚지 말고 하나님께 맡기라고 하셨고, 악에게 지지 말고 선으로 악을 이기라고 하셨습니다(롬 12:19, 21).

그리고 용서를 구하면 항상 용서해야 한다는 것도 가르쳐야 합니다. 예수님은 반복되는 형제의 죄에 대해 일곱 번만 용서하면 되느냐는 베드로의 질문에 "일흔 번씩 일곱 번이라도 용서하라"고 말씀하셨습니다. 그리고 연이어 일만 달란트 빚진 자의 비유를 들어 그 이유를 설명하셨습니다(마 18:15-35). 우리는 모두 복음 때문에 용서받은 일만 달란트 빚진 자입니다. "너희가 각각 마음으로부터 형제를 용서하지 아니하면 나의 하늘 아버지께서도 너희에게 이와 같이 하시리라"(마 18:35)

격려하는 것을 배우기

우리 부부가 자녀 양육에서 자주 실패하고 가장 힘들었던 것은 자녀를 격려하는 것이었습니다. 부모는 항상 자녀와 함께 있기에 자녀의 엉망인 모습과 불순종을 수없이 맞닥뜨립니다. 그래서 온종일 자녀를 평가하고 지적하는 선수가 됩니다. 가정이 지적과 평가로 가득 찰 때 집안의 공기는 어둡고 탁하게 됩니다. 미국에 잠시 머물 때 자녀 양육의 어려움을 나누는데 지혜로운 친구 베시 사모님은 내게 질문했습니다. "미란아, 너는 자녀들을 사랑하는 데 집중하니? 아니면 고치는 데 집중하니?" 아주 충격적인 질문이었습니다. 매일 고치는 데 집중하니 아이들 안에 성령께서 일하고 계시는 은혜의 증거들이 하나도 보이지 않았습니다. 제 마음과 생각을 다시 고치는 것이 필요했습니다.

부모는 자녀가 누구인지 그들의 정체성을 기억해야 합니다. 그들은 하나님의 아들과 딸입니다. 자녀들 안에 "착한 일을 시작하신 이가 그리스도 예수의 날까지 그 일을 이루실 것이기에"(빌 1:6) 부모는 늘 소망을 가지고 자녀의 삶에 하나님께서 일하시는 작은 변화에 최고의 격려를 말과 행동으로 쏟아부어야 합니다. C. J. 매허니(C. J. Mahaney)는 자녀를 향한 격려의 중요성에 대해 다음과 같이 말합니다.

"자녀를 성실히 격려해 주지 않으면 결국에는 원망하는 마음만 잔뜩 심어줄 수밖에 없다. 하지만 성실한 태도로 늘 격려를 아끼지 않으면 잘못을 책망할 일이 생겼을 때 (그런 때는 반드시 찾아오기 마련이다) 훨씬 더 효과적으로 행동의 변화를 이끌어 낼 수 있다. 왜냐하면 책망을 들어도 꾸지람이 아닌 격려로 받아들일 수 있는 환경이 조성되었기 때문이다."[76]

자녀를 성실히 격려하는 일은 하루아침에 되지 않습니다. 격려하는 우리의 근육이 죄로 망가져 있기에 의도적으로 격려할 곳을 찾고 연습해야 합니다.

자녀에게 어려운 것도 형제끼리 서로 격려하기입니다. 우리 집 아이들은 자주 경쟁하고, 격려하는 마음은 부족했습니다. 어른도 격려하는 것이 어려운데 예수님을 인격적으로 만나지 않은 어린 자녀에게 이것은 참 어려운 숙제입니다. 그럼에도 가르치려고 몸부림을 쳤습니다. 너무도 어려운 일인 줄 알지만, 기회가 있을 때마다 역할극으로 연습시켰습니다.

한번은 형이 동생에게 말로 상처를 주고 비아냥거려서 대화를 했습니다. 먼저, 동생은 하나님께 사랑받는 자이고, 하나님이 사랑하는 동생에게 상처를 주는 것은 하나님이 기뻐하지 않으신다고 알려주었습니다. 그리고

---

76 C. J. 매허니, 『겸손』 (서울: 생명의말씀사, 2007), 108.

서로 격려하는 것을 역할극으로 연습하자고 했습니다. "자, 형이 아빠한테 잘못해서 훈계를 받고 왔어. 유야, 어떻게 형을 격려할래?" 동생이 말합니다. "힘세네. 울지도 않고." 이번에는 형에게 같은 질문을 합니다. "동일한 상황이라면 구는 어떻게 격려할래?" 형이 답합니다. "잘 맞았다. 이제는 맞지 마."

또 다른 상황으로 연습합니다. "형이 놀다가 잘못해서 팔이 부러졌어. 어떻게 격려하지?" 동생이 답합니다. "와! 기브스 한 거 멋지다." 형에게 다른 질문을 했습니다. "동생이 손가락을 다쳐서 피가 나. 어떻게 격려할래?" 형이 답합니다. "와, 제대로 잘렸네." 아이들의 격려하는 실력이 이렇습니다. 기막히고 웃길 때가 많습니다. 그래서 연습합니다. 이렇게 연습하고 배우는 시간은 즐겁습니다.

자녀는 약합니다. 계속 연습이 필요합니다. 거듭거듭 연습을 반복할 때마다 자녀에게 꼭 이야기하는 것이 있습니다. "아빠 엄마도 그렇고, 너희도 그렇고 우리가 왜 이렇게 서로를 섬기고 격려하는 것이 어려운 줄 아니?"라고 질문했습니다. "우리는 자기밖에 모르고, 자기만족을 최고로 아는 죄인이기 때문이야. 그래서 예수님이 필요하고 하나님의 도우심이 필요해."라고 가르쳤습니다. 자녀에게 죄인 됨, 예수님의 필요성, 십자가의 은혜, 복음의 이야기를 꼭 나누려고 애를 씁니다. 그것은 성품 훈련보다, 그 어떤 좋은 습관보다 더 중요한 것이 예수님, 복음이기 때문입니다.

수없이 연습해도 자녀는 금방 틈을 찾아 도망가려고 합니다. 그래서 성실한 부모의 확인과 훈련, 역할극 등이 항상 필요합니다. 격려뿐 아니라 순종 훈련, 인사하기, 일정한 시간에 자고 일어나기, 섬김 등 모든 삶이 훈련이고 연습입니다. 부모가 성실하게 반복해서 도와주면 자녀는 넘어지고 일어서고를 반복하며 자라갑니다. 그런데 부모인 우리가 성실하지 못할 때가 많았습니다. 그러면 금방 자녀의 틈이 발견됩니다. 그럼 또다시 연습하면 됩니다. 가끔 힘들 때도 있지만 오늘도 우리 같은 자에게 "구원을 베푸시고 우리로 인해 기쁨을 이기지 못하시고 우리를 잠잠히 사랑하시고, 즐거이 부르며 기뻐하시는"(습 3:17) 하늘 아버지를 바라보고 격려받으시고, 격려하는 일에 즐겁게 부모 됨을 감당하면 열매를 거둘 그날이 옵니다.

친밀감을 세우는 가족 이벤트

가족의 날. 가족이 서로 가까워지고 친밀해지려면 시간을 함께 보내며 같이 놀아야 합니다. 우리 가정에서는 아이들이 어릴 때 일주일에 한나절 가족의 날이 있었습니다. 자녀들과 함께 노는 날입니다. 한강을 산책하거나 보드게임을 하고, 영화도 함께 보고 레고도 함께 만들고, 자전거도 타고 운동도 함께 합니다. 어떤 날은 온 가족이 거실에 이불을 펴고 함께 자기도 했습니다. 아이들은 이날을 참 좋아했습니다. 매일 하고 싶다고 할 정도였습니다.

미국에 잠시 갔을 때 남편이 수북하게 쌓인 과제를 감당하느라 잠시 가족의 날을 쉬었던 적이 있었습니다. 솔직히 동네 한 바퀴 여유롭게 산책할 시간을 찾기도 쉽지 않았습니다. 그래서 스스로를 다독였습니다. '좋은 아내로 남편을 돕자. 가족과 함께할 시간도 희생하고, 남편과 데이트 시간도 양보하고, 어떻게든 편안하게 공부할 수 있는 환경을 만들어 주자. 일 년은 빨리 지나갈 거야. 그때는 가족끼리 조금 더 여유가 있는 시간을 보낼 수

있겠지.'

가끔씩 남편이 미안한 마음을 표현했습니다. 그럴 때마다 "괜찮아요. 시간 금방 가요. 열심히 공부하세요."라고 말하고, 마음속으로 '길미란 잘하고 있어. 기쁘게 그렇게 남편을 돕는 거야.'하고 스스로를 격려했습니다. 그런데 두세 주를 보내면서 마음에서 삐걱거리는 소리가 들리기 시작했습니다. 아이들도 일상생활에 지루해하는 모습이 역력했습니다. 온종일 시간 대부분을 책상에서 보내는 남편도 지쳐 보였습니다. 기쁘게, 즐겁게, 감사하면서 이렇게 매일 외치면서 잘 가고 있는데, 대체 뭐가 잘못된 것인지 생각해 보았습니다.

남편과 이야기를 나누며 우리의 우선순위를 다시 점검했습니다. 하나님과의 시간에서는 우선순위를 내놓는데 그다음 우선순위(남편, 아버지의 역할)들이 공부에 밀려 제자리를 찾지 못하자 오히려 삶이 뒤죽박죽인 것을 공감했습니다. 저 역시 공부하는 시간만 내어주는 것이 남편을 돕는 것이 아니라 하나님이 남편에게 바라시는 삶의 우선순위를 남편이 충실히 감당하도록 돕는 것이 돕는 자로서 역할임을 당시 몇 주간의 경험을 통해 다시 배웠습니다.

되돌아보니 우리는 매해 바빴습니다. 여유로운 때, 한가한 때를 기억하기가 참 어려웠습니다. 바쁘게 여겨지는 오늘 이 시간, 우리의 우선순위를 바로 자리매김 하지 않으면 어쩌면 평생 긴급한 일에 눌려 중요한 일을 놓쳐버리는 실수를 되풀이할 수밖에 없을 거라는 생각이 들었습니다.

우선순위를 실천하고자 일주일 중의 하루 한나절을 다시 가족의 날로 떼어 놓았습니다. 예배드리고 집에 와서 아이들과 운동도 하고, 산책도 하고, 친구도 초대하기로 했습니다. 그리고 남편과 데이트도 다시 성실히 지켜 가기로 했습니다. 이야기를 마친 뒤, 마침 그날이 주일 오후였습니다. 여전히 할 일이 잔뜩 쌓여 있지만 무거운 어깨를 주께 맡기고 남편이 아이들에게 "아빠하고 운동하러 갈래?"라고 물었습니다. 두 아이의 얼굴에 오랜만에 태양만한 환한 미소가 피어올랐습니다. "네 아빠, 테니스 치러가요."

가족 휴가. 일 년에 한 번 가족 휴가는 우리 가족에게 대단히 중요한 시간입니다. 그리 넉넉한 재정은 아니지만, 매해 1월부터 가족 휴가를 위해 저축을 시작으로 휴가 준비를 시작합니다. 우리는 주변 사람에게도 가족 휴가는 꼭 가야 한다고 적극적으로 추천합니다. 가족 휴가를 보내며 자녀와 함께 놀고 서로를 즐기면서 자연스럽게 가족애가 자라갑니다. 자녀는 늘 바쁜 엄마 아빠를 여유롭게 독차지하고, 부모도 다른 일에 마음을 빼앗기지 않고 자녀에게 집중할 수 있습니다. 24시간 내내 같은 공간에 같이 있으면서 가족만의 추억을 만들고, 이 모든 시간은 자녀와 관계 속에 사랑과 신뢰를 쌓아가게 합니다.

휴가 때마다 우리 가족은 어려운 일 한 가지에 도전합니다. 4시간 설악산 등반하기, 14킬로 둘레길 걷기, 자전거로 섬이나 도시 한 바퀴 돌기 같은 땀나는 일을 합니다. 사진 찍기 싫어하는 사춘기 때는 매번 다른 자세로 사진 100장 찍기가 어려운 일이었습니다. 자녀도 휴가 때 하고 싶은 일 한 가지를 정하게 합니다. 바다낚시나 볼링 치기, 그 지역 맛집 찾아가기 등은 아이들이 좋아하는 일입니다. 한번은 휴가지에서 태풍에 갇혔는데, 온종일 과자를 먹으며 영화를 실컷 보고 싶다고 해서 그렇게 한 날도 있습니다. 매해 남편의 끈질긴 권유로 짧은 영상도 남깁니다. 성의 없으면 다시 찍어야 하기에 열심히 찍습니다.

우리 집 아이들은 이제 모두 성인입니다. 몇 해 전부터 아이들과 시간이 맞지 않아 어느새 부부 휴가가 되어 버렸습니다. 언제 여러분에게 그날이 올까 싶겠지만 생각보다 그날은 빨리 옵니다. 그러니 기회가 주어졌을 때 자녀와 추억을 만들고, 가족의 애정이 자라는 소중한 가족 휴가에 투자하십시오. "제대로 투자만 한다면 휴가를 통해 당신의 가족은 최상의 경험을 누릴 수 있게 되고 놀라운 배당금도 받게 될 것입니다."[77]

자녀와 데이트. 가족끼리 함께하는 활동도 가족 간의 애정을 쌓을 수 있지만, 자녀와 정규적으로 (한 달에 한 번이나 두 달에 한 번) 일대일로 만나는 것도 필요합니다. 특별히 자녀가 많은 가족이라면 더욱더 필요합니다. 자녀와 일대일 데이트는 오랜 시간이 필요하지 않습니다. 우리 집에서는 한 달에 한 번씩 한 아이와 남편이 1시간 정도 점심에 데이트했습니다. 아이들은 데이트하는 날을 손꼽아 기다립니다. 데이트 시간에 자녀가 좋아하는 식사(피자, 햄버거, 치킨 등)나 간식을 함께 하면 좋습니다. 학령기 전 자녀도 일대일 데이트를 정말 좋아합니다. 어린 자녀는 아이스크림이나 도넛을 먹으며 대화를 해도 유익합니다.

데이트하는 시간에 자녀에게 감사와 격려의 말을 많이 해주십시오. 자

---

[77] 켄트 휴즈 & 바바라 휴즈, 「그리스도인 가족의 경건 훈련」, 52.

녀에게 최근에 어려운 점은 무엇인지, 고민이 무엇인지, 부모로서 도와줄 것은 무엇인지를 질문하시고 자녀의 이야기를 듣는 것에 집중하십시오. 자녀에게 할 말이 있다고 하면서 부모의 바람이나 기대를 이야기하며 너무 많이 이야기하지 않도록 주의하십시오. 그리고 부모가 예수님 닮기 위해 자라야 할 것이 있다면 한 가지만 말해 달라고 하십시오.

생일 축하. 우리 집은 생일을 중요하게 여깁니다. 어릴 때부터 누군가의 생일은 다른 가족이 당사자보다 일찍 일어나서 생일 축하 노래를 불러주는 것으로 시작합니다. 그리고 전날 적어둔 생일 카드를 돌아가며 읽어줍니다. 매해 자라가는 자녀에게 생일 카드를 읽어주며 축복하는 일은 신실하게 자녀의 삶에 일하신 하나님께 영광을 돌리며 부어주신 축복을 헤아리는 감동의 시간입니다. 아이들이 성인이 된 지금도 이 전통은 유지됩니다. 내 대로 물려주고 싶은 가족 문화입니다.

이웃을 섬기는 자녀로 훈련하기

미국 메릴랜드에 사는 내 친구 수는 섬김 대장입니다. 미국에서 우리 가정은 수의 집에 잠시 살면서 그녀가 수많은 사람을 환대하고 섬기러 달려가는 것을 보았습니다. 어느 날 수는 가깝게 지내는 한 가정이 다른 주로 이사를 하는데, 집 정리에 도움이 필요하다고 나에게 같이 가자고 부탁했습니다. 그 집으로 가는 차 안에서 수가 함께 기도하자고 했습니다. "하나님 나는 섬기기를 싫어하는 사람입니다. 나밖에 모르는 죄인입니다. 오늘 캐슬러 가정의 이사를 도와주러 가는데, 주님 우리를 도와주십시오. 우리의 본성을 거슬러 그 가정의 필요를 보고 잘 섬길 수 있도록 은혜를 베풀어 주십시오." 나는 그녀의 겸손한 기도에 깜짝 놀랐습니다.

섬김의 도전

우리는 본성적으로 섬기기를 싫어합니다. 섬김받기를 좋아하고 그것이 마땅한 권리라고 주장합니다. 그러나 예수님의 삶과 가르침은 우리의 본성이 타락해 있음을 보여 줍니다. 그분은 마땅히 섬김을 받으셔야 할 온 세상의 왕이시지만, 그분의 자리를 버리시고 이 땅에 섬기러 오셨습니다. 자기 목숨을 많은 사람의 대속물로 주러 오셨습니다(막 10:45). 그리고 그분의 제자인 우리에게 그분의 삶을 본받을 것을 명령하십니다. 우리 아이들도 섬기는 것을 좋아하지 않습니다. 왕 대접 받기를 바라고 작은 일을 시키면 일단 투덜거립니다.

한번은 아이들이 이불 개는 것을 가지고 다투었습니다. 형이 이불을 개지 않고 딴짓을 하자 동생이 형에게 "이불 개!"라고 말했습니다. 그러자 형은 친절하게 반응하지 않고 "너, 나에게 명령하지 마. 너는 그럴 권리가 없어."라고 말했습니다. 형의 말에 상처받은 동생이 바닥에 주저앉아 울었습니다. 남편이 두 아이를 불렀습니다. 그리고 형에게 동생이 너의 말에 기쁘게 순종할 수 있도록 부드럽게 말하고 동생을 섬겨야 한다고 알려주었습니다. 그리고 "동생, 나는 너의 종입니다."라고 따라하게 했습니다. 그랬더니 말할 수 없다고 했습니다. 동생에게 형이 종인 것은 말이 안 된다고 했습니다.

남편은 마가복음 10장 43절부터 45절까지 말씀을 가지고 예수님이 온 세상의 왕이셨지만 이 땅에 섬김을 받으러 오신 것이 아니라 섬기러 오셨고, 모든 사람의 죄를 지시고 십자가에서 죽으시고 종이 되신 일을 설명했습니다. 누구든지 으뜸이 되려면 종이 되어야 하고, 높아지려면 낮아져야 한다는 것을 가르쳤습니다. 그리고 남편이 먼저 "아빠는 구의 종입니다."라고 했습니다. 옆에 있던 저도 "엄마는 유의 종입니다."라고 했습니다. 그제야 형은 "동생, 나는 너의 종이다."라고 말했습니다.

섬김의 시작은 집안일

행복에 관한 연구로 유명한 하버드 의대 조지 베일런트(George E. Vaillant) 교수가 11-16세 아동 456명을 35년간 추적 조사한 연구 결과에 따르면, 성인이 되어 성공한 삶을 누린 이들의 유일한 공통점이 어린 시절부터 경험한 집안일이었다고 합니다. 3-4살부터 집안일을 한 아이들이 10살 때 집안일을 한 아이들보다 성취감, 자립심, 책임감이 강하다고 말했습니다.[78]

집안일과 관련하여 어머니들에게 말씀드리고 싶은 것이 있습니다. 자녀에게 집안일을 가르치는 일이 수고스러워 가르치는 것을 미루거나 혼자 일을 다 해 버리지 마십시오. 엄마가 편해지자고 자녀를 훈련시키는 것이 아닙니다. 집안을 관리하는 것을 하나씩 도우면서 자녀들이 섬김과 책임감 그리고 섬김의 기쁨을 함께 배우게 하려는 것입니다. 우리 집 아이들에게 처음으로 빨래를 개는 법을 가르쳤던 날, 한두 장 대충 접어놓고는 어느새 두 아들은 속옷을 머리에 쓰고 양말을 공으로 만들고 티셔츠를 야구 방망이로 만들어 야구 놀이를 했습니다. 거실은 온통 빨래로 뒤덮이고 정리한

---

78 뉴스 EBS, "[뉴스G] 집안일! 해본 아이 vs 안 해본 아이".

빨래들은 어설프기 그지없었지만 재미있는 추억으로 우리는 기억합니다. 자녀의 작품이 엉망이어도 엄마 손으로 완벽하게 하려는 유혹을 잘 견디고, 아이가 배우는 과정을 인내하며 천천히 잘 도와주십시오. 아이가 자랄수록 밥하기, 세탁기 돌리기, 요리, 간단한 수리 등 삶의 기본적인 것을 알려주면 자녀의 섬김의 영역이 더 늘어갑니다.

아래 표는 자녀의 연령 때에 따른 집안일 예시입니다. 자녀에게 집안일에 공헌하는 기쁨을 누리도록 작은 책임을 주고, 하루 일정 속에 집안일 하는 시간을 정해 주십시오. 우리 집에서는 주로 식사 시간 전이나 후에 집안일을 했습니다. 그리고 자녀가 성실하게 책임을 감당하면 아낌없이 칭찬과 감사를 표현해주십시오.

3–5세	6–7세
엄마랑 침대 이불 정리 장난감 정돈 옷걸이에 옷 걸기 세탁물 세탁 바구니에 넣기 동물에게 먹이 주기 흘리거나 엎지른 것 닦기 거실 정돈하기	자기 침대 스스로 정리 식탁 차리기 접시 치우기 먼지 털기 부엌일 돕기 장본 상품 운반과 정리

8–13세	13세 이상
애완동물 돌보기 간단한 음식 요리 설거지 비질, 청소기 돌리기 목욕탕 청소 세탁기 사용하기 빨래 개고 널기 쓰레기통 비우기 자동차 청소 돕기	형광등, 전구 바꾸기 자기 방 청소 창문의 안팎 닦기 냉장고 청소 오븐 청소 식사 준비 장보기 리스트 작성 세탁의 모든 과정 이해 집안 수리

계속 자라가는 섬김을 위한 제안

자녀가 섬김의 영역에서 자라가기 위해서는 자주 섬김에 대해 언급하고 섬김의 기회를 만들어 주십시오.

어린 자녀와 섬김을 역할극으로 연습해 보십시오

초등학교 2학년 때 큰아이가 태권도장에서 어떤 1학년 친구가 운동하다가 토했다고 했습니다. 그 친구를 보고 아이들이 다 웃었다고 말했습니다. 남편은 큰아이가 어떻게 반응했는지 물었습니다. 자기도 함께 웃었다고 했습니다. 섬김을 가르칠 좋은 기회라 생각하고, "토한 동생의 마음은 어땠을까? 창피하고 힘들었을 거야. 도움이 필요한 친구에게는 어떻게 도와주어야 할까?" 이렇게 몇 마디 질문하자 아이의 얼굴이 조금 심각해졌습니다. "휴지 가져다줘요. 씻으러 가게 도와주면 좋을 것 같아요."라고 말했습니다. 그래서 온 가족이 도와주는 연습을 했습니다.

먼저 남편이 토한 친구의 역할을 맡았습니다. 그리고 저는 도와주는 역할을 맡았습니다. 남편이 아침 식사로 먹고 있던 씨리얼을 입에 넣고 토한 흉내를 내고 제가 가까이 가서 "괜찮아?"하고 위로하고, 등을 두드려주고, 휴지를 건네고, 흘린 음식물을 닦는 장면까지 보여 주었습니다. 역할을 바꾸어 역할극을 하며 음식물을 치울 때 냄새난다고 코를 막지말라는 부탁도 했습니다. 그리고 이렇게 섬긴다면 하나님이 기뻐하시고 칭찬이 있을 것이라고 말해 주었습니다.

자녀가 실천 가능한 섬김 리스트를 만들어 보십시오

집과 가족, 교회와 이웃을 우리 자녀들은 섬길 수 있습니다.

섬길 기회가 있을 때마다 섬김에 대해 상기시켜 주십시오

우리 집에 손님이 오면 우리는 아이들에게 손님이 오신다는 것을 알리고, 손님에게 여쭐 세 가지 질문 그리고 연주해 드릴 곡을 점심때까지 알려 달라고 했습니다. 그리고 식사 시간 이후에는 손님과 부모의 대화를 방해하지 않도록 부탁합니다. 혹 함께 온 아이들이 있으면 함께 시간을 보낼 놀이나 게임, 연령대에 맞는 비디오를 미리 선정해 놓습니다.

교회에 갈 때나 캠프나 오케스트라 등 외부의 모임에 아이들이 참석할 때 하나님이 우리를 섬기는 자로 부르셨음을 상기시켜줍니다. 우리 집 아이들에게는 남자답게 먼저 섬기는 자가 되고, 약한 사람을 보호하기를 부탁했습니다. 작은 섬김을 거듭하면서 자녀의 섬김이 자랍니다. 또 섬기기 싫어하는 자신의 본성을 거슬러 섬겨보면서 섬김에 놀라운 기쁨이 있음을 발견하게 될 것입니다.

자녀는 부모의 모범을 통해 섬김을 배웁니다

자녀는 24시간 부모의 일거수일투족을 면밀히 살피는 관찰자입니다. 자녀에게 섬김의 최고의 본은 부모입니다. 부모가 하나님과 가족, 교회와 이웃에게 어떤 태도와 마음으로 섬기는지 부모를 보고 따릅니다.

디도서 2장 14절은 "그가 우리를 대신하여 자신을 주심은 모든 불법에서 우리를 속량하시고 우리를 깨끗하게 하사 선한 일을 열심히 하는 자기 백성이 되게 하려 하심이라"라고 말합니다. 우리는 우리의 순종이나 선한 일을 행함으로 구원받은 것이 아닙니다. 예수 그리스도께서 십자가에서 행하신 선한 일로 은혜로 구원을 받았습니다. 그렇다면 이제 우리는 받은 은혜에 감사의 반응으로 주께 순종하며 선한 일에 열심을 내야 합니다. 그래서 자기밖에 모르는 사람을 변화시키신 하나님을 세상이 보고 찬양하며 주께 영광을 돌리게 해야 합니다.

성경적 남성성, 여성성 배우기

우리 자녀들이 성인이 되어 이웃을 사랑하며 섬기고, 결혼하고 건강하게 결혼 생활을 이어가기 위해 가정 안에서 배워야 하는 것은 성경이 말하는 남성성과 여성성입니다. 오늘날 하나님이 창조하신 남성성과 여성성이 죄로 부패하고 타락했습니다. 이 주제에 대해 대단히 혼란스러운 상황 속에 우리는 살고 있습니다. 남자와 여자는 하나님의 형상대로 창조되었기에 가치와 존엄성에 있어 동등합니다. 어떤 사람들이 생각하는 것처럼 남자가 우월하거나 여자가 열등하지 않습니다. 똑같이 존귀합니다. 그럼에도 성경은 가정에서의 남자와 여자의 역할에는 차이가 있다고 말합니다. 남자가 가정의 머리이고 여자는 돕는 배필입니다(고전 11:3; 창 2:18 참조).

성경이 말하는 남성성은 그리스도께서 교회를 사랑하듯 남편이 아내를 사랑하고, 영적으로나 육적으로 인도하고 보호하고 공급하는 것입니다. 그런데 이것이 죄로 망가졌습니다. 오늘날 부패한 남성성은 자기 욕망을 위해 온유와 섬김이 아니라 가혹한 권위를 행사합니다. 폭력적이고 거칠게 다스리는 자가 됩니다. 또는 가정에서 자기 책임을 회피하고 일로 도망갑니다. 성경이 말하는 여성성은 교회가 그리스도의 인도에 기쁘게 순종하듯 아내가 남편의 지도력을 존중하고 지지하며 자발적인 순종으로 남편을 돕는 것입니다. 그런데 이것도 죄로 망가졌습니다. 부패한 여성성은 잘못된 욕망을 품고 남편을 누르고 지배하려고 합니다. 하나님이 계획하신 남편의 머리 됨을 빼앗으려 합니다. 이로 인한 갈등이 온 세상에 가득합니다.

존 파이퍼(John Piper)는 하나님이 어머니와 아버지 두 사람에게 자녀 양육을 명령하신 이유는 그들이 부모이기 이전에 남편과 아내이기 때문이라고 말하며, 자녀들이 부모를 통해 자연스럽게 배우는 성경이 말하는 여성성과 남성성에 대한 하나님의 의도에 대해 다음과 같이 말합니다.

"하나님은 그들이 남편과 아내로서 보여 주는 삶 가운데 자녀들을 두기 원하십니다. 남편과 아내로서의 그들은 그리스도와 교회 간의 언약을 지키는 사랑을 보여 주는 드라마입니다. 바로 그 속에 하나님은 자녀들이 있기를 원하십니다. 자녀들이 그리스도가 교회를 사랑하고 교회는 기쁘게 그리스도를 따르는 모습을 지켜보며 자라는 것이 하나님의 뜻입니다. 자녀들이 태어나는 순간부터 이러한 언약 관계의 아름다운 힘과 지혜가 그들에게 자연스럽게 스며드는 것이 하나님의 목적인 것입니다."[79]

자녀는 부모의 모습에서 두 사람이 남편과 아내로서 어떻게 살아가는지 지켜봅니다. 자녀는 결점투성이 아버지와 어머니가 상호 보완하면서 각각

---

79   존 파이퍼, 『결혼 신학』 (서울: 부흥과개혁사, 2010), 187.

그리스도께 받은 사랑의 복음 때문에 서로 사랑하고, 서로의 약함을 용납하며 용서하고, 결혼의 언약을 지켜 가는 것을 봅니다. 자녀가 성경이 말하는 건강한 남성성과 여성성을 배울 수 있는 다른 곳은 없습니다. 오직 가정에서 부모의 삶을 본으로 배웁니다. 혹 성경이 말하는 남성성과 여성성에 관해 더 공부해야 할 필요를 느끼신다면 아래의 책들을 참고하십시오.

성경적 남성성과 여성성을 배울 수 있는 교재들

- 『걸 토크』(캐롤린 마허니, 니콜 마허니 휘태거)
- 『여자, 그리스도인으로 살아가기』(캐롤린 마허니)
- 『남자와 여자, 무엇이 다른가?』(존 파이퍼)
- 『남자의 소명』(리처드 필립스)

성교육

이웃을 사랑하고 섬기는 자녀로 양육할 때 성교육은 대단히 중요합니다. 성교육은 단지 자녀가 죄를 짓지 않고 육체적, 정서적, 영적으로 상처 입지 않도록 보호하려는 것을 넘어섭니다. "성교육의 목적은 자녀들이 그리스도인 남자와 여자로 건전하고 영적으로 충만한 삶을 사는 성인이 되며, 또 그리스도인 남편과 아내로 영적으로나 성적으로나 정서적인 친밀감이 넘치는 깊고 의미 있는 결혼 생활을 누릴 수 있도록 준비를 도와주는 데 있습니다."[80]

---

80 스탠 존스 & 브레나 존스, 『내 자녀에게 성을 이야기할 때』(고양: 소원나무, 2015), 12.

요즘 자녀들은 부모 세대와는 달리 어릴 때부터 TV와 인터넷, 영화와 광고, 친구와 대화 등으로 성에 관한 왜곡된 문화와 부적절한 정보에 노출되어 있습니다. 그로 인해 혼전 성관계, 임신, 낙태, 성병 등으로 고통스러운 시간을 보내는 청소년들이 늘어가고 있다는 사실을 우리는 자주 듣습니다. 한 청소년 기자는 청소년들 사이에서 성관계는 절제하기 불가능한 것이기에 오히려 공교육에서 적극적인 피임 교육이나 개방적이고 실제적인 성교육이 더 필요하다고 이야기할 정도입니다.[81]

이런 상황에서 부모는 자녀에게 가장 영향력이 있고 효과적으로 성교육을 할 수 있는 교사입니다. 그런데 대부분 부모는 자녀와 성에 관해 이야기하는 것을 어색해하고 불편해합니다. 어디서부터 어떻게 시작해야 할지 난감해합니다. 자녀가 한두 번 묻는 성에 관한 질문에 부모가 난감해 한다면 자녀는 더이상 부모와 성에 관한 이야기를 나누려 하지 않습니다. 자녀는 세상이나 친구에게서 정보를 얻습니다. 먼저 부모가 성에 대해 성경이 말하는 바른 지식을 갖는 것이 필요합니다.[82] 그리고 자녀가 세상의 잘못된 성 가치관과 해로운 정보를 받아들이기 전에 자녀가 노출될 위험성을 살피고, 자녀의 필요 수준에 따라 성에 관한 신앙적인 기초를 세워주어야 합니다.

하나님이 인간에게 주신 성은 아주 좋은 선물입니다. 성은 아름답고 좋은 것이지만 하나님은 성에 분명한 경계를 그어 놓으셨습니다. 하나님께

81 이승은, "청소년의 성문화 안전한가?".
82 스탠 존스 & 브레나 존스의 『내 자녀에게 성을 이야기할 때』을 부모 필독서로 추천합니다.

서 남편과 아내에게 주신 성관계는 부부에게 위로와 기쁨을 주는 특별한 선물입니다. 그러나 결혼의 경계 밖에서의 성관계는 성경은 음란, 음행, 부정함, 더럽힘, 간음, 성령을 주신 하나님을 저버림, 심판과 같은 단어를 사용하며 강력히 경고합니다(고전 6:13, 18-20; 살전 4:3-5, 7-8, 히 13:4, 마 5:28 참조).

우리 집에서는 아이들이 어릴 때부터 자연스럽게 성에 관한 이야기를 나누었습니다. 한번은 아이들과 사우나에 갔는데, 스크랩된 신문에서 자녀들이 키스방이라는 단어를 보았습니다. 그것이 무엇이냐고 물었습니다. 뉴스를 보다가 성폭행당한 어린아이의 기사나 동성애에 관한 언급이 있을 때, 잠언 말씀의 수많은 음녀에 대한 경고를 접할 때마다, 영화나 드라마 등 자녀가 무엇이든 성에 대해 궁금해하면 솔직하게 단순하게 가르쳐 주었습니다.

아이들이 초등학교 고학년이 되면서는 일 년에 한 번 아이들과 일박으로 스키를 타러 갔습니다. 명목은 스키 타러 가는 것이지만, 남편은 스키 타는 이외의 시간을 차 안에서 그리고 숙소에서 아이들의 수준에 맞는 성교육 책을 함께 읽고 대화하는 시간으로 삼았습니다.[83] 그때 아이들이 자라가면서 만나게 될 신체 변화에 대해서도 미리 알려주고, 몸에 털이 나거나 몽정을 하게 되는 변화를 알려주면 어른이 되어가는 것에 감사하며 축하 파티를 해준다고 말해 주었습니다. 기다리던 그 날, 자라가는 기쁨보다 파

---

83 우리 가족은 『자녀들에게 들려주는 성 이야기』(프리셉트)를 단계별로 아이들과 읽었습니다. 이 책은 현재 절판이기에 『우리 자녀 성교육 시리즈』(규장)를 추천합니다.

티 생각에 소리 지르고 기뻐하던 아이들의 모습이 생각납니다.

대부분의 자녀가 성에 관한 나쁜 정보를 얻는 곳은 스마트폰과 컴퓨터 그리고 인터넷입니다. 집에 모든 컴퓨터에는 아이들을 보호하는 프로그램을 설치했습니다. 아이들에게 너희를 믿지 못해서가 아니라 세상이 악해서, 너희를 보호하고 싶어서 보호 프로그램을 설치했다는 부모의 마음도 전했습니다. 그리고 기회가 있을 때마다 두 아들에게 자주 간곡히 적절치 않은 영상물은 영혼을 망가트릴 것이기에 조심하라고 말했습니다. 인간은 하나님의 형상으로 만들어졌기에 물건으로 취급하거나 자신의 욕망을 채우기 위해 오용하는 것은 하나님이 금하신 죄이며, 그 죄는 미래에 결혼 생활과 이웃과의 관계에 잘못된 영향을 미칠 수 있다는 것도 경고했습니다.

20살 생일날에는 아이들은 남편과 단둘이 데이트했습니다. 남편은 남자 선배로 아이들에게 시계를 선물하며 시간의 청지기가 되고, 또 결혼할 때까지 순결을 지키도록 간곡히 부탁했습니다. (이 시점은 자녀마다, 가정마다 다를 수 있습니다. 우리 집은 홈 스쿨을 했기에 외부에 노출되는 영향이 적어 20살에 순결 선서를 했지만, 학교에 다니는 아이들은 더 일찍 해야 할 필요성이 있습니다.)

성인이 되어서도 간혹 친구와 여행을 가거나 해외에 갈 때, 친구나 동료와 함께 있으면 때로 어리석은 일에 용감해질 수 있다는 것을 알려주었습니다. 그리고 어리석은 일, 후회할 일을 하지 말라고 항상 당부하고 보냈습니다. 실제로 한 아들이 유럽 여행을 했을 때, 같은 방을 사용한 형이 사창가에 같이 가자고 유혹했을 때, 그 형에게 위험성을 경고하며 단호하게 말렸다는 이야기를 들으며 감사했습니다.

이렇게 부모가 열심히 가르쳐도 자녀는 죄인이고 연약하기에 실수할 수 있고 또 죄에 빠질 수도 있습니다. 그때는 복음을 나누는 기회로 삼아야 합니다. 실제로 남편이 청년 사역을 할 때, 한 자매가 낙태하고 찾아왔습니다. 죄책감에 힘들어하던 자매에게 복음을 전하고, 자신의 죄를 인정하고 회개하고, 십자가를 바라볼 수 있도록 도와주었습니다. 잘못된 선택의 결과에서 같은 잘못을 반복하지 않도록, 회복할 수 있는 죄사함과 의롭다고 함이라는 복음의 능력에 대해서 말해 주었습니다. 감사하게 결혼하기 전까지 그 자매는 순결한 삶을 살았고, 성적인 유혹을 느끼는 다른 자매들에게 자신의 경험을 통해 같은 잘못에 빠지지 않도록 도와주었습니다. 또 결혼하는 상대에게 과거의 이야기를 숨기지 않고 고백했고 과거의 죄를 용서받고 결혼해서 행복한 결혼 생활을 누리고 있습니다.

캐롤린 리스트롬(Carolyn Nystrom)은 자녀들이 성적인 유혹을 이길 때에 부모와 관계의 중요성 그리고 하나님과 관계의 중요성에 대해 다음과 같이 말합니다.

"자녀들에게 성에 대해 이야기해 줄 수 있는 부분들은 퍼즐의 한 부분에 불과하다는 사실을 기억하라. 부모와 가까운 관계를 맺고 있는 청소년들이 그렇지 못한 청소년들보다 성적인 유혹과 강압을 훨씬 더 잘 물리칠 수 있다. 십 대 청소년 자녀들과 사랑하고 배려해 주고 들어주고 지지해 주는 관계를 맺을 수 있도록 노력하라. 가정예배를 통해 기도와 성경 공부를 통해 그리고 일상생활 속에서 살아가는 방식들을 통해(신 6:1-9) 아이들이 하나님과 특별하고 개인적인 관계를 맺을 수 있도록 격려해 주라. 기도하며 자녀들을 세상에 내보내고 하나님의 사랑과 훈계와 용서를 보여 주는 모델로 늘 자녀와 함께 하라."[84]

이웃을 사랑하는 자녀로 세우기 위해 가족 관계에서 사랑하기, 이웃을 섬기는 자녀로 훈련하기, 성경이 말하는 남성성과 여성성 배우기, 성교육과 같은 목록은 하루아침에 이루어지는 일이 아니기에 우리에게 무거운 짐으로 여겨질 수 있습니다. 예수님은 무거운 짐을 진 사람들에게 자신에게로 와서 쉬라고 하십니다. 내 멍에는 쉽고 내 짐은 가볍다고 말씀하십니다. 위의 목록은 부모 혼자의 힘으로는 버겁고 무거운 목록입니다. 그러나 이 땅에 섬기러 오신 주님은 오늘도 주의 자녀를 주의 뜻대로 양육하려고 몸부림치는 부모 곁에서 부모를 돕는 자가 되십니다. 주님이 함께 져주시는 멍에는 쉽고 그 짐은 가볍습니다. '매일 한 걸음씩 믿음의 걸음을 성실하게 내딛는 부모가 되도록 주님 우리를 긍휼히 여겨 주소서!'

---

84 캐롤린 니스트롬, 「자녀들에게 들려주는 성 이야기:초등학생을 위하여」, (서울: 프리셉트, 2003), 16.

1. 이웃을 사랑하며 섬기는 자녀로 양육하기 위한 네 가지 전략은 무엇입니까?

2. 가족 관계에서 사랑을 세우기 위해(용서/ 격려/ 가족 이벤트) 여러분 가정에서 우선 실천할 수 있는 것은 무엇입니까? 이것이 필요한 이유는 무엇입니까?

3. 우리는 자녀를 이웃을 섬기는 자로 훈련해야 합니다. 자녀의 이름을 적고 두세 달 안에 섬김을 훈련할 목록 한두 가지를 적어보십시오.

4. 성교육은 자녀가 건강한 그리스도인 남자와 여자로 성장하는 데 중요합니다. 자녀에게 성교육을 해본적이 있습니까? 자녀에게 어떻게 성교육을 할 것인지 작전을 말해 보십시오.

5. 이웃을 섬기는 자녀로 양육하는 부모가 되도록 부부 또는 교회 지체와 하나님의 은혜를 구하고 서로 중보하십시오.

11

세상을 섬기는
청지기

세상을 섬기는
청지기

어느 날 가정예배 시간에 남편은 한 가지 활동을 제안했습니다. 5분을 주고 우리 집 거실, 공부방, 침실, 부엌에 있는 모든 것을 누가 더 많이 적는지 게임을 했습니다. 가장 많이 적는 사람이 우승자입니다. 집안의 모든 것에 훤한 제가 우승했습니다. 그리고 자녀들과 좋은 청지기가 되는 것에 대해 이야기를 나누었습니다.

"오늘 너희가 적은 모든 것은 하나님이 우리에게 주신 거야. 어떤 것들은 너희가
열심히 집안일하고, 하루 일과를 잘해서 모은 용돈으로 산 것이지만, 하나님이
우리에게 생명을 주시고 몸을 움직일 수 있는 힘을 주지 않으셨다면 우리는 아
무것도 할 수 없었을 거야. 오늘 적은 물품만이 아니라 시간도, 건강도, 재능도
모두 하나님의 것이야. 우리에게 있는 모든 것이 하나님의 것이고, 우리는 하나
님의 소유를 관리하는 청지기야. 청지기는 하나님의 것을 지혜롭게 관리해야 하
는 책임이 있어. 하나님은 작은 일에 충성한 사람에게 큰일을 맡기신다고 하셨
어. 또 우리의 필요를 하나님께 구하면 하나님은 공급해 주시겠다고 약속해 주

셨어."

자녀 양육의 중요한 비전은 자녀를 '세상을 섬기는 청지기로 준비시키는 일'입니다. 자녀가 일에 능숙한 성인 남녀로 하나님께 영광 돌리는 삶을 살아가려면 부모는 자녀를 어릴 때부터 물질과 시간 그리고 재능과 은사를 잘 관리하는 청지기가 되도록 훈련해야 합니다.

물질의 청지기, 돈을 사용하는 법 가르치기

그리스도인 가운데 물질로 인해 고생하는 사람들이 있습니다. 어떤 경우에는 예기치 않은 삶의 고난과 역경으로 인한 물질의 고난도 있지만, 어떤 경우는 재물에 대한 원칙이 없이 잘 관리하지 못해 어려움을 당하는 경우를 봅니다. 돈은 하나님이 주신 선물이지만 잘못 사용하면 대단히 고통스러운 덫이 됩니다. 하나님은 우리가 지혜롭게 물질을 사용하며 이웃을 섬기고, 하나님을 신뢰하며 하나님이 의도하신 풍성한 생명을 누리기를 원하십니다(요 10:10). 그렇게 하려면 하나님의 지혜를 배우고 그 지혜를 삶에 적용해야 합니다. 자녀가 어려서부터 몇 가지 기본적인 재정 원칙을 세우고 재정을 잘 사용하는 좋은 습관을 가질 수 있도록 가르쳐야 합니다.

용돈 수여식
우리 아이들이 10살과 8살이 되었을 때 용돈을 주기 시작했습니다. 몇 달 동안 용돈을 달라고 조르던 아이들은 용돈을 주는 날을 정하자 용돈 수여식이라는 현수막까지 만들어 자축하며 좋아했습니다. 공식적으로 자녀에게 용돈을 주는 역사적인 날, 돈에 대한 성경적인 가르침이 꼭 필요했습니다. 일단 일주일 동안 스케줄을 점검받고 잘했으면 한 주에 3,000원씩 용돈을 주기로 했습니다. 남편은 지폐와 잔돈을 함께 준비하고 아이들에게 돈에 관해 설명했습니다.

부모: 애들아, 돈은 쓰는 것이 중요한 것이 아니야. 그럼 뭐가 중요할까?

자녀: 관리하는 거요.

부모: 아빠가 돈은 누구 것이라고 했지?

자녀: 하나님 거요.

부모: 하나님이 주신 돈을 잘 관리하려면 세 가지를 해야 해. 그게 뭔 줄 아니?

자녀: 하나는 알아요. 십일조요.

부모: 십일조가 뭔지 아니?

자녀: 용돈의 10분의 1을 헌금하는 거요.

부모: 그래 십일조는 모든 돈은 하나님이 주인이신 것을 고백하고, 주신 것에 감사하고 드리는 거야. 그리고 또 돈을 잘 관리하려면 어떻게 해야 할까?

자녀: 몰라요.

부모: 하나님이 돈은 이웃을 위해 섬기라고 주신 것이니까 이웃 사랑 헌금으로 10% 떼어놓고, 또 필요한 것을 사고, 또 미래에 필요한 것을 준비하기 위해서 저축도 해야 해.

이렇게 이야기를 나누고 저금통 세 개를 아이들에게 주었습니다. 그리고 삼천 원을 가지고 세 개의 저금통에 나누어 놓도록 훈련했습니다. 그리고 자녀에게 용돈 기입장을 사용하는 방법을 알려주었습니다. 다음 주 월요일은 두 번째 용돈을 주는 날입니다. 그날까지 어떻게 용돈을 사용했는지 아이들은 기록해야 했습니다. 만약 용돈 받은 것을 기록하지 않으면 다음 주 용돈은 없다고 알려주었습니다. 아이들은 신이 났습니다. 함께 아이들과 기도했습니다. "하나님, 오늘은 처음으로 용돈을 받은 날입니다. 우리 아이들이 이 땅을 살면서 돈의 노예가 되지 않도록 도와주시고, 돈을 다스릴 줄 아는 사람이 되게 해주세요. 모든 것이 다 하나님께로부터 왔음을 알게 해주시고, 돈으로 사람을 살리고 이웃을 섬기는 사람이 되게 해주세요. 예수님의 이름으로 기도합니다. 아멘!" 이렇게 첫 번째 용돈 교육을 마쳤습니다.

재정 원칙

아이들이 자라가면서 돈에 대해 자주 이야기를 나누었습니다. 부모의 재정 원칙과 함께 아이들의 재정 원칙도 알려주었습니다.

1. 물질뿐 아니라 모든 것을 주신 분이 하나님이시기에 십일조는 최소한의 드림이다.
2. 필요한 것은 예산을 세워 저축해서 사고, 할부하지 않는다.
3. 빚지지 않는다.
4. 미래를 위해 얼마라도 저축한다. 필요한 것이 아니면 사지 않는다.
5. 주신 범위 안에서 자족하고 감사함으로 산다.
6. 어려운 이웃이 있으면 기도하고 베풀기를 힘쓴다.
7. 필요를 공급하시는 하나님을 의지한다.
8. 자녀들에게 어릴 때부터 땀 흘려 돈을 버는 지혜를 가르친다.
9. 용돈 기입장은 꼭 기록한다.

돈의 위험성

돈은 꼭 필요한 것이고, 누군가를 사랑으로 섬길 수 있는 선한 것입니다. 그러나 성경은 돈이 우상이 될 수 있는 위험성에 대해 경고합니다.

"우리가 세상에 아무 것도 가지고 온 것이 없으매 또한 아무 것도 가지고 가지 못하리니 우리가 먹을 것과 입을 것이 있은즉 족한 줄로 알 것이니라 부하려 하는 자들은 시험과 올무와 여러 가지 어리석고 해로운 욕심에 떨어지나니 곧 사람으로 파멸과 멸망에 빠지게 하는 것이라 돈을 사랑함이 일만 악의 뿌리가 되나니 이것을 탐내는 자들은 미혹을 받아 믿음에서 떠나 많은 근심으로써 자기를 찔렀도다"_ 딤전 6:7-10
"너희가 하나님과 재물을 겸하여 섬기지 못하느니라"_ 마 6:24

돈은 좋은 선물이고 좋은 일에 사용할 수 있지만 돈 자체가 사람이나 하나님보다 더 중요한 위치를 차지하면 안 됩니다. 돈은 우리에게 결코 만족을 주지 못합니다. 하나님은 우리의 모든 필요를 채우시는 분이기에 돈보다 하나님을 사랑하는 것을 우리 삶에 가장 중요한 목적으로 삼아야 합니다.

"돈을 사랑하지 말고 있는 바를 족한 줄로 알라 그가 친히 말씀하시기를 내가 결코 너희를 버리지 아니하고 너희를 떠나지 아니하리라 하셨느니라"_ 히 13:5
"오직 너희를 위하여 보물을 하늘에 쌓아 두라 거기는 좀이나 동록이 해하지 못하며 도둑이 구멍을 뚫지도 못하고 도둑질도 못하느니라 네 보물 있는 그 곳에는 네 마음도 있느니라"_ 마 6:20-21

믿음 프로젝트

한번은 아이들과 믿음 프로젝트를 한 적이 있습니다. 모든 것이 하나님의 것이기에 우리에게 필요한 것이 있으면 하나님께 먼저 구해야 한다고 가르쳤습니다. 그리고 그것이 꼭 필요하다면 하나님 아버지가 우리의 필요를 채워주실 것이라고 말했습니다. 그러자 큰아이가 자기에게 4/3 크기 첼로가 필요하다고 했습니다. 적어도 50만 원 이상 필요하다고 저는 말했습니다. 아이들의 용돈은 고작 한 달에 만 원 조금 넘을 뿐 매주 헌금하면 얼마 남지도 않았습니다. 자녀들은 걱정하는 눈치였습니다. 남편은 3개월을 기도하고 저축도 하고 돈도 벌면서 기다리자고 했습니다. 그리고 이것을 우리 가족의 믿음 프로젝트라고 선포했습니다.

그날 교회의 소모임에서 남편은 아이들에게 하나님의 살아계심을 가르치는 기회를 만들라며, 아침 가정예배 때 나눈 믿음의 프로젝트를 예화로 사용했습니다. 3일 후 문자가 왔습니다. "목사님, 큰아들에게 필요한 첼로 크기가 어떤 것인가요? 우리 아이가 초등학교를 졸업하면서 그냥 학교에 두고 온 첼로가 있는데, 크기가 맞으면 드릴게요."라는 문자였습니다.

얼마 지나지 않아 멋진 첼로가 큰아이에게 전해졌습니다. 아이의 눈이 휘둥그레지면서 "하나님 감사합니다."라고 큰소리치며 펄쩍펄쩍 뛰었습니다. 그리고 잠자리에 들기 전에 말했습니다. "아빠, 하나님은 정말 마음의 생각까지 다 아세요. 제가 고래 심줄 첼로 활이 갖고 싶다고 생각했는데, 하나님이 이것까지 보내주셨어요." 큰아이는 이 일로 실제로 살아계신 하나님을 경험했습니다. 우리의 믿음 프로젝트가 이런 방법으로 응답될지는 아무도 기대하지 않았는데, 하나님은 큰 선물을 우리 가족에게 허락하셨습니다. 다음날 큰아이는 2시간 동안 멋진 감사 카드를 만들었습니다. 남편은 세 가지 감사와 세 가지 유익 그리고 이 첼로로 어떻게 하나님께 기쁨이 될 것인지 적어보라고 알려주었습니다. 이 이야기는 우리가 하나님께 필요를 구하고 응답받은 많은 일 중에 한 가지 예에 불과합니다. 일상에서 우리의 작은 믿음에 은혜로 응답하시는 하나님은 참 좋으신 분입니다.

시간의 청지기

시간은 시작도 끝도 없으신 영원하신 하나님이 우리에게 주신 선물입니다. 한번 지나간 시간은 영원히 다시 오지 않습니다. 그런데 이 소중한 시간을 아무렇게나 흘려보내도록 수많은 유혹이 우리 곁에 늘 존재합니다. 우리는 자녀에게 하나님이 주신 시간을 잘 관리하는 지혜를 알려주어야 합니다.

하루를 충실하게 살기

시간을 관리하는 첫 번째 열쇠는 하루를 충실하게 보내는 것입니다. 골로새서 3장 23절 말씀에 "무슨 일을 하든지 마음을 다하여 주께 하듯 하고 사람에게 하듯 하지 말라"라고 합니다. 무슨 일을 하든지 마음을 다하여 주께 하듯 하라는 말씀은 무엇이든지 충실하게 최선을 다하라는 말씀입니다. 경쟁 시대에 많은 부모가 자녀에게 최선보다 최고가 되라고 부추깁니다. 공부를 잘하느냐 못하느냐가 중요한 것이 아닙니다. 그날 해야 할 일은 그날 충실하게 해내는 것, 작은 일에 충성하며 성실하게 해야 할 일을 해내는 습관이 더 중요합니다.

동기 부여와 점검

자녀가 충실하게 최선을 다하는 삶을 살도록 어떻게 도울 수 있을까요? 우리 집에서 사용했던 방법은 동기 부여와 점검입니다. 많은 부모가 자녀 양육을 하며 가장 어려움을 겪는 부분이 동기 부여입니다. 자녀마다 달라서 어떻게 동기를 부여할지는 가정마다 다르겠지만, 우리가 가정에서 어떻게 아이들에게 동기 부여를 했는지 소개합니다.

자녀를 연구하기. 부모는 자녀가 무엇을 좋아하는지, 어떤 것을 가지고 싶어 하는지, 어디에 관심이 있는지, 가고 싶어 하는 곳이 있는지, 무엇을 하면 즐거워하는지 살피고 연구해야 합니다. 초등학교 때 우리 아이들은 장난감, 피자나 햄버거, 용돈 5천 원 정도면 동기 부여로 충분했습니다. 그러나 중학생이 되자 아이들이 바라는 규모가 커졌습니다. 에버랜드 가기, 게임하기, 뷔페 식사, 영화 보기, 용돈 5만 원. 고등학생 때는 하고 싶은 것이 더 다양해졌습니다. 문화에 대해 호기심이 늘어가고, 무엇이든 경험하고 싶어 했습니다. 친구가 좋아하는 무한도전, 런닝맨을 보고 싶어 하고, 볼링도 좋아했고, 액션 영화 보기, 아이패드나 스마트폰에 관한 관심 그리고 다양한 캠프에 참여하고 싶어 했습니다. 고등학교 때는 상금도 좋아해서 10만 원 단위에 마음이 움직였습니다.

자녀가 좋아하는 것을 가지고 약속(계약)하며 동기를 부여하기. 우리 가정은 아이들이 자기 일에 책임을 지고 오늘 하루 공부해야 하는 분량, 이 작은 일에 충성하는 것을 가르치는 것을 중요하게 여겼습니다. 그런데 아이들은 놀고 싶은 유혹에 마음이 움직입니다. 부모는 자녀의 마음에 동기를 부여해서 자기 일을 할 수 있도록 도와주어야 합니다.

우리는 자녀들에게 설날이나 생일을 제외하고는 아무 이유 없이 공짜로 선물이나 용돈을 주지 않았습니다. 어렸을 때는 생활 습관을 훈련하면서 일정 분량의 스티커를 모아서 좋아하는 장난감을 사게 했고, 초등학교부터는 개인 경건 생활을 포함해서 학업 계획을 짜고 그 계획을 성실하게 수행해서 용돈을 받을 수 있었습니다. 어떤 때는 일정 부분의 말씀을 외워야 했고, 일정 분량의 책을 읽어야 했고, 일정 기간 안에 건강을 위해 체중 감량을 해야 했습니다. 일정 기간 안에 검정고시를 치르고 본인들이 목표로 하는 공부를 해야 했습니다.

그때마다 부모인 우리의 역할은 자녀에게 동기를 부여하는 것이었습니다. 아이들이 좋아하는 것을 제안하고, 아이들과 대화해서 일정 기간 성취할 목록을 만들고, 약속한 날짜에 축하하고 함께 기뻐했습니다. 아이들과 함께 피자 파티를 하기도 하고, 놀이동산에 가기도 하고, 패밀리 레스토랑에 가거나 볼링을 치고, 영화를 보고, 푸짐한 상금이 있었습니다. 두 아들이 대학 공부를 하는 동안 어떻게 공부할지 남편과 약속(계약)을 했습니다. 두 아들 모두 일정 기간 안에 마쳐야 할 목표를 세웠고, 그 목표를 달성하면 푸짐한 상금을 걸었습니다. 두 아이는 게을러지지 않기 위해서 동기 부여가 얼마나 중요한지 알고 있었기에 적극적으로 참여했습니다. 돌아보니 참 많은 파티와 축하 행사가 있었습니다. 덕분에 소중한 가족의 추억을 많이 만들었습니다.

물론 어떤 경우는 계약이 실패하기도 했습니다. 때로는 약속을 구두로 했다가 서로 말이 안 맞는 상황이 벌어지기도 했습니다. 그 이후 우리 집의 모든 약속(계약)은 구두가 아니라 문서로 합니다. 문서를 만들고, 그 문서에 계약자들이 각자 사인하고 냉장고에 붙여 놓습니다. 이 약속은 일방적이지 않고 자녀와 함께 충분히 대화하고 시작되며, 효력이 있는 약속으로 자녀의 동기 부여에 큰 도움을 줍니다.

점검과 동기 부여의 목적을 기억하기. 동기를 부여하는 모든 약속(계약)의 목적은 자녀를 격려하기 위함이지, 컨트롤 하거나 압력을 주기 위함이 아닙니다. 우리 집은 매주 토요일이면 남편이 아이들에게 한 주간 생활 계획표를 가져오라고 합니다. 계획표에는 점검란이 있습니다. 아침 묵상을 비롯한 공부, 집안일 등 해야 할 일을 얼마나 했는지 헤아려서 용돈을 줄 때, "작은 일에 충성했으니 하나님이 더 큰일을 맡기실 것"이라고 칭찬하고 감사하면서 주었습니다. 옆에 들러리인 저는 소리를 지르고 손뼉 치며 축하하는 격한 반응을 마다하지 않았습니다. 사실 주님이 작은 일에 충성한 아이들에게 큰일을 맡기실 것을 기대하고 바라는 마음에 자주 가슴이 뭉클해지는 시간이었습니다.

때로 아이들이 정해진 분량에 이르지 못해 벌금을 내야 할 때도 있었습니다. 그때마다 남편은 왜 그것밖에 못했냐고 핀잔을 주거나 꾸짖지 않았습니다. 오히려 벌금을 받아 돈 벌었다고 너스레를 떨었습니다. 자녀와 약속은 횟수가 더할수록 함께 배우고 격려하는, 기쁘고 재미있는 여행 같았습니다. 남편이 바쁜 시간에도 매주 점검하는 일에 양보하지 않고 우선순위를 두려고 노력한 것은, 심는 대로 거둔다는 하나님의 원리와 모든 일을 주님께 하듯 책임감을 가지고 성실하게 감당해야 한다는 것을 아이들에게 가르치기 위해서입니다.

자녀에게 동기를 부여하는 것은 쉬운 일은 아니었습니다. 우리는 자주 실패했고, 때로는 윽박지르기도 하고, 몰아붙이기도 하고, 지치기도 했습니다. 그러나 억압과 다그치는 것으로는 십 대인 자녀의 마음을 움직이지 못한다는 것을 여러 번의 시행착오를 통해 배웠습니다. 그때마다 저희는 함께 대화했고, 하나님 앞에서 부모인 우리 마음을 먼저 돌아보는 것이 큰 도움이 되었습니다.

주님은 너무도 신실하게 우리의 생각을 넘어 자녀 양육에 은혜를 부어 주셨습니다. 자녀에게 계속 동기 부여할 수 있게 도와주셨고, 하나님의 격려를 생각하며 자녀를 격려하고, 부모인 우리도 자라도록 하셨습니다.

스마트폰과 미디어로부터 보호하기

스마트폰과 미디어는 자녀의 시간 도둑입니다. 자녀에게 스마트폰과 미디어가 주는 폐해는 이미 모든 부모가 잘 알고 있습니다. 부모들이 자주 질문하는 것 중의 하나가 자녀의 스마트폰 중독 문제입니다. 자녀가 스마트폰 사용 시간이 늘어갈수록 정서와 인지 발달에 해가 되고, 각종 미디어의 정보와 게임이 자녀의 뇌에 치명적인 영향을 미친다는 사실은 모두 익히 아는 바입니다.

그럼에도 불구하고 혼자만 스마트폰이 없는 자녀가 다른 아이들에게 따돌림을 당할까봐, 아이의 계속되는 요청 때문에, 아이의 마음을 잃을까봐 스마트폰을 쥐여주는 부모가 많습니다. 성교육에서도 잠시 언급했지만, 많은 아이가 자기들끼리 어른들의 눈을 피해 성인물을 보는 통로가 스마트폰입니다. 단체 톡 방에서 친구들을 험담하고 욕을 하는 사이버 폭력도 스마트폰을 통해 일어납니다. 많은 아이가 시간만 있으면 앉아서 스마트폰을 통해 게임을 합니다.

한 어머니는 제게 자기 아들의 스마트폰 중독 때문에 고생하는 이야기를 하면서 스마트폰 사용을 금지하는 법의 필요성을 이야기했습니다. 그 어머님께 스마트폰 사용에 대해서는 일차적으로 부모가 경각심을 가지고 보호할 책임이 있다고 말씀드렸습니다. 부모는 자녀에게 스마트폰을 사용하는 지혜를 가르쳐야 합니다. 할 수만 있다면 스마트폰 사용을 늦추는 것이 좋다고 봅니다.

스마트폰과 게임에서 벗어날 수 있는 제일 좋은 방법은 어릴 때부터 미디어를 어느 정도 차단하는 것입니다. 교육용으로 30분에서 1시간 이내로 제한하는 것이 좋습니다. 자녀의 배우는 기쁨은 대부분 책을 읽는 것으로부터 시작됩니다. 그런데 아이들이 미디어에 많이 노출되어 있으면 책이 재미없습니다. 자녀가 자라가면서 자기 주도적으로 공부하려면 책을 읽고 정보를 입력하고 정리하고, 자기 것으로 표출하는 과정을 거쳐야 하는데 미디어는 이 일을 방해합니다.

집안의 모든 미디어를 차단하면(게임, TV) 자녀가 심심해집니다. 자녀의 창의성을 계발하고 두뇌를 활동적으로 자극하려면 심심해야 합니다. 심심한 것은 좋은 것입니다. 심심해서 책을 뒤적거리기 시작해야 책 속에 무궁무진한 이야기가 있고, 다른 세계들이 있다는 것을 발견할 수 있습니다. 심지어 재미있기까지 하다는 것을 발견해야 합니다. 심심해야 집안에 버려진 재활용들이 보입니다. 그것을 가지고 무엇인가 만들면서 온종일 놉니다. 심심하니까 박물관에 가도 재미있고, 엄마 아빠랑 가정예배를 드리며 함께 하는 엉성한 활동도 재미있습니다. 자녀가 심심하다고 하면 무엇인가 놀거리를 찾아보도록 격려해 주십시오. 손으로 만들고 가위로 오리고, 장식할 풍성한 놀거리를 만들어 주십시오. 스마트폰과 만화 영화, 게임이 자녀의 심심함을 달래주는 돌봄이가 되지 않도록 주의하십시오.

청소년 시기가 되면 이야기가 조금 달라집니다. 아이들의 세계가 확장되면서 모든 미디어를 무조건 다 차단하는 일은 불가능합니다. 작은 아이가 중학교 2학년 때 무한도전을 보게 해달라고 요청했습니다. 한 주간 동안 해야 할 일을 다 마치면 볼 수 있다고 이야기했습니다. 일 년 뒤 조금 지나자 게임도 조금 하고 싶다고 말했습니다. 마찬가지로 한 주간 동안 해야 할 일을 마치면 주말에만 하루에 30분씩 게임할 수 있다고 허용해 주었습니다. 단 어떤 게임인지 아빠에게 미리 허락받은 게임에 한해서만 할 수 있게 했습니다.

고등학생이 되자 페이스북과 카카오톡을 하게 해달라고 요청했습니다. 이때도 아이들의 개인적인 성향을 고려해서 가능한 한 늦추어 보려고 열심히 대화했습니다. 우리 집에서는 핸드폰에 관해 모든 비용을 자기가 지불해야 합니다. 핸드폰도 사준 적이 없습니다. 그랬더니 작은 아이는 스스로 고등학교 3학년 초반까지 핸드폰이 필요 없다고 버텼습니다. 두 아이 모두 부모의 구식 핸드폰을 가지고 활용하고 최고로 싼 요금제를 찾아내서 최소한으로 사용하는 것을 보았습니다.

자녀가 모두 성인이 되면 더이상 게임이나 소셜 미디어에 관한 통제를 하기는 어렵습니다. 그러나 적절한 기회가 있을 때마다 절제해서 시간을 잘 활용하고 있는지 묻습니다. 그리고 미디어에 관한 좋은 책을 제공하고, 엄마 아빠를 포함해서 이 세상에 아무도 혼자 자신을 지키면서 살 수 있는 사람은 없으니 혹 그 부분에서 어려움이 있다면 도움을 청할 수 있겠냐고 아이들의 양심에 호소합니다.

미디어에 관한 부분은 모든 가정이 기준과 적용이 다를 수 있습니다. 우리 가정의 기준은 하나의 예일 뿐입니다. 부부가 서로 의논하고 주님께 지혜를 구하시고, 각 가정의 아이의 성향과 상황에 따라 규칙을 정하셔서 실행하시기를 바랍니다.

재능과 은사의 청지기, 진로지도

당연하지만 참 신기한 것이 있습니다. 우리 아이들이 부모를 닮아있는 것입니다. 더 신기한 것이 있습니다. 같은 부모의 유전자를 가지고 같은 배에서 태어났는데 우리 집 아이들이 너무 다르다는 것입니다. 우리 아이들은 생각, 관심사, 마음을 표현하는 방법, 돈을 사용하는 것, 좋아하는 음식이나 취미, 좋아하는 교과목 모두 다릅니다. 다름에는 이유가 있습니다. 모든 아이가 다르고, 아이마다 독특한 성격과 재능과 은사를 주신 것은 각 아이를 향한 하나님의 특별한 목적이 있기 때문입니다. 하나님이 자녀에게 그들만의 독특한 재능과 은사를 주신 것은 하나님과 사람을 섬기라고 주신 것입니다. 그런데 부모인 우리는 이 사실을 자주 잊어버립니다.

달리기 시합을 합니다. 모든 아이가 일등을 하려면 어떻게 해야 할까요? 가운데 모아놓고 아무 데나 자신이 원하는 곳으로 달리게 하면 됩니다. 이 이야기는 이어령 선생님이 한국의 교육제도를 빗대어 말씀하신 것입니다. 서로 다른 아이를 한 곳에 모아놓고 각기 자기가 가고 싶은 곳을 가게 하면 그 방향에서 다 일등일 텐데, 왜 대한민국은 오직 공부, 수능, 좋은 대학이라는 목표만 향해 모든 아이를 일렬로 세워놓는 것에 대해 안타까워하신 말씀입니다.

몇 해 전 큰아이가 한 국제 봉사단체를 통해 여러 나라 학생들과 2주간 봉사활동을 했습니다. 며칠 지나더니 친구들이 자기 속사정을 이야기하는데, 명문대 정치 외교학과와 영어 교육과에 다니는 친구였습니다. 두 아이 모두 자기 적성은 마다하고 부모님이 좋은 학교 가라고 보내셨다고 합니다. 학교 이름을 보고 거기에 맞게 선택한 전공은 공부할 열의를 빼앗아가고, 그저 대학 문화에 휘둘려 술과 함께 괴로운 시간을 보내고 있다고 속사정을 토로했다고 합니다. 자녀의 적성을 무시한 공부, 수능, 좋은 대학은 자녀를 향한 하나님의 특별한 계획을 이루지 못합니다. 자녀를 행복하게 해주지도 못합니다. 그렇다면 모든 아이에게 하나님이 가지고 계신 특별한 계획을 이루는 데 부모인 우리는 어떻게 자녀를 도와주어야 할까요?

적성 찾기

자녀의 적성을 찾는 데 부모는 돕는 자입니다. 사실 적성은 아이들 스스로 찾아야 합니다. 우리 아이들을 살펴보면 좋아하는 것이 있고 싫어하는 것이 있습니다. 이것을 자극하고 기회를 만들어 주는 것이 부모가 할 일입니다.

자녀의 재능 여부를 확인하려면 직접 경험해 보는 것이 제일 좋습니다. 저희 아들 중 하나는 악기를 만드는 일에 흥미가 있었습니다. 도서관에서 악기에 관한 책을 빌려보고, 외국 사이트도 찾아보고, 악기를 만드는 것을 배우고 싶다고 했습니다. 여기저기 수소문해서 악기 수리 과정이 있다는 것을 알아내고, 6개월 정도 배웠습니다. 중고 악기를 사서 고쳐서 직접 팔아보기도 했습니다. 판매하는 일이 생각보다 시간이 오래 걸리고 쉽지 않다는 것을 알았습니다. 악기 수리 과정을 직접 해보니 온종일 어두운 곳에 앉아 나무와 씨름하는 일이 자기 적성이 아니라는 것을 알았습니다. 여러 학과목을 공부하는 것도 직접 경험하는 한 예입니다. 여러 과목을 공부하면 특별히 더 좋아하는 과목이 있고, 힘든 과목이 있음을 알게 됩니다. 적어도 싫어하는 과목은 자기 적성이 아니라는 것을 알 수 있습니다.

재능이 있다고 해도 직업으로 연결할 수 있을지도 생각해 보아야 합니다. 첼로를 취미로 하던 한 아들은 어느 정도 재능을 인정받아 전공하는 친구들과 앙상블도 하고, 유명한 교수님께 수학하는 특별 기회가 주어졌습니다. 그 아들은 첼로를 전공으로 선택할지 심각하게 고민했습니다. 일반적으로 악기를 전공하는 아이들은 긴 시간 연습합니다. 그래서 첼로를 전공하고 직업으로 선택하려면 매일 7시간씩 연습하고, 실력을 확인해야 하니 경연대회에도 나가보라고 했습니다. 얼마 동안 옆에서 전공하는 친구들의 삶을 지켜본 아이는 자신은 하루 한 시간 연습이면 족하고, 7시간 연습하는 것은 하고 싶지 않다고 말했습니다. 재능이 있어도 직업으로 연결할 만큼의 열정은 없는 것으로 확인되었습니다.

직업을 찾을 때 세 가지 선물

세상을 섬기는 청지기로 준비되어 가는 동안 부모는 하나님께서 자녀를 향한 특별한 계획을 가지고 신실하게 인도해 주실 것을 신뢰해야 하고, 자녀들도 그것을 신뢰해야 합니다. 하나님의 주권적인 돌보심을 신뢰하지만, 우리의 책임이 있습니다. 하나님이 주신 세 가지 선물인 성경, 조언자, 기도를 사용하는 것입니다.

첫째, 성경 안에서 직업에 대한 하나님의 원리를 배워야 합니다.

1. 그 직업을 선택하면 하나님께 영광이 되는가? 10억을 버는데 음란 사이트 관리자이거나 도박업체 CEO라면 그것은 하나님께 영광이 되지 않습니다.
2. 그 직업으로 가족을 부양하는 일이 가능한가? 공급자로서 역할을 감당하는 일이 가능한지 살펴보아야 합니다. 자신은 좋아하지만, 공급자로서 역할을 감당할 수 없다면 그 직업은 재고해 보아야 합니다.
3. 그 일을 할 때 기쁨이 있는가? 직업은 자신의 재능과 은사를 사용해서 행복해야 합니다.
4. 그 직업으로 교회를 섬기는 일이 가능한가? 교회를 섬기는 것이 가능해야 우리의 영혼을 돌보면서 주님을 닮아가는 일이 가능하기에 이 우선순위는 대단히 중요합니다. 대체로 사람들이 직업을 구할 때 무엇을 리스트로 올립니까? 연봉, 복지 혜택, 사는 집과 가까운지입니다. 이 모든 것이 좋아도 영원을 향해 살아가는 사람은 삶을 나누고, 자신의 성화를 돕고, 공동체를 세우는 교회를 배제해서는 안 됩니다.

둘째, 말씀을 따라 살아간 지혜로운 사람의 조언을 구하는 것입니다. 자녀가 여러 직업에 관심을 보일 때 부모님과 이야기를 나누고, 그 직업을 가진 분과 만나도록 조언해 주십시오. 그 직업의 장점 단점이 무엇인지, 그 직업의 보람된 것이 무엇인지 들을 필요가 있습니다.

셋째, 기도해야 합니다. 성경의 원리에 따라 직업을 선택했는지 살피고, 지혜로운 사람들의 조언을 구한 것을 확인하면서, 모든 일에 기도하고 믿음으로 하나를 정해야 합니다.

넷째, 관심 분야의 직업 중에서 하나를 선택하면 그렇게 되기 위한 계획도 세워야 합니다. 어디서 훈련을 받을 것인지, 어떻게 그 비용을 충당할 것인지, 최종 목표에 어떻게 도달할 것인지 작은 계획들이 필요합니다. 자녀가 자기 직업을 찾아가는 데는 시행착오도 필요하고 시간도 오래 걸립니다. 하나를 선택하고 준비하다가도 그 길이 아닌 것을 발견하고 다른 것으로 선회할 수도 있습니다. 괜찮습니다. 모든 경험을 통해 자녀는 자라갈 것입니다. 선택의 가능성을 열어 놓고 열심히 준비하고 걸으며 또 기도하며 하나님의 인도하심에 맡기도록 자녀를 도와주십시오.

하나님 의지하기

지금까지 우리는 자녀가 하나님을 사랑하고 이웃을 사랑하며 세상을 섬기는 청지기로 살아가는 인생의 비전에 대해 살펴보았습니다. 그렇다면 자녀가 이 비전을 어떻게 성공적으로 이룰 수 있을까요? 어떤 자녀는 자기 삶의 비전을 하나님이 아닌 자기 의지로 이루려고 합니다. "나는 할 수 있어." 긍정의 힘과 자기 능력을 의지합니다. 그러나 인생의 고난과 역경이 밀려오면 자기 힘으로 이룰 수 없음을 금방 알게 됩니다. 자기를 의지하는 것은 허탈감과 좌절감만 가져다줄 뿐입니다.

대부분의 자녀는 세상에 있는 어떤 것이나 사람을 찾아 의지하며 자기 비전을 이루려 합니다. 자기를 의지하는 것보다는 나은 방법이지만 세상의 방법입니다.

대학 과정을 밟을 때 우리 집 한 아이가 시험을 망쳤다며 실망했습니다. 과목은 유럽 역사입니다. 역사라고 하면 제법 자신 있어 하는 아이인데, 첫 번째 쪽지 시험은 대충 공부하고 봤더니 80점을 좀 넘었습니다. 그래서 대충하면 안 되겠다 싶어 제법 열심히 공부하고 시험을 봤는데, 두 번째 시험은 60점을 받았습니다. 속상한 아들의 마음을 먼저 위로하고 나서 물었습니다. "아들, 공부하기 전 그리고 공부하면서, 시험 보기 전, 시험 보면서 기도하고 하나님을 의지하니?" 아들은 "아니오."라고 답했습니다. "어쩌면 네가 가장 자신 있어 하는 과목에서 시험을 망친 것은 네 힘과 지식을 의지하는 너에게 하나님이 모든 것에서 하나님을 의지하도록 가르치시기 위함일지도 몰라."라고 말했습니다. 그리고 두 아이를 위해, 매일 기도하는 다니엘 1장 17절 말씀을 영어로 그리고 한글로 읽어주었습니다. "하나님이 이 네 소년에게 학문을 주시고 모든 서적을 깨닫게 하시고 지혜를 주셨으니 God gave them learning and skill in all literature and wisdom"(ESV) 너희에게 학문을 주시고, 모든 서적을 깨닫게 하시고, 지혜를 주시는 분은 하나님이시니 공부할 때마다 하나님을 의지하면서 하라고 했습니다.

남편이 옆에서 말했습니다. "아빠는 매일 너희가 절망감을 느껴서 하나님을 의지하도록, 그렇지 않으면 망하게 해 달라고 기도한다." 그 이야기를 듣고 스무 살 큰아이 눈이 동그래졌습니다. "아빠, 절망감 안 느끼고 하나님 의지할 테니까, 그렇게 기도하지 마세요. 기도하면 그대로 돼요!"

절망감! 내 힘으로 할 수 없음을 처절히 느끼지 않으면 우리는 하나님을 의지할 수 없습니다. 조금이라도 힘이 남아있으면 내가 하려고 합니다. 그리고 그 영광을 내가 취하려고 듭니다. 자녀가 인생의 비전을 성공적으로 이루어 갈 때 자녀에게 힘을 공급해 주실 수 있는 분은 한 분밖에 없습니다. 자녀는 하나님을 삶의 모든 순간순간 의지해야 합니다. 시편 기자는 "주의 말씀은 내 발의 등이요 내 길에 빛이니이다"(시 119:105)라고 고백합니다. 날마다 말씀 속에서 하나님을 의지하며 걷는 사람만이 영적으로 강하고, 사랑하고, 섬기며, 일에 능숙한 성인 남녀가 되어 하나님께 영광 돌릴 수 있습니다. 인생은 평생 하나님을 의지하면서 살아갈 것인지 아니면 다른 것을 의지할 것인지의 싸움입니다. "모든 힘의 근원이신 하나님 아버지, 부모인 우리와 우리 자녀들에게 주를 의지하고 신뢰하며 매 순간 살아가는 지혜를 부어주소서!"

1. 부모는 자녀를 '세상을 섬기는 청지기'로 양육합니다. 부모로서 자녀에게 돈을 사용하는 법을 어떻게 가르치고 있습니까? 물질의 청지기로 세우기 위해서 내가 배운 것은 무엇인지 나누어 보십시오.

2. 시간은 하나님이 주신 선물입니다. 부모는 자녀가 시간의 청지기로 살 수 있도록 훈련해야 합니다. 우리 자녀에게 적용할 수 있는 것 한두 가지를 나누어 보십시오.

3. 자녀를 위해 스마트폰과 미디어 관리는 어떻게 하고 있습니까? 부모로서 자녀를 보호하는 전략을 나누어 보십시오. 자녀의 나이에 따라 부모가 할 수 있는 효과적인 방법은 무엇입니까?

4. 부모는 자녀의 은사를 발견하고, 세상을 섬기는 청지기로 준비시켜야 합니다. 자녀의 은사는 무엇입니까? 이 은사는 하나님을 섬기고 이웃을 섬기는 것과 연결이 됩니까? 자녀의 직업을 위해 부모로서 어떻게 기도합니까?

5. 하나님을 사랑하는 자녀, 이웃을 사랑하며 섬기는 자녀, 세상을 섬기는 청지기로 자녀를 양육하기 위해서 부모로서 포기하지 않고 붙잡고 싶은 것 다섯 가지를 말해 보십시오.

12

가장 중요한
질문

가장 중요한
질문

비행기 추락과 관련해서 실린 글입니다. 경험이 많은 여자 승무원 켈리는 비행기 조종석을 보고 염려가 되었습니다. 보통 비행기는 책임자 기장과 부기장으로 구성되어 있습니다. 비행 조종 책임자 프랭크는 부기장이 업무를 수행할 능력을 제대로 갖추고 있는지 물어보았습니다. 그 이유는 부조종사는 너무 어렸기 때문입니다. 그는 26살이고, 겨우 8주 전에 비행기 조종 훈련을 마친 신참이었습니다. 그는 항공사에 입사하기 전, 조종사로서 무능하다는 이유로 다른 직장에서 해고된 바 있었습니다. 프랭크 기장은 승무원 켈리에게 걱정하지 말라고 안심시켰습니다. 그러나 이상한 일은 비행기가 이륙하기 위해 활주로를 나설 무렵 기장은 조종을 책임지지 않았고, 부조종사에게 비행을 맡겼습니다. 사실 부기장의 비행경력은 대부분 경비행기를 몰았고, 대형 여객기를 운전한 시간은 고작 36시간뿐이었습니다. 안타까운 사실은 책임자 프랭크 조종사도, 이 새로운 기종의 비행기를 운전한 시간은 겨우 33시간밖에 몰아보지 못했습니다. 두 조종사는 이 비행 전에 한 번도 만난 적이 없었습니다. 더욱 나쁜 소식은 두 사람이 비행하는 그 날은 눈이 내리는 날이었습니다. 마지막 추락 전 두 조종사의 30분간 대화 내용을 들어보면 80명의 승객의 안전을 책임진 비행사가 아니라, 소풍 나온 철부지 소년처럼 대화하고 있었습니다. 비행기는 이륙하고 나서 몇 초 뒤에 추락했고, 두 사람과 28명의 사람이 목숨을 잃었습니다. 이것은 이미 위험한 비행이었습니다. 비행기에 두 사람이 조종석에 있는 이유는 하늘에서 한 명이 심장 마비로 이상이 발생하더라도, 다른 한 명이 안전하게 비행기를 몰고 도착해야 하기 때문입니다. 조종사 한 명은 실수할 수 있어도, 다른 한 사람이 그것을 바로 잡을 기회가 있기 때문입니다. 그러나 두 사람의 잘못으로 함께 타고 있는 승객이 재앙을 당했던 가슴 아픈 비행 사고였습니다.[85]

부모는 '가정이라는 비행기를 운전하는 조종사'입니다. 아버지와 어머니는 가정 비행기 조종석에 앉아 조종하고 있습니다. 조종석 바로 뒤에는 자녀들과 부모님, 친구들이 타고 있습니다. 조금 확대하면 비행기 안에는 가족들, 교회 동료들, 동네 사람들도 함께 타고 있습니다. 우리는 함께 인생이라는 하늘을 비행하고 있습니다.

이것은 무리한 주장이 아닙니다. 하나님은 아담에게 아내와 자녀들, 하나님이 지으신 피조물과 에덴동산의 운전을 맡기셨습니다. 이처럼 하나님은 '가정 비행기' 조종을 부모로 세우신 남자와 여자에게 맡기셨습니다. 우리는 세상의 악천후 속에서도, 예상치 못한 상황이 밀려오더라도 하나님

---

[85] 스티브 파라, 『포인트맨』 (서울: IVP, 1999), 149-151.

이 맡기신 자녀와 가정의 비행을 기쁨으로 조정해야 합니다. 여러분은 이 놀라운 사명을 가지고 어떻게 비행기를 조종하고 있습니까?

저의 부끄러운 고백을 하겠습니다. 결혼 10년이 될 때까지 성경이 말하는 부모의 영광스러운 사명을 알지 못했습니다. 성경이 말하는 아버지의 역할이 무엇인지 몰랐습니다. 저는 교회에서 새벽 5시부터 밤늦은 시간까지 일했던 사역자였습니다. 30대 중반까지 하나님이 주신 가정을 가볍게 여겼습니다. 다음 세대 자녀를 어떻게 말씀으로 제자 삼을지 알지 못했습니다. 저는 가정 비행기의 조정석에 앉아 있었지만, 위험한 조종사였습니다. 지금 생각하면 아찔합니다.

하나님은 저에게 기회를 주셨습니다. 지난 시간 동안 부모로 부르심이 무엇인지 고민하게 하셨고, 성경이 말하는 원리를 자녀 양육에 적용하게 하셨습니다. 자녀 양육에서 수많은 좌절과 아픔을 겪었지만, 하나님의 은혜가 부모인 우리를 양육해 주셨습니다. 하나님 은혜의 양육을 경험하며, 저와 아내는 아이들을 섬길 수 있었습니다. 이 모든 과정에 성령님께서 동행해 주셨고, 함께 해주셨음에 감사합니다. 이제 마지막으로 부모라는 영광스러운 부르심을 따라 자녀를 양육할 때 가장 중요한 질문 세 가지를 살펴보겠습니다.

가장 중요한 세 가지 질문

첫째, 하나님의 작전 명령을 아는 부모입니까?

우리는 자녀를 향한 하나님의 마음을 신명기 6장에서 확인했습니다. 하나님의 마음은 출애굽을 경험한 삼대만이 아니라, 오고 오는 모든 세대가 행복하기를 원하셨기에 그들에게 작전 명령을 주셨습니다. 그 작전은 하나님을 경험한 부모 세대가 하나님을 사랑하는 것이고, 그들의 마음이 다음 세대인 자녀를 향하여 일상에서 본이 되어 말씀을 가르치는 것입니다 (신 6:4-9).

하나님의 작전이 시작되는 지점은 어디입니까? 부모의 마음입니다. 작전이 펼쳐지는 현장은 어디입니까? 콘크리트 교실이 아니라, 일상이고 가정입니다. 작전이 펼쳐지는 시간은 매일, 모든 시간입니다. 작전의 내용은 우리가 경험한 하나님이 누구신지를 전하는 것입니다. 하나님의 아들 예수 그리스도를 통하여 행하신 복음이라는 기쁜 소식을 부모는 삶의 본이 되어 가르치는 것입니다. 모든 세대를 한눈에 보시는 하나님은 복음을 경험한 부모 세대의 말과 행동을 통해 오고 오는 모든 세대에게 복음과 말씀을 전하라고 하십니다.

우리는 이 하나님의 작전 명령을 알고 있는 부모입니까? 복음 안에 자유를 누리고 있는 부모라면 이 질문을 평생 기억해야 합니다. 세상의 풍요와 물질주의는 이 하나님의 작전 명령을 잊어버리게 하고, 성도들을 우왕좌왕하게 만듭니다. 우리는 세상의 풍조에 휩쓸리지 않고, 영원하신 하나님의 명령을 마음에 새기고, 일상에서 부모라는 영광스러운 사명에 힘써야 합니다.

둘째, 부모로서 자녀의 마음을 목양합니까?

하나님의 작전 명령을 아는 부모의 첫 번째 목표는 무엇입니까? 자녀의 마음입니다. 부모는 그 자녀의 마음이 하나님께 돌아오게 해야 합니다. 자녀 양육의 목표는 자녀가 단지 공부 잘하고, 성공하고, 돈 잘 벌어 편안한 인생을 사는 정도가 아닙니다. 그 마음이 살아계신 하나님을 사랑하게 해서 진리의 말씀을 따라 살게 하고, 하나님 앞에 영원히 서게 하는 것이 목표입니다.

자녀의 마음이 하나님께 돌아오게 하려면 부모의 마음이 자녀에게로 향해야 합니다. 부모의 역할은 자녀의 마음을 얻는 것입니다. 지혜로운 부모는 자녀의 마음을 얻고 싶어 합니다. 자녀의 마음을 움직여 예수 그리스도와 사랑의 관계를 맺게 해주려고 합니다. 부모가 사랑하는 예수 그리스도를 자녀도 인생에서 사랑할 수 있도록 자녀에게 시간과 에너지를 투자해야 합니다. 부모는 집에 있을 때든지, 길을 갈 때든지, 누울 때든지, 일어날 때든지 일상의 모든 시간을 사용하여 자녀를 제자 삼고자 합니다. 부모는 자녀와 함께 말씀을 읽고 대화하며, 함께 기도하고, 함께 일하고, 함께 놀면서 자녀의 마음을 얻으려고 즐거이 섬깁니다. 이 부모의 역할을 감당할 때 하나님의 은혜가 함께 합니다.

당신은 자녀의 마음을 날마다 목양하는 부모입니까? 세상에서 가장 사랑하는 자녀에게 우리가 가장 사랑하는 영광의 하나님을, 그리스도의 복음의 은혜를 흘러보내기 위해서 매일 자녀의 마음을 목양하는 부모입니까? 이 질문을 날마다 기억하며 부모라는 영광스러운 부르심에 참여하기를 힘씁시다.

셋째, 부모로서 복음의 모델이 되십니까?

하나님의 작전 명령을 아는 부모의 최고 목표는 자녀에게 복음을 가르치는 것입니다. 이 가르침의 가장 좋은 방법은 부모가 복음의 모델이 되는 것입니다.

자녀는 어디에서 하나님을 배웁니까? 어디에서 복음을 경험합니까? 누가 자녀에게 가장 큰 영향력을 끼칩니까? 학교입니까? 친구들입니까? 인터넷입니까? 학원입니까? 인기 연예인입니까? 세상 문화입니까? 세상이 다양한 방법으로 자녀의 마음을 빼앗고, 영향력을 끼치고 있습니다. 세상이 문화와 어리석은 가르침으로 자녀를 제자 삼으려고 합니다. 위험한 상황입니다. 만일 부모가 복음의 모델이 되어 자녀를 제자 삼지 않는다면, 세상이 자녀를 제자로 삼을 것입니다. 만일 교회가 부모에게 자녀를 제자 삼는 사명을 가르치지 않는다면, 세상이 자녀를 고통스러운 인생으로 끌고 갈 것입니다.

자녀에게 가장 큰 영향력을 끼칠 수 있는 사람은 부모입니다. 완전한 부모는 세상에 없지만, 부모는 자녀에게 복음의 모델이 될 수 있습니다. 바울은 디모데에게 "너는 배우고 확신한 일에 거하라 너는 네가 누구에게서 배운 것을 알며"(딤후 3:14)라고 말합니다. 여러분은 자녀에게 "아들아 네가 아빠와 엄마의 삶을 본대로, 배운 대로, 알고 있는 대로 살아라."라고 말할 수 있습니까? "아빠와 엄마가 완전하지 않지만, 복음으로 변화된 삶을 네가 보았기에, 너도 이 확실한 복음 안에서 날마다 주님을 의지하고 살 수 있겠니?"라고 말할 수 있어야 합니다. 자녀는 부모의 삶을 통해 복음이 무엇인지 보아야 합니다. 보이지 않는 하나님의 사랑과 용서를 보이는 것으로 보여주어야 합니다. 이것이 자녀 양육의 중요한 원리입니다. J. C. 라일은 『부모의 의무』에서 말합니다.

> "부모인 여러분이 삶으로 뒷받침하지 못하는 훈계와 가르침과 명령은 자녀에게 유익이 되지 않습니다. 행위로 자신의 말을 입증하지 못하는 여러분에게 자녀들은 진정성을 느끼지 못할 것입니다. 틸 로트슨이 한 지혜로운 말을 들어 보십시오 '당신이 자녀들에게 좋은 가르침을 말하지만, 나쁜 본보기를 보여준다면 말로는 천국으로 이르는 길을 가르치면서 손을 잡고 지옥으로 이끄는 것과 같다.'고 합니다."[86]

부모인 우리는 기억해야 합니다. 자녀는 듣는 것보다 보는 것으로 더 많이 배운다는 것을 잊지 말아야 합니다. 자녀는 부모의 가르침과 지혜로운 말과 훈육을 다 이해하지 못하겠지만, 부모의 삶을 관찰하고 배우고 있습니다. 모든 상황이 하나님의 말씀을 가르칠 기회입니다. 인생의 좋은 날과 나쁜 날이 밀려오더라도 부모의 삶은 자녀에게 하나님이 누구시며 복음의 능력을 가르치는 기회입니다. 부모는 자녀의 마음을 바꿀 수 있는 능력이 없지만, 복음의 모델이 되는 일은 할 수 있습니다. 부모는 자녀를 거듭나게 하는 일에 무능하지만, 부모의 역할을 성실히 감당하며 주님을 신뢰할 수 있습니다. 그때 신실하신 성령님께서 우리를 위하여 일하실 뿐 아니라 자녀의 마음이 변하도록 일하십니다.

영국은 60여 년 전까지 기독교의 나라였습니다. 1953년 엘리자베스

---

86 J. C. 라일, 『부모의 의무』, 70-71.

(Elizabeth II) 여왕이 즉위할 때, "성경이 지혜이고 하나님의 거룩한 말씀이며, 이 복음을 지키겠다."라고 선서한 나라입니다. 영국은 800여 년 동안 사회 구석구석 기독교 신앙이 공적으로 인정되는 나라였습니다. 그러나 현재 영국은 많이 변했습니다. 영국은 공적 영역에서 기독교 신앙을 표현하기 어렵습니다. 급속한 세속화로 교회는 문을 닫고, 다음 세대는 교회를 떠나 기독교는 쇠퇴했습니다. 한번은 영국 친구 목사에게 질문했습니다. "영국은 청교도의 나라이고, 800여 년 동안 기독교의 나라인데, 왜 갑자기 한두 세대 만에 온통 사회가 기독교 신앙을 잃었습니까?" 친구는 고민하며 이렇게 답했습니다. "두 가지 이유가 있습니다. 하나는 세계 1-2차 대전 이후에 도시가 붕괴된 것을 다시 건설하느라 아버지들이 바쁘고 분주했습니다. 그리고 도시가 발전하고 잘살게 되었는데, 사람들이 물질주의, 풍요주의에 빠졌습니다. 또 다른 이유는 아버지들이 바쁘고 분주하면서, 자녀를 제자 삼지 않고, 가정을 돌보지 않았습니다." 영국 친구 한 사람의 생각이었지만 저에게는 충격적인 답이었습니다. 한국 사회와 비슷하다고 생각했기 때문입니다.

한국은 복음의 역사가 150년이 되었습니다. 선교사들의 순교와 희생으로 도시마다 교회가 세워졌고, 복음의 꽃을 피웠습니다. 6.25 전쟁 이후 가난을 딛고, 도시가 발전하고, 잘살게 되었습니다. 안타까운 사실은 아버지들이 분주하여 하나님의 명령을 잊어버렸습니다. 자녀의 마음을 목양할 시간과 복음의 본을 보일 기회를 잃어버렸습니다. 분명 우리는 잘살게 되었지만, 자녀의 마음을 하나님께 돌아오게 하는 것이 어려운 시대를 맞이했습니다.

하나님은 우리에게 부모라는 영광스러운 이름을 주셨습니다. 복음을 경험한 부모로서 자녀를 양육하는 동안 세 가지 질문을 마음에 새겨야 합니다. 나는 하나님의 작전을 아는 부모인가? 나는 자녀의 마음을 목양하는 부모인가? 나는 일상의 삶에서 복음의 모델이 되는가? 이 질문을 자기에게 하며 부모의 사명을 감당할 때 은혜의 하나님께서 우리와 함께해주실 것입니다.

소망

자녀 양육은 쉽지 않은 고단한 길입니다. 그러나 부모라는 부르심은 가장 영광스럽습니다. 우리는 다음 세대인 자녀를 '하나님의 사람으로 온전하게 세우는 사명'(딤후 3:17)을 품고 섬기는 도구입니다. 자녀 양육이 어려운 일이지만, 얼마나 영광스러운 일인지 항상 기억해야 합니다. 자녀 양육이 부모인 우리 뜻대로 되지 않을 때가 많지만, 복음 안에 길이 있음을 발견하며 하나님 아버지의 양육을 경험하고 성장하는 부모이기를 소망합니다. 우리는 자녀를 하나님을 사랑하는 사람으로, 이웃을 사랑하고 세상을 섬기는 청지기로 세우기를 힘쓰며 하나님께 소망을 두어야 합니다. 우리의 간절한 소망은 자녀도 우리처럼 믿음의 선한 싸움을 싸우고 영생을 얻는 것입니다(딤전 6:12). 그들도 영원하신 하나님 앞에 섰을 때, 흠 없고 책망받을 것도 없는 하나님의 자녀이기를 소망합니다. 이 소망을 위하여 부모라는 아름다운 삶을 살아갈 때 모든 은혜의 하나님께서 우리를 온전하게 하시며 강하게 하시며 견고하게 하시기를 기도합니다.

1. 우리는 '가정의 비행기를 조종하는 부모 조종사'입니다. 나는 부모 조종사로서 훌륭합니까? 위험한 조종사입니까? 부모 조종사로서 1분 동안 자신의 소감을 나누어 보십시오.

2. 가장 중요한 질문은 '당신은 하나님의 작전 명령을 아는 부모입니까?'입니다. 하나님의 작전 명령이 무엇인지 부부(교회 가족들)가 함께 대화하십시오.

3. '당신은 부모로서 자녀의 마음을 목양하십니까?' 지난 3개월 동안 자녀의 마음을 목양하기 위해 적용한 것은 무엇입니까? 앞으로 3개월 안에 자녀의 마음을 목양하기 위해 부모로서 하고 싶은 일은 무엇입니까?

4. '당신은 복음의 모델이 되는 부모입니까?' 최근 한 달 동안 복음의 본이 되는 상황이 있다면 나누어 보십시오. 어떤 시간, 어떤 상황에서 당신은 자녀에게 복음의 은혜를 나누었는지 말해 보십시오.

5. 당신은 부모라는 영광스러운 부르심에 초대되었습니다. 서로에게 최고의 찬사와 격려로 축하의 말을 전해 주십시오. 이것을 기쁨으로 성실히 감당할 수 있도록 하나님께 함께 기도하십시오.